하나님 나라 복음과 교회의
공공성

하나님 나라 복음과 교회의 공공성

초판 1쇄 인쇄 2020년 6월 4일
초판 1쇄 발행 2020년 6월 11일

지은이 송영목
펴낸이 유동휘
펴낸곳 SFC출판부
등록 제104-95-65000
주소 (06593) 서울특별시 서초구 고무래로 10-5 2층 SFC출판부
Tel (02)596-8493
Fax 0505-300-5437
홈페이지 www.sfcbooks.com
이메일 sfcbooks@sfcbooks.com
기획·편집 편집부
디자인편집 최건호
ISBN 979-11-87942-42-9 (03230)
값 12,000원

하나님
나라
복음과
교회의
공공성

송영목 **지음**

SFC

목차

추천사

이스라엘 백성들이 '복의 통로' 즉 '만민을 위한 선민'으로 부름 받았음을
알지 못한 채 배타적 민족주의 안에 갇혀 길을 잃어버린 것처럼, 한국교
회도 내세화, 사사화, 심리화, 교회화의 틀 안에 갇혀 교회의 소명을 상실
하고 말았다. 때마침 교회의 공공성을 강조하는 공공신학, 선교적 교회와
같은 담론이 활발해지고 있다. 하지만 교회가 세상 속에서의 자기 존재
의미를 바로 깨닫고 오랜 잠에서 일어나려면 이런 담론의 북소리는 더 크
게 들려야 한다. 이 책은 교회를 깨우는 큰 북소리 중의 하나다. 공공신학
을 쉽게 잘 정리해 주고 있을 뿐 아니라, 그것을 한국적 상황에 적용하여
교회가 가야 하는 길을 모색함으로써 공공신학 분야에 매우 의미 있는 기
여를 하고 있다. 이 책을 통해 공공신학 논의가 더 활발해지고 한국교회
가 새롭게 되는 구체적 결과가 나타나기를 기대한다.

정현구 목사(서울영동교회 담임)

본서는 정통보수 신약학자가 저술한 최초의 공공신학에 대한 저술이라는 가치를 갖는다. 그러나 그 가치는 단순히 본서의 주제가 공공신학이라는 사실에 있지 않다. 신약성경 본문에서 드러나는 기독교 신학의 가치가 본문의 의미, 곧 진리를 '찾아내는 것'에 머무는 것이 아니라 세상에 대한 선포와 대화의 방식으로 '나타내는 것'에까지 확장되어야 한다는 점을 철저한 주석 및 해석학적 관점에서 잘 드러냈다는 점이 가치가 있다. 100여 편의 신약학 소논문과 10여 권의 전문서적을 저술한 저자는 특별히 남아프리카공화국 유학 시절 접했던 공공신학의 경험들을 바탕으로 21세기 한국사회에서의 기독교 진리의 가치를 신약학의 주제로 명쾌히 제시한다. 공공신학에 입문하려는 이들, 그리고 이 주제와 관련된 신약학의 근거와 한국 사회에서의 기독교 진리의 가치를 찾고자 하는 이들에게 본서를 강력히 추천한다.

김주한 교수(총신대학교 신약학)

공공신학은 개인의 경건뿐만 아니라 사회의 개혁, 정의, 봉사를 염두에 두고 교회당과 세상 모두를 품는 신학이다. 그것은 그리스도께서 교회의 머리이시며 만물의 으뜸이 되시기 때문이다. 이 책은 거류민이자 나그네인 그리스도인이 세상에 속하지 않으면서도 세상 곳곳에서 하나님 나라를 현시하는 성경적 원리와 방법을 이론적이면서도 실제적으로 제시한다. 이를 위해 저자는 개혁신학의 보고인 남아프리카공화국과 한국교회의 역사적 사례도 활용하고 있다.

배종열 교수(개신대학원대학교 신약학)

이 책은 하나님의 통치를 성도 개인과 주변뿐만 아니라, 인류의 모든 영역으로 확장하도록 생각의 지평을 넓혀 준다. 특히 제2장에서 송영목 교수는 산상수훈의 해석을 통하여 하나님의 통치를 이 땅에 구현해야 할 하나님 백성들의 사명을 고취하고 있다. "뜻이 하늘에서 이루어진 것 같이 땅에서 이루어 드리는 삶"의 결단이 절실하게 필요한 시대에 저자의 책은 도전과 용기를 불어넣는다.

이석호 목사(부산 대청교회 담임)

하나님
나라
복음과
교회의

공공성

1장

공공신학에 대한 서론적 논의

창조와 구원의 하나님으로부터 점점 멀어지는 포스트모던 시대에 공공公共의 삶은 중립적이며 비非기독교화 및 탈脫기독교화 되어 간다. 광장에서는 특정 그룹의 목소리가 거세지고 있다. 뿐만 아니라 도덕 규범은 개인의 선택이나 취향에 맡겨져 '탈공적도덕post-public morality'의 시대에 도달했다는 평가도 있다.[1] 설상가상으로 세상에 하나님의 영광을 드러내야 할 교회조차 자기 교회당 중심주의에 빠져, 세상 속에서 자신의 부재alibi를 알리는 데 익숙하다.[2] 많은 기독교인들이 주일 교회당에서만 주 예수 그리스도라는 유니폼을 입고, 그 외의 시간과 장소에서는 그 옷을 벗어 버리려 한다롬13:14, 갈3:27, 골3:10. 그 결과 월요일부터 토요일까지 교회는 세상에서 보이지 않는다. 복음도 사라져 간다. 그러나 운동선수가 경기 중에 유니폼을 벗으면 안 되듯이, 그리스도인 또한 예수님의 옷을 벗고 자기 마음대로 살아서는 안 된다. 그럴 경우 하늘로부터 경고 카드를 받게 될 것이다. 그런데 오늘날 교회의 이런 부재 현상은 16세기 로마 가톨릭의 박해를 피해서 자기 정체성을 쉽게 드러내지 않았던 개신교의 '니고데모주의자'의 재현redivivus처럼 보인다.

---

1. K. T. Magnuson, "Christian Engagement in Secular Society: Politics, the Gospel, and Moral Influence," *Southern Baptist Journal of Theology* 11/4 (2007), 22.

2. J. van Bruggen, *The Sermon on the Mount: A Travel Guide for Christians* (Winnipeg: Premier, 1986), 9, 26. 참고로 일찍이 루터는 '성도의 교제'를 영적 공동체로 이해하면서, 교회는 말씀과 그리스도의 영을 중심으로 성장하는 용서 공동체로 파악했다. 박진기, "루터의 교회론 연구와 한국교회의 개혁 방안" (Th.M. 논문, 고신대학교 신학대학원, 2018), 62-63.

한편 이러한 교회의 소극적, 부정적, 위축된 현상에도 불구하고, 세상 속의 소금과 빛으로서 하나님의 영광을 위해 주님의 절대 주권을 모든 영역에 구현하려고 애쓰는 그리스도인들이 있다. 곧 복음주의 및 개혁주의 진영에서 '공공신학public theology, 공적신학, 광장신학'에 대한 연구가 시도되고 있는 것인데, 이는 오늘날 교회에 한 줄기 소망의 빛과 같다고 하겠다.[3] 또한 교회가 세상을 향해 "회개하고 예수님을 믿으라"라고 말할 때, 그 의미는 넓고 깊은 것이므로, 그리스도인은 천국을 영적으로 환원하는 영지주의는 물론이거니와 천국을 세상 나라와 동일시하는 제국주의를 거부해야 한다는 논의도 일어나고 있다.[4]

공공신학은 교회당을 넘어서는 복음의 공적 차원을 논의하기 위해 사회의 제반 영역과 관련된 문제들을 다루는 신학적인 시도로서, 비기독교 전통이나 자연-사회-역사과학 등과 더불어 비판적 대화를 시도하기도 한다. 이러한 공공신학은 개인의 실존이나 신앙의 초월성을 강조하다가 발생하는 '세상에서 도피하는 경건주의'를 극복하고자 하며, 나아가 기독교의 구원이 본래부터 영적이자 공공적 구조를 지니고 있음을 일깨워서 천국, 정의, 평화를 소망하게 만들어 세상을 변혁하려 한다.[5] 공공신학은 1970년대에 본격화하기 시작했는데,

---

3. 유영준·이재윤, "개혁신학과 복음주의에 관한 계량서지학적 비교 연구," 『한국비블리아학회지』 29/3 (2018), 50.

4. N. T. Wright, 『광장에 선 하나님』 (*God in Public*, 안시열 역, 서울: IVP, 2018), 11, 23, 160.

5. 이근삼 전집 편찬위원회, 『개혁주의 신학과 현대신학』 (서울: 생명의 양식, 2007), 110-

루터교 역사학자인 마티M. E. Marty는 이런 신학을 '초월적 지시예를 들어 이데올로기나 종교의 빛 아래에서 인간의 삶을 해석하려는 노력'이라 정의했다.[6] 성석환은 공공신학이 20세기 후반 신자유주의의 확산에 대항하여 본격화되었다고 말한다. "공공신학의 본격적인 궤도는 20세기 후반부터 전 지구적으로 확산된 신자유주의가 인간의 공존과 '공동의 선common good'을 현저히 위협하자, 이에 저항하여 형성된 시민 사회의 공론장에 적극적으로 참여를 모색하는 이들에 의해 분명해졌다."[7]

---

11. 신학자들은 자신의 이론을 계발하고 즐기는 데 함몰되지 않아야 하는데, 신학의 공공성, 즉 '누구를 위하여 그리고 왜 신학을 하는가?'를 자주 물어야 한다.

6. M. E. Marty, *The Public Church: Mainline-Evangelical-Catholic* (Eugene: Wipf and Stock, 2012; 초판은 1981), 16. 참고로 남미의 공공신학자들에 대한 정보는 P. Arana, "Towards a Biblical Public Theology," *Journal of Latin American Theology* 11/2 (2016), 38을 보라.

7. 성석환, 『공공신학과 한국 사회』 (서울: 새물결플러스, 2019), 8-9. 그런데 '공공(公共)'이라는 단어는 학문에서 다양하게 사용되고 있다. 예를 들어, "공공 페미니즘(Public Feminism)은 공동체의 시민으로서 좋은 삶에 관심을 가지며, 젠더를 특정한 사적 문제가 아니라 전체 공동체의 보편 문제로 다루고자 한다. 이를 위해 폭넓은 사회운동 세력이나 개혁적 정당과의 연대를 중요시한다." 논란이 되었던 워마드(womad)의 혐오 담론에 나타난 문제점을 지적한 이화여대 김선희의 발제에 대해 한국외대 이혜정은 아래와 같이 논평했다. "워마드는 남성혐오라는 놀이로서 멸시와 조롱과 비웃음, 지속적인 미러링을 수행한다. 그들은 웃고 넘어가야 할 놀이를 도덕적 잣대로 평가하고 준엄하게 비판하는 일에 대해 '웃기는 일'이라고 오히려 조롱한다. 이에 대해 논자[김선희]는 불의를 정당화할 수 없듯이, 혐오를 정당화할 수 없으며, 그들의 놀이 행위에 대해 도덕적 정당화도 없으며 도덕적 문제를 놀이로 해체하려 하고 급기야는 도덕규범을 버리고자 한다고 비판한다. [여기서부터 이혜정의 본격적인 논평이다] 물론 워마드의 언어 놀이 행위는 그 집단에 있지 않은 사람들에게 불쾌감을 유발하며 탈도덕화되어 있는 것으로 보인다. 그러나 그들은 도덕적 규범이 누구를 위한 규범이냐고 물을 수 있을지도 모른다. 평등하고 자유로운 도덕적 행위자들이 모인 곳에서는 그러한 도덕적 규

오늘날 공공신학은 여러 가지로 분류된다. 대표적으로는 하나님과 복음을 세상에 드러내는 '신학적 모델', 인간의 보편적 질문에 해답이라는 공적 지식을 제공하는 '실존적 모델', 그리고 신앙은 필연적으로 공적이라는 사실과 그런 방식을 분석하는 '사회적 모델'로 분류할 수 있다. 이런 분류는 시카고대학교의 마티1974를 시작으로 시카고대학교의 트레이시David Tracy, 1981, 프린스턴신학교의 스텍하우스Max L. Stackhouse, 2007와 스텔렌보쉬대학교의 스미트Dirkie Smit, 2007를 거치면서 정립되었다. 이와 달리 어떤 사람들은 하나님께서 교회와 학교와 사회와 같은 청중과 대화하신다는 '청중 모델', 북미의 보편적이며 변혁을 추구하는 '복음 변증 모델', 그리고 남아공에서 정치적 범주에서 공공선을 추구하는 '상황적 모델'로 분류하기도 한다.[8]

공공신학과 더불어, 모든 성도가 하나님의 선교missio Dei에 선교

범을 따르는 것은 옳은 일인 것이다. 그러나 만약 평등하고 자유로운 사회가 아니며 평등하지도 자유롭지도 못한 행위자들이 모인 사회라면 그들은 어떤 언어를, 어떤 규범을 따라야 하는가! 워마드 놀이를 하는 여성들은 그러한 놀이를 하는(또 할 수밖에 없는) 자신들만의 삶의 콘텍스트가 있을 것이다. 그들의 삶의 내러티브를 경청해 보지 않으면서 그들에게 엄격한 도덕성을 들이는 것은 그들에게 또 하나의 폭력 행위가 아닐까 한다." 이혜정, "[논평] 혐오담론에 대응하는 여성주의 전략의 재검토: 워마드의 혐오전략을 중심으로", 『한국여성철학회 학술대회 발표자료집』 (2018), 126-27. 하지만 성경에서 제자리를 찾지 않는 페미니즘을 포함한 모든 이념은 내부에서 충돌이 발생하고, '공공'이라는 용어를 사용함에도 공적 특성을 상실하게 될 여지가 크다.

8. 이 단락은 E. Jacobsen, "Models of Public Theology," *International Journal of Public Theology* 6 (2012), 8, 15-22에서 요약 인용함. 참고로 남아공의 신학자 겸 정치가인 알란 부삭(A. A. Boesak)에게서 상황적 모델과 더불어 신학적 및 실존적 모델의 통합을 볼 수 있다는 주장은 S. W. Martin, "Faithful Treason: The Theology and Politics of Allan A. Boesak," *Journal of Theology for Southern Africa* 118 (2004), 81, 84를 보라. 이 글에서 (남아공) 학자들의 소속을 밝힘으로써 독자의 이해를 돕는다.

사로 동참하여 삶으로써 교회당 밖에서 복음을 증언하도록 격려하는 '선교적 교회Missional Church'에 대한 연구도 꾸준하다.[9] 공공신학과 선교적 교회는 교회와 복음의 공적 적합성을 중요하게 여긴다. 예를 들어, 남아프리카공화국이하 남아공의 인종차별정책인 아파르트헤이트Apartheid 지지자들은 네덜란드신앙고백 36조를 백인 아프리카너Afrikaner의 유익을 대변하기 위해서 교회가 정부에 협력해야 한다는 '국가신학'을 위한 근거로 삼았다. 이처럼 교회와 신앙고백서가 공적으로 부적합하게 오용되자 비판과 저항이 일어나는데, 그때 남아공 흑인 교회가 인종차별 철폐를 위해 발표했던 '카이로스 문서Kairos Document, 1985'가 '예언적 공공신학'의 대표적인 예로 간주된다.[10]

공공신학과 선교적 교회는 세상을 하나님 나라로 변혁시키려는 공통 목표를 가지고 있다.[11] 복음서와 사도행전은 새 창조를 도래시킨

9. A. J. Roxburgh and M. S. Boren, *Introducing the Missional Church* (Grand Rapids: Baker, 2009), 55, 72, 125. 성경 주해에 근거한 '선교적 교회'에 대한 논의는 송영목, 『다차원적 신약읽기』 (서울, CLC, 2018), 634-730을 참고하라. 참고로 남아공에서 선교적 교회에 대한 논의는 화란개혁교회(DRC) 출신 D. J. Bosch, A. A. Boesak, M. Nel, C. J. P. Niemandt, G. H. Smit, K. Kok, B. Wielenga, 남아공 개혁교회(GKSA) 소속 P. J. Buys, T. A. van Aarde, G. Lotter, 그리고 감리교 목사 C. Villa Vicencio 등이 주도해왔다. DRC 학자들과 Vicencio에게서 1960-70년대 남미 해방신학과 미국의 흑인신학의 영향이 감지된다면, GKSA 학자들의 경향은 성경에서 출발하여 상황 지향적이다. 참고로 DRC 총회는 1986년에 아파르트헤이트 지지를 철회했고, 그 덕분에 1992년에 REC, 1998년에 WARC, 2015년에 WCC에 다시 가입했다.

10. B. Williams, "Prophetic Public Theology," *Review & Expositor* 111/2 (2014), 159; 남아공 프리토리아대학교 E. de Villiers, "Public Theology in the South African Context," *International Journal of Public Theology* 5 (2011), 7.

11. '공공선교학(public missiology)', '공적 삶을 위한 선교학(missiology of public life)'의 가능성은 S. Kim, "Mission's Public Engagement: The Conversation of

예수님과 새 창조의 역군인 교회를, 서신서는 새 창조의 완성 이전에 그리스도 안에서 세상에서 신실하게 살아야 할 새 피조물로서의 교회를, 그리고 계시록은 새 창조의 완성을 다룬다. 그런데 이런 소통과 새 창조의 변혁이 가능하려면, 교회가 일상에서 변혁의 대리인으로서 살려는 자세와 전략을 갖추는 것이 관건이다.[12] 이를 위해 교회는 세상이 당면한 문제의 원인과 해결책을 찾기 위해서 높은 공감 지수를 견지해야 한다.[13] 또한 성속의 이원론을 극복하고, 교회 내 소그룹 모임이 교회 내적인 교제에 머무는 것을 극복하여 세상 속에서 복음의 공공성을 이루어야 한다.[14]

또한 공공신학과 선교적 교회는 세상과 적실한 용어로 복음을 소통하기 위해 일반인들이 주목하고 알아들을 수 있는 언어로 표현하

Missiology and Public Theology," *Missiology* 45/1 (2017), 7-24를 보라. 이 논문의 저자는 해방신학과 공공신학 그리고 선교학의 차이를 면밀히 비교한다. 참고로 뉴질랜드 오타고대학교의 '신학과 공적 이슈를 위한 센터'의 센터장 David Tombs의 해방신학적 입장은 "Making a Mutual Connection: Deepening the Conversations between Theology and Public Issues," 4를 참고하라 (https://www.otago.ac.nz/ctpi/resources/index.html#davidtombs; 2018년 8월 6일 접속).

12. M. Y. Emerson, "Christ and the New Creation: A Canonical Approach to the Theology of the New Testament" (Ph.D. Thesis, Wake Forest: Southeastern Baptist Theological Seminary, 2011).

13. 신약성경에서 본 교회 내적 이슈(거룩, 예전, 방언, 공동체 결속, 재림, 이단, 배교)와 교회 외적 이슈(동성애, 환경문제, 고령화, 이슬람, 페미니즘과 여성 목사, 교회의 대사회적 책무성)는 송영목, 『시대공부: 신약으로 시대에 답하다』 (서울: 생명의 양식, 2017)를 참고하라. 참고로 '환경주일'을 예장 통합과 벨기에 연합개신교회(UPCB) 등은 지킨다.

14. 한국천주교는 이를 위해 1992년에 소공동체를 본격적으로 도입했다. 김정용, "한국 소공동체와 공공성," 『우리신학』 10 (2014), 103, 108-112.

기를 추구한다.[15] 이는 단순히 원활한 소통을 넘어, 베드로전서와 요한계시록으로부터 확인할 수 있는 공존과 화해를 위한 것이다. 베드로와 요한이 말하는 공존의 완벽한 모델은 협동 사역을 하시는 삼위하나님께로부터 찾을 수 있는데, 두 사도는 삼위 하나님과 교회, 지역교회와 이웃 교회, 한 교회 안의 성도, 수신자들과 구약 간의 긍정적인 소통을 보여 준 바 있다. 삼위 하나님 사이의 소통이 이렇게 교회및 세상 속으로 확장되는 것이다.

베드로와 요한이 말하는 화해란 근본적으로 어린양 예수님을 통한 화목이며 이러한 화해의 범위는 하나님과 그분의 백성들 사이는물론이거니와, 보이는 온 세상과 그것을 넘어서는 만유에 이른다. 예수님을 통한 화목은 결국 세상 속에서 성도의 재창조 사역으로 발전해야 한다. 무엇보다 성도는 선한 양심과 선한 행실로 불의한 세상 안에서 불신자들과 공존하면서 소통해야 한다. 예수님을 통하여 화해의 은혜를 받은 성도가 추구해야 할 환대는 불신자로부터 보상을 바라지 않는 무조건적인 것이어야 한다.[16]

하지만 공공신학의 빛이나 기초는 무엇보다 성경임을 명심해야

---

15. 남아공 케이프타운대학교 명예교수 J. W. de Gruchy, "From Political to Public Theologies: The Role of Theology in Public Life in South Africa," in *Public Theology for the 21st Century: Essays in Honour of Duncan B. Forrester*, ed. by W. F. Storrar and A. R. Morton (London: T&T Clark, 2004), 45 참고.

16. 송영목, "소통, 화해, 공존: 베드로전서와 요한계시록을 중심으로," 『교회와 문화』 35 (2015), 139-67. 이와 반대되는 부정적인 소통은 계시록이 보여 주는 네로 황제의 강압적이며 니골라당(계2:14-15)의 기만적인 소통이다.

한다. 교회는 자신과 세상의 현실을 성경성령의 빛으로 파악해야 한다. 세상의 실상을 파악하려면 성경에서 출발하여 세상의 지평과 대화하며 결론을 도출해야지,[17] 자신의 이념을 따라 소위 '인터넷 해석이나 신문 해석新聞 解析'을 시도하지 않도록 주의해야 한다. 특히 한국의 그리스도인은 대중 매체의 영향을 많이 받는다는 통계 분석이 있다.[18] 또한 공감 지수를 높이다가 혼합주의에 빠지지 않도록 주의해야 한다. 그리스도인은 폭력과 박해가 만연한 세상 속에 살면서도 거류민과 나그네라는 자신의 정체성의 경계선을 강화하면서 세상 변혁을 추구해야 한다. 그러므로 세상 안에서 그리스도인은 기독교에 적대적인 불신자와 공존하면서도 혼합주의를 극복하기 위해서 구별된 삶으로 일정한 거리두기가 필요할 때도 있다.

포스트모던 시대에 전통적인 교회와 복음은 세속 정부의 간섭과 반대에 직면하기도 한다. 한 예로, 1994년 이래 이른바 '민주적 남아공' 정부와 고등교육위원회가 대학교에 소속된 신학과의 특수성을 고려하지 않고 대학교들의 통폐합을 강압적으로 단행한 것을 들 수 있다. 이로 말미암아 정부의 보조와 감독을 받게 된 공립대학교 소속의 신학과는 교회의 목회자 양성을 넘어, 종교 다원주의와 세속화가 강화되는 공공영역 속에서 공공선을 추구하는 방향으로 교과과정과

---

17. 남아공대학교(UNISA)의 P. J. van Dyk, "When Misinterpreting the Bible becomes a Habit," *HTS Teologiese Studies* 74/4 (2018), 1-8 참고.
18. 임성빈, "21세기 초반 한국교회의 과제에 대한 소고: 공공신학적 관점에서," 『장신논단』 47/2 (2015), 192.

교수법의 변화를 모색해야만 했다. 즉, 포용성, 대안성, 대화, 인권 존중, 만인의 번영에 발맞춘 인식론의 전환이 필요하게 된 것이다.[19] 그러나 이러한 소통과 화해, 공존, 거리두기를 지혜롭게 적용한다면, 그리스도인의 감소와 안티 기독교 세력의 장벽에 부딪힌 현실을 타개하는 기회를 얻을 수 있을 것이다.[20]

분명한 것은 오늘날 교회와 그리스도인들은 세상을 향한 하나님의 초월적 계획과 인간의 책임, 그리스도인의 의롭고 정직한 직업관, 교회가 환난 당한 자의 관대한 이웃 되기, 거룩의 평범성, 그리고 칭의와 성화의 균형과 공공성에 대한 고민과 연구가 더욱 필요한 시대에 살고 있다는 것이다.[21] 그러므로 이제는 신약학자들도 공공신학에 관심을 가지게 되었다. 2004년에 예일대학교의 믹스W. A. Meeks는 세계신약학회SNTS 회장으로 취임하면서, 신약학자들은 기독교의 쇠락을 염두에 두고 불신 세상과 긴급하게 소통할 임무가 있다고 밝혔다. 그는 불신자가 기독교로 개종해야만 대화가 가능하다는 신앙주의의 교만을 버리고 타종교인과 대화할 것을 제안했다.[22] 교회는 타 종교인에게 복음의 빛으로 해석된 사회 이슈를 제시하기 위해서 공적 설득력을 갖추어야 하며, 공공선과 공적 의의를 가진 이슈에 관해 세상

---

19. 남아공 프리스테이트대학교 교의학 교수 R. Venter, "Transformation, Theology and the Public University in South Africa," *Acta Theologica* 34/2 (2015), 173-203.
20. 송영목, "소통, 화해, 공존: 베드로전서와 요한계시록을 중심으로," 139-67.
21. 송영목, "세월호 재앙을 구속하기: 신약의 관점에서," 『고신신학』 16 (2014), 27-50.
22. W. A. Meeks, "Why study the New Testament?" *New Testament Studies* 51/2 (2005), 168-69.

이 교회와 대화하도록 장을 마련해야 한다.[23] 이를 위해 신학자들은 지역교회와 더불어 공공 영역을 염두에 두고 소통하며 연구해야 한다.[24] 이 글의 주요 관심도 복음과 교회의 공공성을 하나님 나라라는 성경신학적 주제로 파악하는 데 있다. 공공신학을 정치학이나 철학과 같은 사회과학 그리고 기독교 윤리나 교의학으로 분석하는 것은 필자의 역량을 넘어선다. 다만 이 글을 통해 지난 세기 중순부터 활발했던 하나님 나라 연구가 성경신학적 공공신학과 결합하여 작은 시너지 효과라도 내기를 기대한다.

성경신학자와 설교자는 하나님 나라를 중심으로 하는 구속사를 탐구하되, 성경의 1차 독자와 현대 그리스도인 독자의 삶의 정황을 분석하여, 그들의 정체성에 맞는 실천적 사명을 세상에서 수행하는 방법을 제시할 수 있어야 한다.[25] 왜냐하면 성경의 포괄적인 수미상관首尾相關구조는 다름 아니라 세상의 천국화를 강조하기 때문이다참고: 웨스트민스터 대교리문답, 191. 즉, 하나님께서 '온 세상의 왕과 주되심'

23. R. D. Nelson, "The Old Testament and Public Theology," *Currents in Theology and Mission* 36/2 (2009), 85.
24. 남아공 프리스테이트대학교 신약학 교수 H. C. van Zyl을 '교회를 위한 신학자(kerklike teoloog)'이자 '공공 신학자(publieke teoloog)'라고 평가하는 경우는 프리스테이트대학교 신약학 교수 F. D. Tolmie, "Hermie C. van Zyl: Nuwe-Testamentikus aan die Universiteit van die Vrystaat," *Acta Theologica* 33/2 (2013), 14-15를 참고하라.
25. 복음서와 서신서 본문이 1차 독자들에게 미치는 영향력은 송영목, "예수님의 제자들과 마태공동체의 관련성: 마태복음 23:34를 중심으로," 『교회와 문화』 34 (2015), 81-102; "데살로니가전서의 출애굽 주제와 반로마적 메시지의 결합," 『신약논단』 23 (2016), 477-516을 보라.

은 문화명령창1:28에서 시작하여, 성경 전체를 관통하여 성경의 결론
인 요한계시록에서 완성되는 것이다계11:15.

이윤경에 의하면, 성경의 공공신학은 구약의 신정국가인 이스라
엘에서 본격적으로 출발한다. 열두지파로 구성된 신정국가인 이스
라엘은 십계명과 율법을 개인은 물론 언약 공동체의 관계를 유지하
기 위해서 준수해야 했다. 율법이 명시한 형벌은 공동체가 공동선을
위해서 개인의 삶에 강제로 개입할 수 있음을 보여 준다성문 앞 재판정
의 예. 그리고 절기와 제사제도는 사적 영역이라기보다 하나님을 향한
공동체의 거룩한 정체성을 유지하기 위해 중요했다.[26] 선지자들은 빈
익빈 부익부를 미연에 방지하고, 약자를 보호하여, 공의로운 국가를
만드는 데 심혈을 기울였다예를 들어, 면제년, 희년. 이처럼 공공선의 유지
는 왕과 제사장과 선지자의 역할에 크게 의존했다.[27]

김근주는 천상회의에서 기원한 의사소통적 복수형 '우리'창1:26와
세상의 축소판과 같은 에덴동산에서 일하던 아담과 하와창1:27라는
공동체의 윤리로부터 구약에 나타난 복음의 공공성을 설명한다.[28] 한
규승은 모세 율법이 가르치는 땅 신학Land Theology을 따라, 주전 8세
기에 가나안 땅에 살던 '백성''인민'은 땅을 잃을 위기에 처함, 자신이 땅에
서 경작한 소산물을 먹을 수 있는 기반으로서의 '공공복리', 그리고

---

26. Nelson, "The Old Testament and Public Theology," 88. 포로 후기에 유대인들은
　　스룹바벨 성전을 중심으로 살되 이방인과 단교해야 했다.

27. 이윤경, "구약성서에 나타난 공공신학" (http://blog.naver.com/PostView.
　　nhn?blogId=e_library & logNo=120055229223; 2018년 7월 22일 접속).

28. 김근주, 『복음의 공공성: 구약으로 읽는 복음의 본질』 (파주: 비아토르, 2017), 46-49.

그 복리를 위한 선지자들호세아, 아모스, 이사야, 미가의 공개적인 소통과 외침이라는 '공개성'을 이스라엘 공공성의 세 가지 요소로 본다.[29]

성경 전반에 걸쳐 이러한 공공성은 점진적으로 발전한다. 아브라함 언약창12:2-3, 참고: 창35:11, 46:27, 출1:7, 1:10, 19:5-6은 시편의 제왕시시72, 96-99편, 찬양시시47, 65편, 그리고 탄원시시22편에서 야웨와 메시아의 왕권이 세상에 시행되는 하나님의 선교로 발전한다.[30] 그리고 하나님의 세상 통치는 선지서단2:44, 7:13, 옵1:21를 거쳐, 신약의 복음서마19:28, 28:18-20, 사도행전1:8, 3:21, 서신서엡1:23, 벧후3:13에서 성취된다. 요즘 자연계발과 보존 사이에서 창조에 관한 갈등을 일으키고 있는 문화명령창1:28은 아브라함의 자손이 온 땅에 충만할 것이라는 아브라함 언약으로 발전했다가, 결국 예수님께서 주신 지상명령으로 이어진다마28:19-20.[31]

남아공대학교University of South Africa, UNISA의 크가틀M. S. Kgatle에 의하면, 마태복음 28장 18절에서 20절은 좁게는 부활 내러티브의 결론이며 넓게는 마태복음의 결론인데, 여기서 예수님께서는 '글로벌 선교'와 '글로벌 승리'를 약속하신다. 글로벌 선교는 예수님의 제자들과 마태공동체가 이방인들의 회심을 기대하는 과정을 거쳐, 결국 무엇보다 예수님 중심적 구원과 윤리를 담은 메시지를 온 세상에

29. 한규승, 『구약 예언서의 공공신학』 (서울: 새물결플러스, 2018), 393, 413, 418.
30. 이동수, "시편에 나타난 선교신학," 『장신논단』 20 (2003), 63-83.
31. 이종근, "'생육하고 번성하라'는 문화명령(창 1:28; 2:15)의 신학적 고찰," 『구약논단』 1/8 (2000), 20-23.

전하여 지리와 문화를 넘어서는 것으로써 가능하다.[32] 그러므로 오늘날의 세계화 현상을 공공신학의 기회로 보기도 한다참고: 마28:18-20, 계21:26.[33] 하지만 이상원은 불신자를 아우르는 공공신학의 가능성예를 들면 스텍하우스에 맞서면서 '공공신학' 대신에 '공공윤리'를 제안한 바 있다.[34] 이는 그리스도인이 사회 속에서 윤리를 실천함으로써 세상에 감동과 영향을 미쳐야 함을 강조하려는 의도였다.

그런데 한 가지 놓치지 말아야 할 사실은 성경과 신학이 표출되는 1차 생장지生長地는 세상이 아니라, 하나님의 은혜와 공적인 의를 배우고 실천하는 장場인 교회라는 점이다.[35] 교회는 천국의 중핵中核이다. 하나님 나라는 하나님께서 다스리시는 만유를 포함하며, 교회는 그러한 하나님 나라의 백성이다. 즉, 자전거 바퀴의 휠이 하나님 나라라면, 교회는 그 휠의 중앙 부분hub이고, 세상에서 활동하는 그리스도인들은 중앙 부분hub과 휠을 연결하는 많은 바퀴살spokes과 같다. 교회는 그리스도인들을 양육하여 세상에 파송함으로써, 만유와 교회를 다스리시는 예수님의 통치하에 바퀴살 역할을 하도록 격려해야

---

32. M. S. Kgatle, "Globalisation of Missions: An Exegesis on the Great Commission (Mt 28:18-20)," *In die Skriflig* 52/1 (2018), 1-7.

33. M. L. Stackhouse, 『세계화와 은총: 글로벌 시대의 공공신학』 (*Globalization and Grace*, 이상훈 역, 성남: 북코리아, 2013), 135, 332, 368; 새세대교회윤리연구소 편, 『공공신학이란 무엇인가?』 (성남: 북코리아, 2007), 30, 61-62.

34. 이상원, "공공신학이 아닌 공공윤리로: 맥스 L. 스택하우스의 『글로벌 시대의 공공신학: 세계화의 은총』에 대한 비판적 서평," 『월드뷰』 8월호 (2018), 73-75.

35. R. J. Mouw, 『무례한 기독교: 다원주의 사회를 사는 그리스도인의 시민교양』 (*Uncommon Decency*, 홍병룡 역, 서울: IVP. 2014), 49.

한다엡1:23, 골1:18.[36] 그리스도인은 세상의 주인이신 하나님출19:5을 삶의 현장에서 드러내는 제사장 나라와 같다출19:6. 따라서 성경적으로 세상 속의 하나님 나라를 논하려면, 세상 속에 파송된 교회를 반드시 논해야 한다.

남아공 스텔렌보쉬대학교 뷔르허C. Burger에 의하면, 창조주와 주님이신 하나님 그리고 그분의 복음이 담아내는 공공성은 '공공교회 public church'로 이어져야 한다. 뷔르허는 이것을 종교개혁가들의 주장으로 보면서 교회 자체가 하나님의 궁극적인 목적은 아니라고 본다. 이런 논의는 '천국 복음과 교회의 공공성'이라는 주제로 요약할 수 있다참고: 요18:20, "내가 드러내 놓고 세상에 말하였노라".[37] 또한 교회는 세상을 항하여 선지자적 목소리를 낼 수 있어야 한다. 예를 들어, 1986년에 남아공 가톨릭 주교단은 '목회서신'을 통해 아파르트헤이트를 비판했다. 1992년 3월 8일에는 말라위의 어떤 천주교 주교가 독재 정부의 부패에 대해 '목회서신사목서간'을 통해 비판했고, 이에 맞추어 아프리카 말라위의 장로교CCAP 총회도 선지자적 목소리를 낸 바 있다. 또한 잉글랜드가 EU 회원국에서 탈퇴할 무렵, 2016년 7월 1일 영국 성공회는 '목회서신'을 통해 상반된 견해를 가진 교인들이 상호

---

36. 가시적 교회를 천국과 동일시하는 어조를 가진 주장은 재고될 필요가 있다(예. 웨스트민스터 신앙고백 25:2). J. M. Beach, "The Kingdom of God: A Brief Exposition of Its Meaning and Implications," *Mid-America Journal of Theology* 23 (2012), 53-76 참고.

37. C. Burger, "Die Reformatoriese Verstaan van die Geloofsgemeenskap (Gemeente) as 'n Publieke Gemeenskap," *Scriptura* 99 (2008), 249-54.

협력하고 이해하도록 권면한 바 있다. 이러한 예들은 공적 기관으로서 교회가 공표한 해방적 목회서신들이다.[38]

최근에 프린스턴신학교로 옮긴 스미트D. Smit는 개혁주의 성경해석에서 강조하는 본문의 사회-역사적 배경의 중요성을 넘어, 기독교는 본질적으로 상황적이므로 '상황 신학'의 당위성을 강조하기도 한다. 그러나 이런 상황 신학은 오용되기도 쉽다. 예를 들어, 성경이 지금은 흑인 해방을 위한 도구로 활용되지만, 약 400년 전 남아공에서는 식민지 통치를 위한 도구로 활용된 측면이 있었다. 따라서 세상 속에서 교회는 공공성을 확보해야 하지만, 교회 안으로 세상이 들어오는 것에는 주의해야 한다. 일찍이 바울은 '목회서신'을 통해 교회 내부로 침투해 들어온 거짓 교사들에 대항하여 건전한 교리딤전6:3와 리더십과 윤리딤전3:14를 강조했다.

한편 복음의 공공성을 추구하는 이들 사이에 발생하는 세부적인 차이점은 역사적 개혁주의 신앙고백 자체에 있다기보다, 지금 여기에서 예수 그리스도를 고백하며 살기 위한 세부 방식에 있다.[39] 그렇다면 이런 차이점은 그리스도인이 각개전투를 할 수 있는 비본질적인 '아디아포라' 영역으로 남겨 두어야 하는가? 기독교 역사는 복음

---

38. 남아공 노스웨스트대학교의 Q. Jere and V. Magezi, "Pastoral Letters and the Church in the Public Square: An Assessment of the Role of Pastoral Letters in Influencing Democratic Processes in Malawi," *Verbum et Ecclesia* 39/1 (2018), 1-4.

39. De Gruchy, "From Political to Public Theologies: The Role of Theology in Public Life in South Africa," 46.

의 기본적인 개념이 구체적으로 무엇을 의미하며, 그것을 어떻게 실천할 수 있는가에 대해 의견을 달리해 왔음을 증언한다. 이로 말미암아 교회의 역사는 '갈등의 역사'라 불리기도 한다.[40] 따라서 복음의 공공성을 실천할 때에는 각론을 넘어 총론에서도 차이와 갈등이 발생할 수 있음을 염두에 두어야 한다.

교회나 기독교의 공적 기구가 세상의 이슈에 어떻게 그리고 어느 정도 간여할 수 있는가는 여전히 뜨거운 감자와 같다. 개인과 사회구원의 균형을 이루려는 존 스토트J. R. W. Stott, 1921-2011년의 영향이 반영된 로잔언약1974과 궤를 같이 하는 기독교윤리실천운동1990은, 국가와 종교기구로서의 교회는 분리되지만 정치와 종교는 분리되지 않는다그리스도인 개인은 국가-정치와 유기적으로 연결된다고 보았다. 이런 입장은 한국 복음주의 진영의 기독교학문연구회1984, 기독교문화연구회1986, 그리고 대학생 선교단체예를 들어, IVF의 사회 참여에 적지 않은 영향을 미쳤다.[41]

그런데 혹시 칼뱅주의또는 신칼뱅주의를 표방하는 교회나 기독단체가 한국의 공적 영역에서 외면당하고 퇴출당하는 현실이 아닌지 점검해 보아야 한다. 김동춘은 한국에서 칼뱅주의자들의 공적 영향력 감소와 광장에서의 퇴출의 원인으로 세상과 합리적인 의사소통을 하

---

40. 남아공 스텔렌보쉬대학교의 D. J. Smit, *Essays in Public Theology* (Stellenbosch: Sun Press, 2007), 145, 167.
41. 김명배, "복음주의 진영의 사회 참여에 나타난 교회와 국가의 관계," 『선교와 신학』 20 (2007), 140-45.

지 못한 점을 지적한다. 그는 정통적 칼뱅주의자들은 신앙이 사사화私事化하고 국가권력을 포함한 기득권을 옹호함으로써 문화변혁적이지 못하며, 전통적 신념체계와 권위주의에 갇혀있다고 비판한다. 덧붙여 김동춘은 정통실천orthopraxis이 부족한 정통 칼뱅주의자들은 하나님의 주권을 숙명론으로, 전적 부패를 패배주의나 무능함에 대한 변명으로, 성도의 견인을 구원파식 구원론으로 오용했다고 지적한다.[42] 사실 한국교회의 장년층이나 새 신자들에게 '공공신학'과 '선교적 교회'라는 용어는 생경하다. 비슷한 범주에 속한 신칼뱅주의적 용어인 '영역운동'도 마찬가지이다. 하지만 '예수 그리스도를 닮아 세상을 변화시키는 공동체'인 교회의 정체성과 복음의 공공성을 잘 소개한다면, 모든 그리스도인이 이런 개념과 활동을 잘 공유할 수 있을 것이다.

이상의 긴 논의를 염두에 두고, 이 글은 다음의 두 가지 질문에 관하여 신약성경의 답을 찾는 시도이다. (1) "하나님께서는 이 세상을 어떻게 다스리시는가?" (2) "세상에 하나님의 통치를 현시하는 교회는 누구이며, 그분의 통치를 증명하는 방법은 무엇인가?" 이를 위해, 필자는 갈등하는 지구의 축소판과 같은 남아프리카공화국에서 발전된 공공신학의 최근 논의를 많이 참고했다. 남아공의 경우, 스텔렌보쉬대학교의 '공공신학을 위한 Beyers Naudé 센터'2002년 설립[43], 프

---

42. 김동춘, "세계형성적 칼뱅주의(World-Formative Calvinism): 사회 속에서 개혁신학의 공공성을 위한," 『국제신학』 17 (2015), 85-101.
43. https://www.sun.ac.za/english/faculty/theology/bnc/about-us.

리토리아대학교의 '공공신학센터'2000년 설립[44], 그리고 남아공대학교 UNISA의 '신학과 종교연구소'RITR, 1993년 설립 등이 공공신학 연구를 선도하고 있다.[45] 필자는 남아공의 '해방신학적-흑인신학적 공공신학'을 지지하거나 동의하지 않으며, 동시에 '아프리카너의 아파르트헤이트 칼뱅신학'도 반대함을 밝혀 둔다.

이 글이 갈등과 혼란이 많은 한국교회가 복음과 교회의 공공성을 정립하는 데 유익하고 실천적인 통찰력을 제공하기를 기대한다.[46] 그리고 원론적인 논의를 반복하거나 추상적인 함의만 제공하는 데 그치지 않기를 바라며, 더 나아가 독자들이 이 글의 부족함과 한계를 적용과 실천으로 메워 주기를 기대한다.

---

44. https://www.up.ac.za/centre-for-public-theology.
45. De Villiers, "Public Theology in the South African Context," 21-22 참고. 참고로 원칙과 협의와 포용을 중요시한 넬슨 만델라(1918-2013)가 정치에서 보인 '대세 주도형 리더십'과 경제 부분에서 보인 '준 대세 편승형 리더십'에 대해서는 이한규, "만델라의 정치적 리더십에 대한 고찰: 위기상황의 대처 능력을 중심으로," 『한국아프리카학회지』 35 (2012), 103-141을 보라.
46. 참고로 International Journal of Public Theology 11/4 (2017)는 공공신학을 중국 상황에서 다루었다. 이것은 상대적으로 한국인 가운데 국제적으로 공공신학을 주도하는 이들이 많지 않다는 증거이다. 하지만 국제적 명성보다는 개혁주의에 입각한 공공신학을 정립하는 게 더 중요하다.

하나님
나라
복음과
교회의

공공성

2장

예수님의 설교와 복음의 공공성

1. 예수님의 산상설교에 나타난 복음의 공공성

개혁주의 공공신학은 성경신학과 건전한 전통을 중요하게 여긴다. 복음서에 나타난 예수님을 어떻게 믿고 이해하는가는 이론을 넘어 영생이 달린 문제이다. 2000년 전, 팔레스타인에서 실제로 활동하신 '역사적 나사렛 예수님historical Jesus of Nazareth'께서는 초대교회가 구주로 믿고 섬겼던 '고백된 그리스도confessed Christ'와 동일하신 분이시다. 이런 의미에서 그리스도께서는 실제로 공생애를 사셨던 분이시며, 예수님께서는 초대, 현대교회의 신앙고백과 예배의 대상이시다. 따라서 예수님께서는 '역사적 그리스도'이시다.[1] 18세기 이래로 소위 '역사적 예수 탐구Quest for Historical Jesus'의 시도를 이어 온 사람들이 있는데, 복음서를 1차 독자인 공동체의 소망과 신앙고백을 예수님의 입을 빌어 표현한 허구로 보는 그들에게 동의할 수 없다. 복음서는 예수님께서 실제로 하신 말씀과 행하신 바를 성령님의 영감을 받은 저자가 1차 독자 공동체를 염두에 두고 쓴 기쁜 소식이다.

따라서 복음서는 예수님의 승천 이후에 초기 교회가 생산한 역사성이 결여된 전승이나 신앙고백 혹은 해설 모음집이 아니다. 복음서는 어떤 공동체가 자신의 공동체에 대해 말하는 이야기도 아니다. 초대교회의 소망과 신앙이 예수님의 부활을 만들어 낸 것이 아니라, 하

---

1. Van Bruggen은 책의 부제를 예수님과 그리스도를 구분하는 현대 복음서의 연구 경향을 역행하여 의도적으로 바꾸었다. J. van Bruggen, *Christ on Earth: The Gospel Narratives as History* (Grand Rapids: Baker, 1998).

나님의 구원 사역이 초대교회에게 부활의 소망과 신앙을 선물로 준 것이다.

마태와 누가가 공통적으로 참고했다는 가상의 자료 Q나 외경인 도마복음으로써 복음서의 역사성을 판단할 수도 없다. 이런 점에서 예수님의 복음을 연구하는 이는 먼저 자신의 전제와 선입견을 비평적으로 검토해야 한다. 복음서에 기록된 말씀과 사건은 이성적 해석으로 진위 여부가 판명될 수 없는 객관적인 역사이다. 또한 그것은 성령님의 영감을 받은 복음서 저자들의 신학에서 바라본 실제 역사적인 서술이다. 초대교회는 예수님에 대한 전승구전을 왜곡하지 않았다 참고: 눅1:1-4, 딤전3:16, 요일1:3.

결국 복음서의 올바른 해석 여부는 영감성의 수용 여부에 달렸다고 말해도 과언이 아니다. 이성적 전제나 실존적 접근을 따르다 예수님께서 그리스도시라는 사실을 받아들이지 않는다면, 거기에서부터 복음과 신앙의 여지는 사라지고 만다. 따라서 이 글은 복음서의 역사성과 영감성을 전제로 함을 밝혀 두겠다.[2]

산상설교마5-7장를 포함하는 사복음서는 주 예수 그리스도께서 누구시며, 무슨 사역을 하셨는가를 대체적으로 시간적 순서를 따라 설명한다. 다시 말해, 복음서에서는 시간과 공간 그리고 주제적 논리가 연속적으로 전개된다. 예를 들어, 누가복음 1장 3절의 부사 '카쎅세스

---

2. 이 단락은 F. P. Viljoen, "Jesus sonder Christus of Christus sonder Jesus?" *In die Skriflig* 36/4 (2002), 567-69를 요약.

καθεξῆς'는 '시간상 마지막까지 이어지는next down to the end'이라는 어원의 의미를 반영하여, 누가-행전이 시간적 연속성을 중요하게 여긴다는 사실을 강조한다눅1:3, 8:1, 행3:24, 11:4. 뿐만 아니라 이 부사는 공간적으로 이어지는 순서를 가리키기도 한다행18:23.[3]

복음서의 전체 줄거리를 단순하게 이해하기 위해서는 먼저 그레이마A. J. Greimas의 행역자行役者 모델을 통해 복음서 전반부의 주님 탄생 기사를 살펴보는 것이 유용하다. 예수 그리스도께서 베들레헴에서 태어나시기 전에, 유대인들주체, subject은 열방수신자, receiver에 하나님송신자, sender의 자비의 빛객체, object을 비추어야 하는 사명을 받았다. 유대인들은 이 사명을 수행하기 위하여 종교지도자들대적, opponent의 반대에 직면해야 했고 조력자들helper을 필요로 했다. 이런 조력자들 가운데 아브라함의 언약과 이사야서의 야웨의 종에 대한 예언을 성취하실 성령님의 역사가 포함된다.[4] 그런데 이러한 유대인들이 열방의 빛으로 살지 못한 실패를 역전시키셔서 성취하시는 분은 참 이스라엘이신 예수님이시다. 예수님께서는 성부의 아들, 열방의 구원자, 아브라함의 후손, 이사야가 예언한 야웨의 고난 당한 종으

---

3. 남아공 노스웨스트대학교 B. W. W. Fung, A. B. Spencer and F. P. Viljoen, "What does καθεξῆς in Luke 1:3 mean?: Discovering the Writing Order of the Gospel of Luke," In die Skriflig 51/1 (2017), 2, 5, 9. 하지만 복음서의 단락들은 설교와 같은 주제별로 묶인 경우가 많다.

4. 남아공 노스웨스트대학교 F. Kovacs, F, J. Gosling and F. P. Viljoen, "The Lukan Covenant Concept: The Basis of Israel's Mandate in Luke-Acts," Verbum et Ecclesia 34/1 (2013), 3, 5, 8.

로서, 사탄의 도구로 전락한 종교지도자들의 훼방을 성령님의 능력과 지혜로써 물리치신다.

사복음서 가운데 마태복음과 누가복음은 예수님의 가르침과 설교를 집중적으로 소개한다. 뿐만 아니라 예수님의 설교가 짧게 언급된 마가복음에서도 뭇 사람이 주님의 교훈에 놀랐음을 빠트리지 않고 소개한다막1:22. 이를 산상설교로 좁혀서 생각해 보자면, 모세 당시 애굽에서 해방된 이스라엘 백성이 시내산에서 삶의 규칙으로 십계명을 받았다면, 산상설교는 새 모세이신 예수님 덕분에 새롭고 영적인 출애굽을 경험한 신약 교회의 삶에 있어 표준 지침과 같다고 하겠다.

십계명은 애굽 땅 종 되었던 집에서 이스라엘을 인도하여 이끌어 내신 여호와의 구원사역을 직설법으로 먼저 소개한 후에 주어졌다출 20:1-2. 마찬가지로 산상설교 역시 주후 30년 무렵 1차 청중인 주님의 제자들을 구원을 받아 파송된 '세상의 소금ἅλας과 빛φῶς'이라고 먼저 소개하는 것으로 시작한다마5:13-14. 이런 직설법을 출발점과 근거로 삼아 이후 명령법이 마태복음 7장까지 이어지는 것이다.[5] 산상설교는 천국 백성의 삶의 원칙과 윤리를 소개하는데, 이는 이후 마태복음에 뒤따라 나오는 네 개의 큰 설교의 기초가 된다. 즉, 뒤따르는 제자도 설교와 천국 비유 그리고 감람산 강화는 모두 산상설교의 내용을 발전시킨다예를 들어 마7:21-23과 25:44의 비교.[6]

---

5. 조용훈, "산상설교의 윤리적 특징에 대한 연구," 238.
6. 마태가 소개하는 예수님의 놀라운 가르침은 F. P. Viljoen, "The Matthean Jesus' Surprising Instruction to obey the Teachers of the Law and Pharisees," *HTS*

참고로 마태복음의 산상설교와 바울신학이 대립된다는 견해보다는D. Sim, S. G. F. Brandon, 이 둘 사이에 유사성이 강하므로 상호보완적이라는 데 다수의 학자들이 동의한다F. P. Viljoen, R. T. France, J. P. Meier, U. Luz, D. Marguerat, R. Mohrlang. 이 둘 사이의 유사성으로는, 내면적 의마5:20, 고전6:9, 자비, 율법의 본질인 사랑, 할례를 시행하지 않으면서도 가능한 이방인의 개종, 종말론적 구원 사건의 핵심인 예수님의 십자가와 부활, 하나님의 지혜와 뜻으로서의 율법, 그리고 신약 시대로 이어진 율법의 연속성 등이 있다마5:17, 롬3:31. 이러한 유사성은 바울이 역사적 예수님을 제대로 이해하고 있다는 증거이다.

그런데 혹자는 마태복음에서 베드로가 두드러진 역할을 담당하고 있는 것은 베드로의 경쟁자였던 바울을 비판하기 위한 것이었다고 보기도 한다참고: 갈2:11-15의 안디옥 사건. 그러나 베드로와 바울 간의 라이벌 의식은 어디서도 찾아보기 어렵다. 다만 마태복음에서 베드로는 제자들 가운데 연장자로서마17:24 지도자처럼 나서기를 좋아하는 성격의 소유자였을 뿐이다. 또 한편으로 마태가 베드로를 중요하게 묘사한 마가복음을 참고했을 수도 있다. 물론 마태가 베드로를 부정적으로 묘사하는 부분도 있다마16:23.[7]

복음서 본문을 통해서 1차 독자들의 역사적 상황을 구축하는 것

Teologiese Studies 74/1 (2018), 1-10을 보라.

7. 조용훈, "산상설교의 윤리적 특징에 대한 연구," 『장신논단』 48/4 (2016), 231; 남아공 노스웨스트대학교 C. F. Meiring and F. P. Viljoen, "Die Bergrede as 'n Moontlike Reaksie teen Paulus," *In die Skriflig* 48/1 (2014), 6-7.

은 한계가 있고 주의해야 한다. 특정 수신자를 염두에 둔 바울서신과 비교하면, 복음서는 1차 독자인 특정 공동체가 직면한 이슈를 염두에 둔 좀 더 열린 본문으로 읽을 수 있다마28:15의 '오늘까지'. 이런 관점에서 보면, 산상설교를 포함하는 마태복음의 1차 독자인 마태공동체시리아 안디옥는 주후 1세기 중순의 박해 상황 속에서 산상설교의 가르침을 준수해야 했다고 볼 수 있다.[8]

주후 70년에 돌 성전이 파괴된 이후에 랍비 유대교가 대중의 인도자가 되었다. 또한 주후 90년 무렵에는 랍비 가말리엘 2세가 주도한 야브네 회의가 이합집산이었던 유대교를 통일시키고 유대인의 삶을 재규정하려고 시도했다. 즉, 돌 성전의 파괴라는 심판으로 하나님께 이혼증서를 받은 불신 유대인들, 곧 사탄의 회당들이 다시 힘을 발휘하려고 시도했던 것이다참고: 계2:9, 3:9. 하지만 그들은 하나님의 함께하심마1:23, 28:20과 천국 열쇠들을 소유할 수 없었다마16:19, 눅 11:52.[9]

예수님을 대적하는 위선적인 유대인들의 무리에서 분리된 마태

---

8. 송영목, "예수님의 제자들과 마태공동체의 관련성: 마태복음 23:34를 중심으로," 『교회와 문화』 34 (2015), 81-102; 양용의, 『마태복음 어떻게 읽을 것인가?』 (서울: 성서유니온선교회, 2015), 37-38; 박윤만, 『마가복음: 길 위의 예수, 그가 전한 복음』 (용인: 킹덤북스, 2017), 26; Pace 채영삼, 『긍휼의 목자 예수: 마태복음의 이해』 (서울: 이레서원, 2011), 23-26. 참고로 마태공동체의 기억(전승)과 말씀이 산상설교에 반영되었다는 주장은 정지련, "산상설교에 대한 신학적 반성," 『신학연구』 61 (2012), 137을 보라. 그러나 마태공동체는 마태복음의 저자가 아니다.
9. F. P. Viljoen, "The Matthean Community within a Jewish Religious Society," *HTS Teologiese Studies* 72/4 (2016), 4, 7.

공동체는 특히 유대교의 지도자들과 갈등을 빚었다마4:23, 9:35, 10:17, 23:16-17. 돌 성전이 파괴된 후에 살아남아 유대인들을 이끈 집단은 다름 아닌 바리새인들이었다. 바리새적 유대교에서 볼 때, 유대인 출신 그리스도인들이 중심이었던 마태공동체는 유대교 신앙에 반역을 일삼은 분파주의적 이단 집단으로 비쳤을 것이다. 이에 맞서 마태는 '교회ἐκκλησία'마16:18, 18:17라는 용어를 사용함으로써, 유대교의 회당과 달리 예수님께서 불러 모으신 참 이스라엘로서 하나님의 권세와 현존과 구원이 있는 모임을 의도했다. 참고로 칠십인경LXX의 신명기 31장 30절에서 이스라엘 총회를 가리키는 여성명사 '에클레시아ἐκκλησία'는 하나님의 백성의 모임을 가리키는 히브리어 남성명사 '카할qahal'을 번역한 것이다.[10] 참 이스라엘인 그리스도인은 신약 시대에는 율법이 무효하다는 율법폐기론을 단연 배격해야 한다참고: 마12:1-14, 15:1-9, 22:34-40. 오히려 율법을 성취하신 예수님께서마5:17-18 율법의 의미를 참되게 해석하셔서 삶으로 실천하신 것을 믿고, 산상설교를 그리스도의 법lex Christi, 복음으로 읽고 실천해야 한다.[11]

산상설교가 인용하는 십계명은 이등분된다. 첫째는, 만인제사장들의 공적 예배1계명: 예배의 대상, 2계명: 예배의 방법; 3계명: 예배의 태도와 중

---

10. 이 단락은 F. P. Viljoen, "Matthew, the Church and Anti-Semitism," *Verbum et Ecclesia* 28/2 (2007), 698-710에서 요약.

11. 마태는 예수님을 '인자', '주', '임마누엘'로 소개하지, 율법의 해석자로 언급하지 않는다는 주장은 이한수, "산상설교: 그 성격과 목적 연구," 『신학지남』 65/2 (1998), 63, 67, 74를 보라. 하지만 이한수는 산상설교가 은혜로 구원을 얻은(은총의 직설법) 천국 백성이 마땅히 수행해야 할 윤리적 실천(윤리적 명령법)을 가르친다고 인정한다.

심, 4계명: 예배의 시간, 5계명, 예배 신앙의 상속이며, 둘째는 주중의 예배하는

거룩한 삶6계명: 생명의 거룩성, 7계명: 가정의 거룩성, 8계명: 재산의 거룩성, 9계

명: 진리와 명예의 거룩성, 10계명: 죄의 근본인 탐심 제거이다.[12] 예수님의 산상

설교와 십계명 사이에 나타난 여섯 개의 반명제마5:21-48는 예수님께

서 율법을 만드시고 해석하실 수 있는 탁월한 권위를 가지고 계심을

강조한다. 동시에 마태는 예수님께서 제자들에게 율법과 장로의 유

전에 포함된 가장 작은 규정들까지 준수함으로써 보다 탁월한 바리

새주의를 만들라고 가르치신 것이 아님을 밝힌다.[13]

　류관석은 마태복음을 읽을 때 쉽게 간과하거나 묻혀 버릴 수 있

는 산상설교 다음에 등장하는 '기적 장들'마8-9장의 주석적 이슈에 주

목한다. 그는 마태복음의 통일성과 유용한 자료를 통해 설득력 있게

기적 장들을 읽어 내는 한편, 복음서에서 특이하게 보이는 구조에 나

타나는 문학적이고 신학적 메시지를 밝히려고 애쓴다. 사실 기적 장

들의 수수께끼를 풀기 위해서 1960년대에서 1970년대에 두 자료마가

복음, Q 가설에 근거한 양식비평과 편집비평 그리고 내러티브 방법론

이 동원되었지만, 마태복음 8장과 9장을 구성하는 하부 단락의 숫자

와 그 단락들에 담긴 마태의 사고 구조, 그리고 기독론과 같은 신학

에 대한 만족할 만한 결과를 제공하지는 못했다.

　이런 미진하고 만족스럽지 못한 연구의 틈을 염두에 두고 류관석

---

12. 권기현, 『예배 중에 찾아오시는 우리 하나님』 (경산: R&F, 2019), 65.
13. F. P. Viljoen, "The Torah in Matthew: Still Valid, yet to be interpreted Alternatively," In die Skriflig 50/3 (2016), 4.

은 호메로스Homeros나 요세푸스 등이 사용한 '삼단논법'에 마태가 익숙했을 것이라고 가정하면서, 마태가 복음서를 구성하며 이 기법을 적극적으로 활용했다는 많은 증거를 제시한다. 이렇듯 류관석은 기적 장들의 구성적 특징을 삼단논법에 근거하여 밝힘으로써, 기적 장들이 마태복음에서 가지는 문맥적 관련성은 물론 예수님께서 하나님의 아들로서 행하신 치유와 제자도에 관한 실천적 메시지도 잘 부각시킨다. 그에 따르면, 마태는 시내산 모형론을 통해서 예수님께서 새로운 모세로서 새롭고 성취된 율법을 제자들에게 주시고 해석하실 수 있는 권위가 있는 분이심을 드러낸다. 모세가 산에 오르고 내려온 것처럼출19:14 예수님께서도 그리하셨으며마5:1-2, 8:1, 모세가 율법이 어떻게 실행되어야 하는가를 보여 주는 기적을 행한 것처럼출7-12장의 열 재앙 예수님께서도 기적을 행하셨다마8-9장의 열 기적는 것이다.[14]

따라서 마태복음의 산상설교는 뒤따르는 기적 장들과 더불어 문맥에 나타나는 마태의 신학을 따라 읽어야 한다. 예수님께서 성취하신 그리스도의 법에 따르면, 사람이 손을 씻지 않고 식사해도 부정하게 되지 않고, 안식일에 이삭을 잘라 먹고 선을 행해도 안식일 규정을 어긴 것이 아니었다. 산상설교가 말을 매개체로 한 예수님의 사역이라면, 기적은 행동을 통하여 예수님의 사역이 나타난 것이다. 이런 의미에서 예수님께서는 메시아적 율법messianic Torah을 직접 가르치

---

14. 류관석, 『마태복음 8-9장의 기적의 장: 잊혀진 장인가, 감추인 보화인가?』 (서울: CLC, 2018).

신 대로 행하신 참 랍비이시자 참 선지자이셨다.[15]

산상설교의 윤리는 구약의 율법 규정을 확장하고 심화시킨다. 예를 들어, "원수를 사랑하라"마5:44는 '눈에는 눈으로ὀφθαλμὸν ἀντὶ ὀφθαλμοῦ'로 요약되는 동해同害보복법을 넘어서서 선으로 악을 이기는 삶이다참고: 출21:24, 마5:38, 롬12:21. 이런 원수 사랑은 하나님의 전적인 사랑으로 화목을 경험한 사람들이 세상 속에서 화평케 하는 사람들로 사는 고차원적인 삶이다. 이런 고차원적인 삶은 성화의 훈련과 기도가 없이는 불가능하다. 그런데 예수님께서 가르치신 기도마6:9-13는 먼저 하늘 하나님의 이름과 나라와 뜻이 그분의 백성의 삶에서 거룩하게 실현되어야 할 것을 강조한다.[16] 한 걸음 더 나아가 그리스도인이 일용할 양식을 위해서 기도하며 일하는 것과 죄인을 용서하는 삶, 그리고 악한 사탄으로부터 구원받는 것도 거룩하다고 밝힌다.

이렇듯 주기도는 천국 안에 들어와 있는 그리스도인의 삶에 임해야 하는 통전적 성화를 가르친다. 예수님의 제자들과 현대의 그리스도인들이 산상설교의 가르침을 먼저 실천해야만, 이 보배로운 교훈을 남에게 가르칠 수 있는 것이다마28:20.[17] 나아가 산상설교는 개별

---

15. 이 단락은 Viljoen, "The Torah in Matthew: Still Valid, yet to be interpreted Alternatively," 2, 8-9에서 요약.

16. 성부의 이름, 나라, 뜻은 예수님의 죽으심과 부활로 말미암아 결정적으로 성취되었다. 이런 기독론적 성취의 은덕을 힘입어 그리스도인은 성령님의 도우심으로써 '고등성부론'(성부께 돌리는 영광)을 계속 이루어 가야 한다. 최갑종, 『예수님이 주신 기도』(서울: 이레서원, 2000), 90, 195-96 참고.

17. 정연락, "산상설교의 반제들 연구," 232.

그리스도인이 실천해야 할 개인 윤리인 동시에^{참고: 마5:16의 '너희 착한}
^{행실'}, 세상 속에서^{마5:13-14}, 함께 협력하여 실천해야 할 공동체적이며
공공적인 윤리이기도 하다^{참고: 마6:2의 "회당과 거리", 6:5의 "큰 거리 어귀".}[18]
정연해는 산상수훈의 이런 윤리를 아래와 같이 요약하며 적용한다.

위에서 살펴본 여섯 가지 대구들과 관련된 본문들은 다음과 같
이 요약된다. 너의 하나님을 사랑하고 너의 이웃을 네 몸과 같
이 사랑하라^{마22:37-40}. 우리의 이웃은 우리의 친구나 우리의 옆
집에 살고 있는 사람일뿐만 아니라, 우리의 원수를 포함한 인
류 전체이다. 그러한 사랑은 우리 죄인들을 사랑하신 하나님
의 사랑이다. 예수님께서는 우리에게 하늘에 계신 너희 아버지
의 온전하심과 같이 너희도 온전하라고 요구하신다. 아버지의
자녀들은 아버지의 성품을 가지고 살아야 한다. 그렇지 않으면
그들은 아버지의 자녀가 아닐는지도 모른다. 그들은 아버지의
자녀로서 이 세상에서 살아가는 삶의 윤리요 법칙이다. 예수님
께서 하나님의 자녀들에게 요구하신 더 나은 의는 행위보다 관
념론적인 믿음만을 강조하는 한국교회에 큰 경종을 준다. 신약
이 요구하는 믿음은 단순히 관념론적인 믿음이 아니라, 실제

---

18. 조용훈, "산상설교의 윤리적 특징에 대한 연구," 242. 참고로 '일용할 양식'(마 6:11)은
제한된 제화에 해당하므로, 예수님께서 부의 편중을 반대하셨다는 설명은 김병권, "주
기도문의 윤리적 함의," 233을 보라.

삶이 따르는 믿음이다.[19]

예수님께서 마태복음 5장 21절 이하에서 설명하신 이른바 '반명제 여섯 개'도 '그리스도 완결적Christotelic'으로 이해해야 한다. 세상을 비추는 참 빛으로 오신 예수님처럼 그리스도인도 '세상의 빛τὸ φῶς τοῦ κόσμου'이다마5:14, 요1:5. 그리스도인이 하나님과 맺은 새 언약의 관계를 유지하면서 하나님의 은혜를 세상에 보여 주는 방법은 무엇인가? 그것은 구약 율법을 문자 그대로 지키는 것이 아니라, 예수님의 가르침, 곧 그리스도 완결적 율법을 준수하는 것이다. 세상에 예수님의 빛을 반사하는 그리스도인이 성령과 천국 복음으로 충만하기를 애쓴다면, 구약 율법보다 한층 더 '강화intensification'되고 '내면화internalization'된 메시아적 율법을 실천할 수 있다참고: 렘31:31-34.[20]

구약성경에서의 용서는 죄인을 긍휼히 여기시는 하나님께서 대속의 제사로 사죄의 은혜를 베푸시는 데 초점을 둔다. 그런데 신구약 중간기 유대인들은 하나님의 용서가 대속의 제사보다는 다른 여러 수단을 통해 가능하다고 보았다. 예를 들어, 회개와 언약에 신실한

---

19. 정연해, "산상수훈에 나타난 예수님의 윤리: 실제적인 예들을 중심으로," 18-19 (http://kosebi.org/bible/data/b.htm?ptype=view&idx=83&page=7&code=data02; 2018년 10월 20일 접속).

20. 이 단락은 G. T. Lee, "Matthew's Vision of the Old and New in Jesus: Social World of the Matthean Community vis-à-vis Matthew's Understanding of Torah" (Ph.D. Thesis, Philadelphia: Westminster Theological Seminary, 2010), 198, 203, 207-209, 211, 217에서 요약.

생활CD14:18-19, 1QH12:35-37, 13:2, 의로운 순교자의 대속의 죽음4마카비 6:26-29, 제사와 회개와 구제벤 시락, 제사와 정결한 삶필로, 회개와 율법을 준수하는 삶요세푸스 등이다.[21] 신약의 성도는 구약의 이스라엘 백성보다 더 높은 윤리적 실천을 요구받는다. 하지만 모든 그리스도인은 계속하여 비윤리적 삶과 범죄의 유혹을 받고 그 속으로 빠져들기도 한다. 그러므로 그리스도인은 중간기 유대문헌의 이러한 용서의 개념으로부터, 범죄 후에 예수님의 속죄를 믿음으로써 진정한 회개를 해야 하고 더 나아가 거룩하고 의로운 삶의 열매를 일상에서 맺어야 한다는 교훈을 간접적으로 배울 수 있다. 예수님께서는 먼저 하나님께서 사죄를 베푸신 은혜를 받은 사람이라면 남의 허물을 용서하며 살라고 가르치신다참고: 엡4:32. 참고로 크리소스톰349-407년은 산상설교 중 마태복음 7장 13, 14절과 부자와 나사로의 비유 강설눅16:19-31을 통하여 자신의 경건관을 금욕적인 수도사의 삶으로부터 사회 속에서의 적극적인 사랑의 실천으로 바꾸었다.[22] 예수님께서는 산상설교에서 제자들에게 세상을 등지고 살라고 명하지 않으신다.

하나님의 새로운 은혜 언약 안에 들어온 그리스도인은 은덕恩德을 독점하는 대신에 그것은 세상에 소개하고 공유해야 한다. 그리스도인은 교회당 안의 소금더미가 아니라 세상의 소금과 빛이다. 구약에

---

21. 남아공 노스웨스트대학교 S. M. Lee, G. T. Hughes and F. P. Viljoen, "Forgiveness in the Intertestamental Period," *Verbum et Ecclesia* 33/1 (2012), 5-7.
22. 배정훈, "세상 속에서의 수도적 삶: 마태복음 7장 13-14절에 대한 요한 크리소스톰의 해석," 『갱신과 부흥』 23 (2019), 61-62.

서 소금은 언약적 신실함레2:13, 민18:19, 대하13:5, 겔43:24, 정결출30:34-36, 겔16:4, 그리고 언약적 저주를 가리킨다창19:24-26, 신29:22-23, 삿9:45.[23] 그리스도인은 세상에서 하나님의 언약 백성으로 충성하고 정결하게 살면서 복음을 전파해야 하는데, 전파된 복음을 거부하는 자들에게는 언약의 저주가 임한다. 비슷한 맥락에서 빛은 구원과 생명의 빛이신 영광스러우신 하나님을 반영하는 언약 백성의 착한 행실을 가리킨다 사60:1, 요1:4, 엡5:8-9, 계21:23.

하나님께서 그분의 백성에게 주신 언약의 복은 교회의 의로운 행실로 나타날 때 진정한 의미가 있다. 마태복음 6장 19절에서 34절까지는 천국 백성이 바리새인보다 더 나은 의를 일상에서 실천하는 방법을 다룬다. 그런데 이 단락에 하늘하나님과 땅세상의 맘몬 사이에 대조가 나타남을 주목해야 한다. 성도는 하늘에 보화를 쌓아야 하고마6:20, 너그럽게 구제하는 좋은 눈을 갖추어야 하고마6:22, 참고: 요일3:17, 맘몬을 섬기지 말아야 하며마6:24, 의로운 하나님의 나라를 우선적으로 추구함으로써마6:33 하늘 아버지께서 공급하실 의식주를 기대해야 한다마6:32.[24] 맘몬을 숭배하는 자는 세상의 일을 염려하지만, 하나님의 권위를 믿는 사람은 세상의 의식주에 대한 염려에 빠지지 않는다.

산상설교는 서기관들과 비교할 수 없는 '예수님의 권위' 때문에 놀라는 무리를 언급함으로 종료된다마7:29. 이와 같은 설교자로서의

---

23. D. B. Garlington, "The Salt of the Earth in Covenantal Perspective," *Journal of the Evangelical Theological Society* 54/4 (2011), 716-24.

24. 오광만, "마태복음 6:19-34의 구조와 메시지," 『진리와 학문의 세계』 9 (2003), 17.

예수님의 권위는 마태복음 8장 이후로 강화된 주님의 권위, 곧 기적을 시행하는 권위마8-9장, 10:1, 죄 사함의 권위마9:6-8가 소개될 것을 미리 알리는 신호탄이다. 이런 권위를 두고 유대 지도자들과의 갈등은 더욱 고조되어 권위의 출처에 대한 갈등마21:23-27이 벌어지기도 한다. 사실 하나님의 아들로서 천지의 권세를 받으신 예수님의 권위는 유대 정치 및 종교 지도자의 권위를 능가한다마1:23, 3:17, 8:29, 16:16, 17:5, 27:54, 28:18, 28:20. 그렇기 때문에 헤롯 대왕은 유대인의 왕의 탄생 소식을 듣고 두려워 했고마2:3, 헤롯 안디바는 권위가 있으신 예수님을 부활한 세례 요한으로 착각하며 두려워 했다마14:1-2. 예수님께서는 유대 종교의 핵심인 성전, 선지자 요나, 그리고 지혜의 솔로몬 왕보다 더 권위가 있으시다마12:6, 41-42. 그래서 예수님과 제자들교회, 마16:18, 18:17은 동일한 종교적 상징들성전, 율법, 선지자을 두고 계속해서 유대인들과 갈등을 빚었는데, 이 역시 '왕-제사장-선지자'이신 그리스도의 권위 문제로 귀결된다.

산상설교에 8복이 나타난다면, 마태복음 23장에는 예수님께서 선언하신 8화禍가 등장한다. 예수님께서는 영적 소경인 인도자와 같은 마23:16, 23:17, 23:19 '그들유대인들의 서기관들회당'을 8회에 걸쳐 꾸짖으신다마4:23, 7:29, 9:35, 10:17, 12:9, 13:54. 바리새인 가운데 엘리트 집단인 서기관들은 영적으로 눈먼 자들이므로, 그들에게는 백성들에게 영향을 미칠 어떤 권위도 없었다. 하지만 새 모세이시자 참 서기관이신 예수님께서는, 무엇보다 부활하셔서 죽음의 권세를 정복하심으로써 스스로의 권위를 결정적으로 나타내셨다참고: 마13:51-52. 물론 예수님께서는 재림 때에 최후 심판의 권위를 행사하실 것이다마25:31-46. 또한 예수님께서는 권위 있는 방식으로 제자들을 부르셨다마4:18-25. 즉, 그분의 권위를 천국을 위해서 훈련된 서기관들과 같은 제자들에게 부여하셔서 세상에 파송하셨다마13:51-52, 28:18-20. 따라서 서기관들이 무시해 버린 천국 열쇠들을눅11:52 예수님의 제자들은 제대로 활용해야 한다마16:18, 18:18.

복음서의 1차 배경은 팔레스타인이며, 2차 배경은 광활한 로마제국이다. 따라서 예수님의 권세를 로마 황제와 비교하여 살피는 것은 자연스럽다. 예수님께서는 로마 황제의 권위를 자신의 발아래 두셨다. 예수님께서 하나님의 뜻이 이루어지는 천국을 가르치셨다면, 로마인들은 주피터의 대리자이자 신의 아들divi filius로 자처하는 로마 황제가 세상을 다스리는 것이 신들의 뜻이라고 믿었다. 로마 황제는 물질과 도덕과 지식과 리더십에 있어 절대 권위를 행사하려 했으며, 이런 권위로써 제국을 대표하면서 제국민들의 구원과 안전을 책임지려 했다. 황제는 '팍스 로마나'라는 통치 구호에 맞추어 황제 숭배를 강요하고, 자신의 권세를 유지하기 위해 모든 재화財貨를 동원했다.

그러나 티베리우스 황제가 파견한 총독 빌라도는 예수님을 처형하라고 요구하는 유대 군중을 두려워하는 우유부단한 권력가였다마27장. 결과적으로 빌라도의 우유부단함은 황제의 권세가 상대적이고 불완전함을 가리킨다. 이에 반해 예수님께서는 하나님의 아들로서 하나님 나라의 권세를 성부께 받으셨다. 따라서 주님의 제자들과 마태공동체, 그리고 현대의 그리스도인들은 주님의 권위를 덧입은 전권대사로서 왕의 복음을 전하고 선한 행실로 실천해야 한다마5:16, 28:18-20, 참고: 요10:32, 행9:36, 딤전6:18, 딛2:14, 히10:24, 벧전3:16-17.[25] 그리스도인이 그리스도의 법을 따라 선을 행하는 것이야말로 선교를 위한 최상의 방법이라 해도 지나치지 않는다.

그렇다면 산상설교는 기독교적 실천에 대해 구체적으로 어떤 교훈을 주는가? 그것은 누구든 구주 예수님을 믿어 천국 백성이 된 복된 이들이라면마5:3-12, 6:9, 자신의 내면적 동기를 올바로 정립함으로써 외면적 삶에서 열매를 맺는다는 것이다마5:28. 산상설교의 팔복은 스스로 천국auto-basileia이신 예수님의 삶의 모습을 반영한다마3:2, 눅 17:21 참고. 천국이신 예수님 안에 거하며 그분의 통치를 받는 그리스도인이라면, 성품이 주님을 닮은 공동체를 형성함으로써 죄악 된 세상과 대조되는 복 있는 대안공동체를 형성해야 한다벧후1:4 참고.[26] 따라서 그리스도인은 가식적인 서기관과 바리새인보다 더 나은 의를 추구해야 한다마5:20.

하나님의 은혜로 천국 시민권을 받은 그리스도인이 갖추어야 할 바리새인보다 더 나은 의는 무엇인가? 마태복음 5장 21절에서 48절

---

25. 이 단락은 F. P. Viljoen, "Die Gesag waarmee Jesus geleer het volgens Matteus 7:29," *HTS Teologiese Studies* 68/1 (2012), 1-7에서 요약. 참고로 루터의 동역자 필립 멜란히톤(1497-1560)은 아우구스부르그 신앙고백서(1530)에서 'sola fide'(오직 믿음)가 초래할 수 있는 문제점을 예상하고 'sola fide est nunquam sola'(믿음은 결코 선행 없이 홀로 존재하지 않는다)도 강조했다. 김희성, "마태복음 5장 16절의 '착한 행실': 비기독교 세계와 소통 가능한 한 성서적 주요 가치에 대한 탐구," 『구약논단』 20/3 (2014), 13, 20.
26. 조용훈, "산상설교의 윤리적 특징에 대한 연구," 247.

까지는 이에 대한 구체적인 내용과 의로운 삶이 무엇인지를 설명하는데, 그것은 하나님의 뜻을 행하고 하나님 및 사람들과 바른 관계를 맺는 공적 영성이다. 마태복음은 명사 '디카이오쉬네δικαιοσύνη, 의'를 7회에 걸쳐 사용하는데, 그것이 예수님의 제자들로 구성된 하나님 나라 공동체를 형성하는 수단이다마3:15, 5:6, 5:10, 5:20, 6:33, 21:32. 여기서 '의'는 죄 용서를 통한 구원을 가리키지만, 마태는 천국 백성이 하나님의 뜻을 따라서 현재적으로 반복하여 실천해야 하는 윤리적 의미로도 자주 언급한다마5:6의 '주리고 목마른(현재 분사 πεινῶντες καὶ διψῶντες)' 참고. 의로운 삶은 바리새인처럼 사람에게 자신을 드러내려는 불순한 동기가 아니라, 하나님 앞에서 올바른 대신對神 및 대인 관계를 맺는 실천이다.[27] 사실 바리새인은 종교적 열심에도 불구하고눅18:10-12, 율법의 강령인 하나님과 사람 사랑을 훼손하고 실천하지 않았다마23:3, 23:37-39. 결국 그들의 위선은 살인자처럼 지옥 자식을 양산하는 반사회적 행태였다마23:15, 23:29-33.[28]

만일 그리스도인이 위선적인 바리새인과 현세적인 사두개인처럼 산다면 복음의 공공성은 드러날 수 없다. 예수님 당시 사회의 문화는 후견인과 피후견인 관계에서 명예와 수치를 중요한 가치로 여겼다. 예를 들어, 후견인의 공적 행동 덕분에 도움을 받은 피후견인이 공개

---

27. F. P. Viljoen, "Righteousness and Identity Formation in the Sermon on the Mount," HTS Teologiese Studies 69/1 (2013), 2-9.
28. 정연해, "산상수훈에 나타난 예수님의 윤리: 실제적인 예들을 중심으로," 2-3, 8 (http://kosebi.org/bible/data/b.htm?ptype=view&idx=83&page=7&code=data02; 2018년 10월 20일 접속).

적으로 후견인을 칭찬한다면 그것이 후견인의 명예가 되었다.[29] 그러
나 이와 달리 그리스도인은 구제마6:2-4, 기도마6:5-15,[30] 그리고 금식마
6:16-18을 은밀하게 수행할 때만 비로소 역설적으로 공공성이 나타나
게 된다. 이것이 하나님 나라의 새로운 원칙이다.

팔복 가운데 여섯째 복은 마음이 청결한 사람은 하나님을 본다는
것이다마5:8, 참고 히12:14. 이것은 예수님께서는 하나님이시지만 동시에
사람이시므로 마음이 청결한 성도가 성자를 본다는 의미인가? 혹은
살아 있는 성도가 신비로운 영적 통찰력으로써 하나님을 만나고 체
험한다는 의미인가? 아니면 주님의 재림 이후에 성도가 성부를 만나
게 된다는 뜻인가?마18:10 참고 혹은 성도가 재림의 예수님을 볼 것이
라는 의미인가?마25:32, 참고: 고전13:12, 요일3:2[31] 팔복의 현재적인 특성을
고려한다면 사후 혹은 재림 이후에 성부 하나님을 보는 것이라기보
다, 거룩한 성도가 현재적으로 거룩한 하나님과 친밀하게 교제할 수

---

29. Viljoen, "The Torah in Matthew: Still Valid, yet to be interpreted Alternatively," 4.
30. "먼저 주기도문을 7개의 간구로 구분한 루터와 달리, 그것은 부처와 칼뱅처럼 6개의
    간구로 구분한다. 하이델베르크 신앙교육서가 죄를 빚으로 간주하고 동의어로 사용
    하는 것, 이웃의 죄를 용서하는 것이 하나님께 자신의 죄 용서를 구하는 전제가 아니
    라 결과라고 주장하는 것, 그리고 주기도문의 마지막 부분, '나라와 권능과 영광이 영
    원히 아버지의 것입니다.'의 필요성을 강조하는 것 등은 확실히 개혁주의 신학, 즉 칼
    뱅과 우르시누스의 견해와 일치하는 내용이고, 루터의 기도 신학과는 전혀 다른 요소
    들이다." 황대우, "하이델베르크 신앙교육서에 나타난 주기도문의 신학적 특성," 『선
    교와 신학』 39 (2016), 387.
31. 마태복음 5장 8절에서 다양한 해석의 가능성을 열어두는 입장은 F. P. Viljoen,
    "Interpreting the Visio Dei in Matthew 5:8," *HTS Teologiese Studies* 68/1 (2012),
    3-7을 보라.

있다는 의미로 보는 것이 자연스럽다. 이런 개인적인 깊은 교제는 먼저 골방의 경건을 통해서만 가능하지만, 또한 여섯째 복을 누리는 사람은 불신 이웃이나 동료들에게도 인정받을 수 있도록 광장의 영성을 구비해야 한다.

주후 1세기 유대인과 로마제국민이 볼 때 매우 혁신적인 내용으로 여겨졌을 예수님께서 가르치신 기도마6:9-13는 '산상설교의 중심', '복음의 요약', 그리고 '예수님의 사역의 청사진'이라 불려도 지나치지 않다.[32] 그리스도인은 하나님 나라가 세상에 임하도록 기도해야 한다. 그런데 예수님께서 세상의 천국화를 위한 기초를 이미 이루어 놓으셨다. 따라서 그리스도인은 온전하신 하늘의 하나님을 닮아 가야 하고, 하나님 나라의 새롭고 더 나은 의에 맞추어 완전해지도록 힘써야 한다마5:48.[33] 천국 백성은 자신은 물론 자신이 속한 세상의 온전한 변화를 전략적으로 이룰 수 있어야 한다마5:16. 이를 위해서, 예를 들어 그리스도인은 올바른 재물관을 갖추어야 한다. 마태복음이 재물을 부정적으로 보면서 포기하라고 가르치는 대신에 제자도를 구현하는 중요한 수단으로 이해한다면, 마가복음은 반反로마제국적이며마12:13-17 반유대교적인 재물관을 소개하는 경향이 있다막12:41-43, 특

---

32. 김병권, "주기도문의 윤리적 함의," 『복음과 실천』 44/1 (2009), 218, 220.

33. 정연락은 성도가 보복금지(마5:38-42)와 원수사랑(마5:43-47)이라는 주님의 명령을 적극적으로 실천해야 한다고 이해한다. 하지만 그는 마 5:48을 성도의 현재적 실천에 대한 명령이 아니라. 미래적 약속으로 해석한다. 정연락, "산상설교의 반제들 연구: 특히 제 5, 6 반제를 중심으로," 『한국기독교신학논총』 30/1 (2003), 224, 231, 239.

히 41절의 '던지다(βάλλω)'.[34]

그런데 산상설교를 읽고 적용할 때는 주의가 필요하다. 예를 들어, 그리스도인이 산상설교를 읽은 후 그리스도의 법을 삶에서 실천하는 것을 구원의 조건이라고 생각하게 된다면, 그는 다시 한 번 마태가 새로운 율법주의를 가르치지 않았다는 사실을 깊이 생각해야한다. 또한 만약 산상설교가 적용되어야 할 영역과 세속의 법이 적용되어야 할 영역이 따로 있다고 생각한다면, 산상설교의 영향력은 단지 그리스도인의 내면이나 영적 차원으로만 제한될 것이다. 그렇다고 해서 반대로 산상설교가 도덕적인 인간과 사회를 구현하여 구원을 이루려는 자유주의, 그리고 자유주의와 유사한 맥락에 위치한 라우센부쉬W, Rauschenbusch의 사회복음social gospel운동을 지지하는 것은 아니다. 또한 알버트 슈바이처처럼 예수님의 임박한 재림 직전에 적용되어야 할 잠정 윤리를 가르치는 것도 아니다.[35]

산상설교가 겸손과 자비와 평화를 강조하는 것은 사실이지만, 니체가 말한 '노예도덕slave ethic'을 가르치는 것은 아니다.[36] 즉, 산상설교를 실천하는 동기는 하나님의 은혜에 대한 감사라는 자발적인 것이어야 하지, 의무감이나 채무의식 같은 피동적인 것이어서는 안 된

---

34. 신인철, "마태복음의 재물관" (영남신약학회 논문발표회; 2018년 10월 27일, 부산 대청교회당), 12-27; 김성규, "마가복음의 재물관" (영남신약학회 논문발표회; 2018년 10월 27일, 부산 대청교회당), 28-38.
35. 참고. 정지련, "산상설교에 대한 신학적 반성," 139-40. 안건상, 『선교적 성경 읽기』 (서울: 생명의 말씀사, 2020), 129.
36. 조용훈, "산상설교의 윤리적 특징에 대한 연구," 232 참고.

다. 또한 산상설교는 라인홀드 니버R. Niebuhr가 말한 '불가능한 가능성impossible possibility'이라는 급진적이고 이상적인 윤리를 가르치지도 않는다.[37] 왜냐하면 예수님께서는 산상설교를 마무리하시면서 제자들이 실천할 수 있음을 전제로 하여 실행할 것을 명하셨기 때문이다마7:24-27.

그리스도인이 예수님을 닮아 온전하게 사는 것이 어떻게 가능한가? 성령님께서는 성도의 온전한 삶을 간절히 원하시고 그들을 기꺼이 도우신다.[38] 그분께서는 그리스도인으로 하여금 산상설교의 의미를 깨닫게 하실 뿐 아니라, 그들에게 실천할 수 있는 용기와 능력을 주신다. 지금도 그분께서는 세상 속에서 제자도를 구현하기를 원하는 이들을 향하여 천국을 위해서라면 모든 것을 바치고 헌신하라고 감동을 주신다마6:19, 10:20, 13:44-46. 팔복을 결론짓는 예수님의 말씀은 "기뻐하고 즐거워하라"이다마5:12. 마태복음 5장 11절이 설명하듯이, 이 결론의 말씀은 박해디오코, διώκω의 상황 속에서 제자들이 받은 명령이다. 이것은 내면적인 종교적 기쁨이기도 하지만, 반기독교적인 세상 속에서 소금과 빛으로 살려는 그리스도인들이 장차 있을 보상을 소망하면서 누리는 공적 즐거움이다마5:13.[39] 성령님께서는 성도가 이와 같은 가난마5:3, 애통마5:4, 그리고 박해마5:10, 5:44를 이겨내도록

37. 조용훈, "산상설교의 윤리적 특징에 대한 연구," 234 참고.
38. 산상설교에 나타난 '현재적 종말론'과 '미래적 종말론' 사이의 긴장은 정지련, "산상설교에 대한 신학적 반성," 166을 보라.
39. F. P. Viljoen, "The Double Call for Joy, 'Rejoice and be Glad' (Matt. 5:12), as Conclusion of the Matthean Macarisms," *Acta Theologica* 28/1 (2008), 701-706.

도우시고, 아름다운 삶을 결실하도록마7:18-20 기도마7:7-11와 실천을 장려하신다마7:24-27. 성령님께서는 선교의 영이시자 제자도의 영으로서 선교적 삶의 실천을 이끄신다.[40]

이렇게 일하시는 성령님을 종교개혁가들을 통해서 확인할 수 있다. 츠빙글리Huldrych Zwingli, 1484-1531년를 이어 스위스의 교회개혁을 감당한 하인리히 불링거Heinrich Bullinger, 1504-1575년는 하루 3회의 개인 기도를 지속했을 뿐 아니라, 사회와 국가의 공적인 문제가난, 기근, 폭군의 통치, 흑사병, 프랑스의 위그노 전쟁, 군인, 평화를 두고 취리히교회가 합심기도를 하도록 이끌었다. 뿐만 아니라 불링거는 주기도의 "우리 아버지"마6:9로부터 기도의 공공적 성격을 발견하였으며 신앙의 개인주의와 사사화를 경계했다.[41] 이렇게 종교개혁가들이 보여 준 성령론적 실천은 종교개혁의 전통을 계승하기를 원하는 모든 그리스도인이 추구하는 참된 경건의 실천을 위한 모델이다. 공공신학은 이와 같은 성경적 전통을 소중하게 간직해야 한다.

---

40. 안건상, 『선교적 성경 읽기』, 143.
41. 참고. 박상봉, "하인리히 불링거의 『50편 설교집』에 수록된 '주기도문 해설' 이해," 33/2 『신학정론』 (2015), 241, 261.

2. 예수님의 제자파송설교에 나타난 복음의 공공성

예수님께서는 갈릴리 지역에서 제자들을 부르셨다마4:18-22, 9:9.
무엇보다 제자들은 구약의 선지자처럼 하나님의 말씀을 전하는 사명
을 받았다. 마태복음 초반에 등장하는 '제자도'는 그 복음서를 마무리
하는 지상명령에까지 이어진다마28:19-20. 따라서 마태복음은 제자도
에 대한 복음서라 불러도 무방하다. 그런데 예수님께서는 처음에는
유대인들만 대상으로 하여 다소 배타적 방식으로 전도하라고 제자들
을 파송하셨다가마10:5-6, 나중에 유대인을 포함하여 온 열방에게 복
음을 전하도록 제자들을 파송하신다마28:19-20. 이렇게 두 차례에 걸
친 제자 파송의 이유는 무엇인가? 유대인 그리스도인과 이방인 그리
스도인으로 혼합된 것으로 추정되는 마태복음의 1차 독자인 마태공
동체의 상황을 반영한 것으로 보기에는 확실한 정보가 없다.[42] 오히
려 예수님께서 죽으시고 부활하시기 이전에는 특별히 다윗 계열의
유대인의 왕이라는 정체성이 강조되다가마1:6, 27:37, 부활하신 후 온
세상의 왕이라는 정체성이 확연히 드러난 기독론에서 이유를 찾는
것이 자연스럽다.[43]

마태복음에 등장하는 다섯 개 설교는 천국비유설교를 중심에 둔

---

42. 참고. 김영호, "마태복음에 나타난 예수님의 이중 선교명령에 대한 연구(마 10:5-6과
   28:19-20의 비교를 중심으로)," 『미션인사이트』 5 (2013), 97,
43. 김영호, "마태복음에 나타난 예수님의 이중 선교명령에 대한 연구(마 10:5-6과 28:19-
   20의 비교를 중심으로)," 100-103.

교차대칭구조를 보인다마5-7장의 '산상설교', 마9:35-10:42의 '제자파송설교', 마 13장의 '천국비유설교', 마18:3-35의 '공동체에게 주는 교훈', 마23-25장의 '감람산설 교'. 이런 구조는 그 설교들이 주님의 제자들에게 주어진 사명이 다름 아니라 천국 복음을 선포하는 것임을 보여 준다.[44] 따라서 마태복음 의 5개 설교의 공통 주제를 다음과 같이 '천국'으로 파악하는 것도 가 능하다. 곧 '천국의 법으로서의 산상설교마5-7장', '천국의 지도자의 의 무마9:35-10:42', '천국의 특징마13장'. '천국에서 큰 사람과 용서마18장', 그리고 '천국 왕께서 돌 성전을 파괴하심과 그 왕의 재림마24-25장'이 다.[45]

그런데 마태복음의 지상명령28:19-20에 나타난 여러 주제는 마태 복음의 전체에 걸쳐 나타난다마7:29, 8:9, 9:6, 28:18의 '권세', 마4:23-25, 8:1, 11:28-30, 12:9-15, 19:1-2, 28:20의 '가르침과 율법', 마5:5-17, 28:19의 '세례', 마1:23, 18:20, 28:20의 '임마누엘'. 따라서 마태는 복음서를 지상명령으로 갑작스 럽게 마무리 지은 것이 아니다.[46] 여기서 교회와 복음의 공공성을 위 해서 주목할 마태복음의 '제자파송설교' 구조는 아래와 같다.[47]

---

44. 참고. Viljoen, "The Torah in Matthew: Still Valid, yet to be interpreted Alternatively," 2.
45. S. J. Kidder, "Christ, the Son of the Living God: The Theme of the Chiastic Structure of the Gospel of Matthew," *Journal of the Adventist Theological Society* 26/2 (2015), 164.
46. 참고. K. Z. Lee and F. P. Viljoen, "The Ultimate Commission: The Key for the Gospel according to Matthew," *Acta Theologica* 30/1 (2010), 66-75.
47. 참고. F. D. Bruner, *The Christbook: Matthew 1-12* (Grand Rapids: Eerdmans, 2004), 445.

1. 선교의 자원9:35-10:4

　사람을 향한 예수님의 마음9:36

　일군 확보를 위한 제자의 기도9:37-38

　치유를 위한 은사10:1

　열두제자10:2-4

2. 선교를 위한 교훈10:5-39

　여행 지침10:5-15

　고난 지침10:16-23

　신뢰 지침10:24-39

3. 환대와 보상10:40-42, 11:1

　흥미롭게도 제자파송설교의 도입 구절인 마태복음 9장 35절은
산상설교의 도입 구절인 4장 23절과 매우 흡사하다.[48] 제자파송설교
의 시간적 배경은 예수님께서 갈릴리에서 사역하시던 초기이다. 주
제에서 본다면, 제자를 파송하시는 설교는 지상명령, 곧 대위임령마
28:19-20의 예비 단계와 같다. 따라서 이 설교는 이스라엘의 집으로 국
한된 전도라는 소小위임령이다마10:5-6. 이런 점에서 마태복음의 두 가
지 위임명령은 서로를 보완한다고 하겠다.[49] 제자들은 목자가 없어

---

48. W. D. Davies and D. C. Allison, *The Gospel according to Saint Matthew 8-18*
　　(London: T & T Clark, 2006), 143.

49. 이승호, "마태복음의 선교적 관점: 마태복음 10장 5-6절과 마태복음 28장 18-20절의
　　관계," 『신학과 목회』 42 (2014), 156-57, 166. 이승호는 마태공동체가 유대교 안에서
　　(intra muros) 자신의 정체성을 확인하려 했지만, AD 70년 이후의 바리새적 유대교

질병과 약한 것들로 인해 고생하는 양들을 찾아가서 치유하고 추수하는 일꾼들이다마9:35-38. 예수님께서는 단순한 반反유대주의자가 아니시며, 유대인들 가운데 참된 목자가 없는 잃은 양들을 찾아 회복하시기 원하신다. 이 일을 위해 주님께서는 제자들에게 능력을 주셔서 파송하신다마10:1, 15:24. 만약 유대인들이 제자들로부터 천국 복음을 듣고 거부한다면, 모든 책임과 결과는 자신들의 몫이 될 것이다마27:24-25. 아래의 서울대 종교학과 종교문제연구소 연구원인 김태섭의 주장을 들어보자.

미국의 일부 기독교계 인사들이 세대주의와 연동하여 유대인들의 시온주의Zionism 운동을 지지하였고, 이들은 종교와 정치 영역에서 기독교 시온주의Christian Zionism 운동을 주도하였다. 이들 가운데 상당수는 '이스라엘이 회복되면 예수님의 재림이 올 것'이라는 믿음을 갖고, 재림의 시기를 앞당길 목적으로 유대인들의 귀환알리야, aliyah과 기독교로의 개종을 돕고 있다예를 들어 Hal Lindsey. …… 마태복음 10장 23절에서 밝힌 바와 같이, 마태는 예수님의 재림 이전에 이스라엘의 영적 상태가 크게 호전될 것이라고 기대하지 않는다. 로마서 11장 25절에서 27절에 따르면, 바울 역시도 이스라엘의 회복은 예수님의 재림 이후에 이루어질 사건으로 보고 있다. 결국 성경적인 순서는 …… '예

_____
와 대결 중이었다고 추정한다.

수님의 재림 → 이스라엘의 회복'이라는 것을 간과해서는 안
된다.[50]

김태섭은 성경적 지지를 받지 못하는 세대주의 전천년설의 입장
에 서서 자신과 약간 다른 주장을 비판할 뿐이다. 하지만 오늘날 여전
히 기승을 부리는 시온주의 운동은 대위임령의 취지를 간파하지 못
한다. 예수님께서 제자들을 갈릴리 지역에 파송하신 시점은 구약과
신약의 두 언약이 중첩된 시기이다. 그때는 유대인들 중심의 옛 언약
적 요소는 점차 마무리되어 사라져야 했지만, 새 언약과 천국 복음은
온 세상에 펼쳐져야 했다요3:30 참고.

예수님께서는 그분의 3대 사역, 곧 가르침, 전파, 치유를 제자들이
실습하도록 격려하셨다마9:35. 즉, 제자들은 악한 목자 아래에서 고생
하는 이들을 찾아가서 가르치고 전파하고 치료하는 목자들이 되어야
한다. 이를 위해 제자들은 뱀처럼 지혜롭고 비둘기처럼 순결해야 한
다마10:16. 또한 제자들은 성령님께서 도우시므로 불신 권세가들이 가
하는 방해 공작과 박해를 두려워하지 말아야 하고마10:18-20, 자신들
이 하나님의 세밀한 보호를 받고 있다는 사실을 늘 기억해야 한다마
10:29-31. 주님의 제자들처럼 구주 예수님의 보혈로 속죄를 받아 세상
에 복음을 전하고 치유하도록 파송된 이들은 핍박 중에서도 화평케

---

50. 김태섭, "성경을 통해 살펴본 오늘날 이스라엘 회복운동," 『피어선 신학 논단』 3/2
    (2014), 156, 161.

하며 살아야 한다마5:9-10, 눅24:46-47, 참고: 잠16:6-7, 롬12:17-18.[51]

그리스도인의 제자도 실천과 전도 사역에 필수적으로 동반되는 것은 박해이다. 그런데 이런 물리적 박해에 견주어 조금도 뒤지지 않고 복음을 훼방하는 요소가 다름 아닌 번영복음이다. 고난 당하는 종으로 섬기러 오신 예수님과 그분의 제자들은 물질과 건강을 목적으로 삼아 추구하는 번영복음을 거부한다시49:6-8 참고. 이것은 네로 황제의 박해하에 질병과 가난과 시련을 겪던 로마교회를 격려하기 위해 기록된 마가복음에서 잘 볼 수 있다막8:31-38, 10:45. 그러나 마태복음 독자들의 형편도 로마교회와 대동소이하다. 그 당시 복음을 전하고 실천했던 이들은 고통과 수치의 십자가를 지는 것을 마다하지 않았다.

번영신학에 따르면, 예수님께서는 가난의 저주에서 성도를 해방하셨고, 그리스도인은 믿는 대로 무한한 물질과 건강의 복을 받는다긍정적 사고. 하지만 야웨의 고난 당하는 종이신 예수님을 따라가면서 복음을 위해 순교한 이들에게는, 번영신학이 입이 닳도록 선전하는 건강과 부는 하나님의 사랑과 은혜가 아니었다히10:33 참고. 번영신학은 가난과 질병은 하나님의 뜻에 불순종한 결과이므로 하나님께서 원하시는 바가 아니라고 간주하기 때문에, 거기에 예수님께서 가르치신 제자도가 발붙일 여지는 없다. 그러면 오늘날 '돈 신'을 숭배하

---

51. J. R. Beeke (ed), *The Reformation Heritage KJV Study Bible* (Grand Rapids: Reformation Heritage Books, 2014), 904.

는 번영신앙에 대한 따끔한 경고를 들어 보자.

부동산 투기가 성행할 때는 교회 안에 땅 집사들이 많더니, 주
식이 성행할 때는 주식 집사들이 많고, 이제는 펀드 집사들이
똬리를 틀고 있습니다. 오늘날 교회를 무력하게 하는 것은 세
상의 핍박이나 이단이 아니라 바로 맘몬입니다. …… 맘몬을
이기기 위해서 선한 사업에 부자가 되십시오.[52]

돈 신과 인본적인 번영신학에서 본다면, 예수님께서는 거처가 없
는 가난한 자마8:20, 성전세조차 납부하지 못한 불경한 이마17:24-27, 죽
음을 앞두고 사랑하는 제자에게 어머니를 부탁할 정도로 남긴 것이
라고는 옷뿐이었던눅23:34 유산조차 없는 이로서요19:26-27, 하나님 아
버지의 뜻에 불순종하신 것이 된다. 번영신학의 관심은 하나님의 주
권과 나라가 아니라 사람의 긍정적 사고이다. 그들에게 하나님은 사
람의 소원을 들어주는 자판기와 같다. 그러나 오늘날 참된 제자들에
게 순교적 삶은 무엇인가? 세상의 부와 건강과 영광을 추구하지 않
고, 자기 부인을 통해 하나님과 이웃을 사랑하고 충성하는 것이다계
12:11 참고. 그러나 불행하게도 번영신학에 물든 현대 교회와 신자유주
의를 추구하는 사회에서는 자신의 영생을 돈과 건강과 바꾸려는 비

---

52. 최현범, 『교회 울타리를 넘어서라』, 255, 258.

극적 아이러니를 쉽게 보게 된다막8:36-37.[53]

제자들은 광명한 곳과 집이라는 공공영역에서 복음을 선포해야 한다마10:27. 종교개혁의 표어들도 공공성을 강조한다. 이는 적용과 실천을 위해 소개하고 기억할 만하다. 예를 들어, '오직 성경sola Scriptura'은 그리스도인의 생활의 표준으로서의 영감받은 성경을 강조한다. '오직 믿음sola fide'은 '오직 그리스도solus Christus'를 통하여, '오직 은혜로써sola gratia' 칭의를 입은 사람들의 믿음의 생활을 강조한다. 성도의 삶은 세상 속에서 '오직 하나님의 영광soli Deo gloria'을 드러내기 위하여 나누어지지 않는 온전한 충성sola fide, undivided faithfulness을 바쳐야 한다. 성경의 중심이신 예수 그리스도께서만solus Christus 교회와 만유의 머리이시며, 그분께서만 성경을 통해서 말씀하시는 유일한 선생이시다기독교강요 4.8.1 참고.[54]

복음이 전파되고 적용되어야 할 공공영역에서 가정이 빠질 수 없다마10:34-39. 그런데 마태는 교회를 하나님의 가족으로 간주하기를 원한다. 하나님의 가족은 혈연적 가족을 하나님의 사랑과 복음으로 잘 섬겨 가정 천국을 이루어야 한다. 하지만 하나님의 가족은 혈연적 가족에 얽매이지 않는 제자들이다.

---

53. 이 단락은 남아공 노스웨스트대학교 G. C. van Emmenes, P. A. Rousseau and F. P. Viljoen, "Christen-Dissipelskap in die Markusevangelie as Critique op die Welvaartsteologie," In die Skriflig 51/1 (2017), 2-7에서 요약.
54. 김정우, "오직 성경, 오직 믿음," 『신학지남』 68/1 (2001), 6; 김요섭, "교회 개혁 원리로서의 '오직 성경으로'(Sola Scriptura): 교회의 교리제정 권세에 대한 칼뱅의 이해 연구," 『신학지남』 82/4 (2015), 184.

예수님께서는 그분의 제자들이 십자가를 지는 것, 다시 말해 복음을 증언하다가 순교를 각오한다면, 하나님께서 살려 주실 것이라고 약속하신다마10:38-39, 참고: 계12:11.[55] 그리고 예수님의 전권대사인 복음 전파자들에게 냉수 한 그릇을 대접하는 사람은 의인의 상을 받을 것이다마10:40-42. 물론 제자들은 주님의 은혜를 거저 받았으니, 치유와 같은 냉수를 거저 주어야 한다마10:8.

송용원에 따르면, 칼뱅은 사익과 공익을 모두 존중하는 공동선 the common good의 성경적 근거를 하나님의 형상, 성화, 그리고 율법의 제3용례에서 찾는다. 상술하면, 천국 백성은 삼위일체의 상호내주 perichoresis라는 관계성으로부터 하나님의 형상을 배워 교회당 안팎의 교제를 추구해야 한다. 그리고 그리스도인은 자기 사랑을 극복함으로써 성화를 이루어, 구제나 경제적 성화와 같은 공동선을 추구해야 한다. 또한 그리스도인은 감사함으로써 하나님의 사랑의 계명을 순종하고 실천해야 한다. 이기주의 시대에 더 가치가 빛나는 '공동체'를 뜻하는 라틴어 communitas는 com함께과 munus선물의 합성어이다. 즉, 성령님의 선물과 하나님의 달콤함을 맛본 내가 남을 존중하고 사랑을 실천함으로써 남에게 선물이 될 때, 하나님의 아름다움을 반

---

55. 마태복음 10장 38절의 "자기 십자가를 지라"는 십자가 처형에 대한 예수님의 첫 번째 예고(마16:21) 이전에 등장하기에 마태공동체의 상황이 반영된 후기 편집이며, 마태복음 10장 34절에서 39절은 교리가 달랐던 마태공동체와 유대교의 불화를 반영한다는 주장은 신인철, "마태복음 10:34-39의 본문 구성과 '검'(μάχαιρα): 가족 불화와 신앙 불화를 중심으로," 『신약논단』 18/4 (2011), 1027을 보라. 하지만 마태공동체는 마태복음의 저자나 편집자가 아니라 첫 독자이다.

영하는 공동체를 이룰 수 있는 것이다. 그리고 이런 교회 공동체는 더 나아가 세상의 선물이 되도록 노력해야 한다. 이렇듯 칼뱅이 주장하는 공동선은 특별은총이 일반은총의 추동력이 되는 방식으로 구현된다.[56]

손규태는 요한복음 3장 16절에서 하나님의 '구원 의지의 보편성과 공공성'을 찾는데, 특히 하나님의 형상인 공공성을 버리고 사적 이익을 추구하다 발생한 인간의 갈등이라는 죄에 주목한다. 그는 교회가 구원받지 못한 세상 속에서 하나님 나라를 건설하기 위해 '세속적 유토피아 세력' 그리고 타종교인과 협력하여 사리사욕을 추구하는 반反공공성 세력을 물리쳐야 한다고 주장한다.[57]

이렇게 교회가 공공성을 추구할 때, 아래의 여섯 가지 사항을 염두에 두고 적용하면 유익하다.

① 공공성의 이론적 기초는 성경과 개혁주의 전통에 두어야 한다.
② 복음과 개혁신앙을 세상의 서민들이 사용하는 일상koine 언어로 소통해야 한다.
③ 일상 언어로 소통하기 위해 간학문적interdisciplinary 통찰력

---

56. 송용원, "칼뱅의 선물 사상에 대한 고찰," 『한국기독교신학논총』 115 (2020), 211-31.
57. 손규태. 『하나님 나라와 공공성』 (서울: 대한기독교서회, 2010), 169-71. 그러나 만인 구원론이나 혼합주의를 경계해야 하며, 하나님의 형상을 편향되게 이해하지 않도록 주의해야 한다.

을 활용해야 한다.

④ 교회는 사회에 감동을 주며 기여함으로써 영향을 미쳐야
한다.

⑤ 신자유주의와 돈 신맘몬이 기승을 부리는 사회에서 특히 구
조적 악으로 인해 고통당하는 사람들을 배려하며 예언자적
목소리를 내어야 한다.

⑥ 혼합주의에 빠지지 않으면서도 다른 전통이나 입장을 가진
이들과 간상황적inter-contextual 대화를 시도해야 한다.[58]

위의 논의를 한국의 상황에 적용해 보자. 2020년의 '코로나 바이
러스 19 감염증COVID-19' 재난은 중국과 한국을 넘어 온 세계를 혼란
과 불안에 빠트렸다. 세계보건기구WHO는 코로나19의 전 세계적 유
행pandemic을 선언했다3월 11일. 이 전염병은 지역 교회의 회집 패턴을
비롯하여, 교육과 산업 그리고 사회 전반에 막대한 영향과 피해를 입
혔다. 이로써 이 전염병을 하나님의 심판이나 재림의 징조로 간주할
수 있는지, 온라인 예배가 기존의 오프라인 예배를 대체할 수 있는지,

---

58. 이런 여섯 가지 사항은 독일 복음주의 루터교 조직신학자이자 공공신학자인
Heinrich Bedford-Strohm이 제안한 공공신학의 여섯 가지 특성에서 얻은 힌트이다.
김민석은 공공신학의 여섯 가지 특성이 칼뱅의 신학에 잘 나타남을 증명한 후, 칼뱅의
공공신학적 통찰력을 한국의 칼뱅주의 교회에 적용할 수 있다고 제안한다. M. S. Kim,
"John Calvin as Public Theologian?: Reading Calvin's Theology in the Light
of Contemporary Discourses in Public Theology with Reference to the Korean
Context" (Ph.D. Thesis, Stellenbosch: Stellenbosch University, 2020), 176-80.

그리고 교회가 신천지와 같은 이단에 어떻게 대처할 수 있는지에 대한 신학적 논쟁이 촉발되었다.[59]

한국교회는 사회적 격리social distancing를 통해 전염병 확산을 막아야 한다는 정부의 정책과 이웃 사회의 우려를 공감하고 존중하면서도, 주일 예배를 어떻게 유지할 것인지 두고 머리를 맞대었다. 그리고 코로나19 확산의 주요 원인제공자로 밝혀짐으로써 반사회적 집단으로 낙인이 찍힌 이단 신천지와 달리 교회는 복음과 신앙의 공공성을 어느 정도 그리고 어떻게 수행할 수 있을지 지혜를 모았다. 또한 주일 예배 방식에 대한 고뇌를 넘어, 일부 지역교회들은 공교회성에 근거하여 더 큰 피해를 입은 작은 교회들을 돕는 실천적 움직임도 보였다.

제1차 세계대전의 마지막 해인 1918년에 전 세계적으로 5,000만 명의 목숨을 앗아간 스페인 독감에서 본 것처럼, 죄로 오염된 세상에는 전쟁과 전염병과 같은 끔찍한 환난이 상존하는 법이다. 1918년 9월에 미국 정부는 스페인 독감이 전 세계에 확산되자, 교회당, 성당, 학교, 극장 등의 폐쇄 명령을 내렸다. 1920년 겨울에는 '독감 방학'을 시행했다. 그러나 정부의 종교행사 금지 명령에 종교단체가 다양하게 반대하거나 저항하는 경우가 많았다. 아래에 이에 관한 아홉 가지

---

59. 참고, 신호섭, "코로나19 사태에 관한 신학적 목회적 고찰" (http://reformedjr.com/board02/10157; 2020년 3월 15일 접속). 참고로 코로나19에 대한 신학 전반에 걸친 주석은 박경수 외 (ed.), 『재난과 교회: 코로나19 그리고 그 이후를 위한 신학적 성찰』 (서울: 장로회신학대학교출판부, 2020)을 보라.

의 경우를 소개한다.

① 신시내티의 한 천주교 성당이 정부의 폐쇄 명령을 무시하고
미사를 시행하자, 경찰이 출동하여 감시했으며, 그 성당의
신부는 시민의 건강을 위협한다는 거센 비난에 직면했다.

② 볼티모어의 천주교 지도자급 사제는 시장과 가게와 살롱은
여전히 영업을 하는데, 성당이 폐쇄되는 것이 옳은지 의문
을 제기했다.

③ LA시의 종교회집 금지 명령에 이단 '크리스천 사이언스'는
즉각 반대하면서, 전능하신 하나님을 내세우며 집회를 강행
하다 체포되었다.

④ 디트로이트의 천주교 당국자는 미사를 45분으로 제한하며,
마스크를 착용하고, 감기 증상이 있는 사람의 성당 입장을 불
허하는 조건으로 회집을 시 당국에 청원했지만 거절당했다.

⑤ 뉴욕시장의 집회 금지 발표에도 불구하고, 한 감리교회는
찬양대와 더불어 예배를 강행했고 애국 찬송가를 여러 곡
불렀다.

⑥ 솔트레이크시티의 몰몬교와 안식교는 정부의 시책에 따라
주일 회집은 물론 장례식도 금했지만, 일부 교회는 교회당
마당에서 회집을 강행했다.

⑦ 일부 '사도의 신앙교회' 소속 흑인 교인들은 예배를 강행하다
체포되자, 경찰이 알아들을 수 없는 방언을 하며 저항했다.

⑧ 그랜드래피즈의 개혁교회 지도자들은 개인 예배를 장려하면서도, 학교는 폐쇄되지 않은 상태에서 교회당이 폐쇄된 사실로 인해 불편한 속내를 감추지 않았다.

⑨ 일부 교회는 교회당 마당에서 야외 예배를 드렸고, 설교자는 회개를 촉구했다. 그런데 예배 중단은 헌금의 감소로 이어졌다. 뉴올리온즈시는 신문에 설교문을 게재하면서, 헌금이 25,000달러 정도 줄었다고 보도했다.

반대로 아래와 같이 재난 상황에서 종교인들이 정부와 시의 정책을 따르면서 봉사하며 헌신하는 경우도 있었다.

① 개신교회와 천주교는 독감 때문에 고아가 된 아동들을 돌보았다.

② 밀워키의 신문 보도에 따르면, 목사들과 신부들은 공예배의 중단으로 휴가를 즐기거나 안일에 빠지지 않고, 오히려 가정 예배를 장려하고, 환자를 심방하고, 신문에 설교문을 기고하는 데 힘을 쏟았다.

③ 세인트루이스의 유대교 랍비는 보건당국의 결정에 협조하면서 기도할 때, 결국은 손실보다 유익이 더 많을 것이라고 말했다.

④ 감리교의 어떤 부흥사는 그리스도인이 의료보건기술을 신뢰하고 개인 위생에 주의를 기울여야지, 전능하신 하나님께

서 기적을 통해 성도의 건강을 지키시리라고 시험해서는 안 된다고 주장했다.[60]

그러면 코로나19와 같은 재난에서 교회는 어떻게 해야 하는가? 교회는 이 재난을 통해 스스로 쇄신하는 기회로 삼으면서, 나아가 재난의 시대에 교회가 대사회적 역할을 수행하는 성경적 방안을 찾아 실천하는 데 주력하는 것이 바람직하다. 리J. Lee의 말을 들어보자.

재난의 시대에 교회는 어두운 세상을 비추는 산 위에 자리 잡은 빛나는 마을처럼, 사랑이 충만한 예수님의 손과 발과 입으로서 기능해야 한다마5:14. 왜냐하면 새 언약 곧 은혜언약 안에 들어온 그리스도인은 이 세상에서 가장 이해심이 많고 자상하며 사랑으로 가득한 생활을 실천해야 하기 때문이다. 또한 그리스도인은 세상을 이기신 예수님 덕분에 죄와 죽음에 대한 백신을 맞은 사람답게 담대하게 두려움의 바이러스에 맞서도록 주님의 은혜를 구해야 한다요16:33.[61]

이런 의미에서 코로나19 재난은 어떤 측면에서는 하나님의 심판

---

60. C. Gehrz, "What the 1918 Influenza Pandemic meant for American Churches" (https://www.patheos.com/blogs/anxiousbench/2020/03/influenza-pandemic-1918-churches/; 2020년 3월 16일 접속).
61. J. Lee, "Why Christians should not Panic over the Coronavirus" (https://www.patheos.com/blogs/chorusinthechaos/newsletter; 2020년 3월 16일 접속).

이라는 특성을 가지고 있다고도 볼 수도 있지만, 그보다는 그리스도 인의 신앙과 사랑을 테스트하는 것으로 보는 것이 좋겠다.[62]

교회는 국가적 재난을 과장하고 정략적으로 활용하려는 모든 세력들을 경계하면서 정치에 무관심하거나 정치 과잉에 빠지지 말아야 하며, 정부나 지자체와 불필요한 갈등에 빠지지 않도록 주의해야 한 다.[63] 교회들은 방역과 치료를 위해 고군분투하는 의료인들과 보건당 국자들 그리고 막대한 피해를 입은 지역민을 돕고 기부함으로써, 그 동안 실추된 공공성을 회복하는 기회로 삼는 지혜가 필요하다. 재난 이 닥치면 정부와 지자체가 교회에게 예배 자제를 부탁하기보다, 먼 저 기도와 구호와 위로를 요청하는 날이 오기를 바란다.

---

62. 최근 여론조사에 의하면, 실추된 한국교회의 신뢰도를 회복하는 중요한 두 가지 방법 은 그리스도인의 도덕성 회복과 사회봉사를 강화하는 것이다. 참고. 기독교윤리실천 운동, 『2020년 한국교회의 사회적 신뢰도 여론조사 결과발표세미나 자료집』 (서울: 기독교윤리실천운동, 2020), 41-42.
63. 교회가 성경을 오용함으로써 국가주의나 반정부주의에 빠질 수 있다는 경고는 송영 목, "교회와 국가의 관계 아파르트헤이트의 신약성경 해석을 중심으로," 『개혁논총』 51 (2020), 25-63을 참고하라.

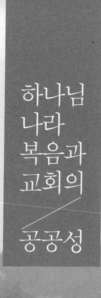

하나님
나라
복음과
교회의

공공성

3장

세상 안의 하나님 나라,
하나님 나라 안의 세상

일러두기

이 장의 1절과 3절은 『교회와 문화』 42 (2019), 94-127에 "공공신학에서 본 세상 속의 천국"이라는 제목으로 게재되었다.

성경의 중심 주제가 '하나님 나라'라는 점에는 큰 이견이 없다. 판베이크J. H. van Wyk에 의하면, 성경의 중심 주제인 천국은 기독론, 성령론, 가시적 천국으로서 교회론, 그리고 종말론과 연결하여 연구해야 한다.[1] 성경은 세상의 창조, 타락, 구원 그리고 종말새 창조의 완성을 포괄하여 그랜드 스토리로 소개한다. 성경은 다양한 이야기들을 통일성 있게 하나님의 드라마theo-drama로 진술하기에 본질상 '공적 진리'에 대한 담론이다.[2] 죄와 사탄의 영향력은 개인, 사회, 그리고 우주적 차원에서 감지된다. 그렇다면 하나님의 구원과 회복 사역 그리고 그 사역에 부름 받은 교회의 영향력도 개인, 사회, 그리고 우주적 차원에서 이루어져야 마땅하다.

참고로 『21세기 찬송가』의 주제별 분류에서 '천국/하늘나라'234~249장는 '하나님 나라'와 별도의 제목으로 분류되어 이 두 주제가 다른 것처럼 보인다. 하지만 '천국/하늘나라'는 곧 '하나님 나라'이다. 천국은 만유이신 하나님엡4:6께서 만유이신 예수님골3:11을 통하여, 예수님 때문에, 예수님 안에서 만유와 인간 역사 내부의 치유-구

---

1 남아공 노스웨스트대학교 교의학 교수 J. H. van Wyk, "Teologie van die Koninkryk (Basileiologie)?: Teologies Nagedink oor die Plek en Betekenis van die Koninkryk van God in die Teologie en die Kerk," *In die Skriflig* 49/2 (2015), 1-2, 6. 판 베이크는 남아공의 화란개혁교회(DRC) 신학교들이 개혁주의 신앙고백서, 교의학 교재(칼뱅, 바빙크, 벌코프), 그리고 천국론(basileiology)을 독립적 분과로 다루면서 충분히 연구하지 않았다고 평가한다.

2. H. C. Yoon, "Hearing the Living Word of God Today?: A Systematic-Theological Investigation into the Authority and Interpretation of Scripture for Contemporary Korean Presbyterianism" (D.Th. Thesis, Stellenbosch: Stellenbosch University, 2011), 198-205.

원-회복을 이루셨고 완성하실 통치이다. 그런데 아쉽게도 '천국/하늘
나라'에 관한 찬송들234~249장의 내용은 성도가 죽고 난 후 혹은 예수
님 재림 이후의 미래 천당에 대한 내용들을 다루는데, 이는 '천국/하
늘나라'의 현재성마12:28을 간과한 편향된 분류라 하겠다.[3]

　　김광열은 웨스트민스터신학교의 클라우니E. P. Clowney의 총체적
인 천국 복음전도holistic Kingdom evangelism와 콘H. M. Conn의 교회와
사회의 관련성에서 총체적 복음 개념을 찾는다. 그는 회심을 만유갱
신의 한 부분으로 보면서마19:28, 중생한 사람은 개인의 내면적 차원
에 머물지 말고 재창조 중인 세상 속에서 회심의 열매를 맺어야 한다
고 주장한다. 또한 그는 복음전도우선적인 것와 성도의 사회적 책임 수
행은 분리될 수 없는 공생관계라고 이해한다.[4] 이런 이유로 천국은
두꺼운tensive 상징으로 설명되며, 천국은 교회와 세상을 모두 포섭한
다. 여기서 '두꺼운 상징'은 카슨D. A. Carson의 표현인데, 천국의 실재
를 단차원적으로 정의하기 어렵다는 의미이다.[5]

---

3. 송영목, 『다차원적 신약읽기』, 593.
4. 2003년에 설립된 총신대학교 '총체적복음사역연구소(HGM)'의 김광열, "제2장 총체
　적복음사역의 성경적 접근: 1. 총체적 복음사역의 성경적 원리에 관한 연구," 『총체적
　복음사역연구소 연구지』 4 (2007), 81, 97; "총체적 복음과 구원, 그리고 총체적 회심,"
　『총체적복음사역연구소 연구지』 2 (2005), 80-85.
5. The SBJT Forum, "The Kingdom of God," *Southern Baptist Journal of Theology*
　12/1 (2008), 104-107에서 재인용. 참고로 카슨(D. A. Carson)은 천국을 과도히 실현된
　관점에서 보면서 고난을 회피하려는 자(고전4:8)와 임박한 예수님의 재림으로 완성될
　천국만 기다리는 자(살후3:11), 그리고 복음서의 붉은 색으로 표기된 예수님의 말씀을
　특별히 중요하게 여기면서 복음서의 맥락과 무관하게 현대에 적용하려는 그리스도인
　(red letter Christians)을 비판한다.

그런데 세상 속에 침투해 들어가야 할 복음과 천국 백성인 교회가 오늘날 한국의 상황에서는 안타깝게도 그 질과 양에 있어서 위축되고 있다. 한국교회는 10여 년 전에 비해 구원의 확신, 기독교 유일 신앙, 예배 참석, 성경 묵상, 그리고 윤리 의식에 있어 퇴보하고 있다.[6] 따라서 지금 한국교회는 세상의 변혁에 앞서 먼저 그리스도인이 신앙인답게 회복되는 것이 선결 과제이다.

그리스도인 가운데 신앙이 있으나 교회에 소속되지 않는 소위 '가나안 성도'가 2017년 기준 전체 그리스도인의 23.3퍼센트에 달했다. '가나안 성도'는 중고등학생 이전에 신앙생활을 시작한 이들, 40대, 미혼, 그리고 경상도, 인천, 경기도에 많았다. 강요받지 않는 자유로운 신앙생활에 대한 욕구주로 고졸 이하, 교인목회자의 언행불일치와 참교회됨의 부족주로 대졸 이상, 목회에 전념할 수 없는 목회자의 이중직, 자본주의 경쟁 속의 취업난, 시간 부족, 오프라인을 대체하는 온라인의 역할을 의존함 등을 가나안 성도 증가의 이유로 들 수 있다.[7] 그들은 영국유럽의 이른바 '소속 없는 신앙인believing without belonging'보다 더 심각한 상황에 처해 있다. 영국에서 1994년부터 사용된 '소속 없

6. 임성빈, "21세기 초반 한국교회의 과제에 대한 소고," 185-86, 204.

7. 한국기독교목회자협의회, 『한국 기독교 분석 리포트: 2018 한국인의 종교생활과 의식조사(1998-2018)』 (서울: 도서출판 URD, 2018), 80-81. 참고로 선교적 교회의 일환으로 불신자와 교회를 떠난 이들을 섬기고 전도하기 위한 대안 교회/프로그램인 'Fresh Expressions'가 남아공 개혁교회(NHK)와 접목할 수 있는 가능성은 남아공 프리토리아대학교의 A. G. Ungerer, "Die Fresh Expression Beweging en die Hervormde Kerk: 'N Nuwe Manier van Kerkwees?" *HTS Teologiese Studies* 73/1 (2017), 10을 보라. 그리고 https://freshexpressions.org.uk (2018년 7월 14일 접속)도 참고하라.

는 신앙인'이라는 말은 교회를 떠나더라도 기독교 매체를 접하며, 기독교 문화에 친숙하며, 기존 교회에 부정적이지 않고, 사회 속에서 기독교 종교성을 나름대로 실천하는 사람들을 가리켰다.

이에 비해 한국의 가나안 성도는 건전한 기독 매체와 단절된 채 기성 교회에 부정적 인식을 가지고 있다. 이들 가운데 특히 19세에서 29세의 젊은 세대가 복음과 교회를 이탈하는 원인은 다양한데, 이에 관해 채병관은 다음과 같이 원인을 분석한다.[8]

① 현대 사회 속에서 사사화私事化되어 공적 책임을 상실한 교회와 지도자들의 비도덕성으로 인한 교회에 대한 부정적 이미지.

이와 관련하여 최현범은 1919년 3.1운동의 실패 이후로 교회는 사회 참여보다는 내면화 및 내세화의 경향을 띄었고, 교회생활과 신앙생활이 동일시되었다고 분석한다.[9]

② 생명력을 상실한 제도 종교의 형식주의와 교리적 경직성과 이러한 이유로 필연적으로 동반되는 문제점인 신앙과 삶의

---

8. 채병관, "한국의 '가나안 성도'와 영국의 '소속 없는 신앙인'에 대한 비교 연구," 『현상과 인식』 39/3 (2016), 171-75; 정기묵, "로잔운동의 관점에서 보는 젊은이 세대 전도: LOP No.52 '12/25 젊은이 세대 전도'가 제시하는 대안의 관점에서," 『복음과 선교』 35 (2016), 281-85.
9. 최현범, 『교회 울타리를 넘어서라』, 7.

끝없는 괴리.

③ 교회 청년들의 그리스도인으로서의 자긍심의 상실과 회의감, 그리고 종교 문화적 다양성을 배려하지 않는 배타적 선교적 자세.

④ 변화하는 시대에 청년들이 신앙의 정체성을 가지고 적극적으로 응답하며 살아가도록 하는 책임 있는 훈련과 양육의 부재.

⑤ 시대에 부응하는 비전을 제시하지 못함으로써 신앙생활에 대한 흥미와 재미를 상실함.

⑥ 고령화된 교회가 젊은 세대와 소통하지 못하여, 그들의 현실적 질문취업, 부모의 이혼, 이성 관계와 결혼, 동성애 등에 실제적인 답을 제시하지 못함.

⑥을 환언하면, 다양한 질문과 현실 문제에 대해 교회가 제공하는 신앙 규율적이며 교리적 해답을 포스트모던 감성과 IT 기술과 문화에 익숙한 젊은이들은 크게 선호하지 않는다. 김도훈에 의하면, 다음세대는 GIFTGoogle, I-phone, Facebook, Twitter로 요약되는 디지털 네이티브digital native이기에 동시에 여러 가지 일을 처리하는 다중작업multitasking과 병렬처리parallel processing에 익숙하며, 가상현실에서 스스로 주연 배우가 되기 원하며, '문화적 무인도'에 머물기를 원치 않고, 논리적 언어 대신 시적이고 감성적이고 긍정적 언어를 활용하기 좋아한다. 그러므로 다음세대를 위해서 교회와 신학계는 '일상의 신

학화'를 강화하고, 온라인상의 가상현실 안에서 일어나는 상호작용과 소통을 창조적으로 수용해야 한다고 본다.[10]

⑦ 젊은 세대가 보기에 교회는 상투적이고 진부한 틀에 박혀 있어 흥미를 상실하게 만듦.
⑧ 젊은 세대는 교회가 기독교의 유일성을 포용성 있게 전달하는 데 부족하다고 느낌.

복음화 비율이 4퍼센트 아래에 머무는 젊은이들을 살릴 골든타임은 지나가고 있음에도, 교회가 기존 방식대로 잘하면 '젊은 가나안인들'이 돌아올 것이라고 믿는다면 요행을 바라는 것일 수 있다. 교회가 소위 'N포 세대' 청년들을 일회용 소모품으로 활용하고, 그들에게 '단발성 힐링 담론'만 제공하는 데 그치고 있는지 점검이 필요하다. 성석환은 교회의 보수적 분위기에 눌려서 기성세대가 설정한 현실을 수용하도록 강요당하는 적지 않은 기독 청년은 자신들만의 토론과 활동을 위한 공적 영역공론의 장을 가지지 못하고 있다고 분석한다.[11] 따라서 신앙과 인생관을 형성하는 황금 시기의 젊은이들을 복음과 교회에서 멀어지게 만드는 요소가 기성세대에게 있는지 반성해야

---

10. 김도훈은 오프라인교회를 존중하면서, 가상(virtual) 신학과 성육신적-문화(incarnational-cultural) 신학을 발전시켜야 한다고 주장한다. 김도훈, "다음세대 신학: 사회변화와 다음세대를 위한 교회와 신학의 과제," 『장신논단』 39 (2010), 161-66.
11. 성석환, "한국사회의 청년문제와 한국교회의 과제: '후기세속사회'의 공공신학적 관점에서," 『장신논단』 48/2 (2016), 101-103, 112.

한다. 젊은 세대를 전도하고 양육하기 위해서는 기성세대의 특단의 인식 및 삶의 변화가 필요하다. 또한 그들과 인격적이고 통전적이며 성육신적인 관계를 형성하면서 지도할 수 있는 선교사와 같은 사역자를 필요로 한다.

쾨스텐버거A. J. Köstenberger에 의하면, 요한복음에서 삼위 하나님의 통치와 은혜를 설명하는 데 있어 중요한 관점은 선교이다. 따라서 요한에게 선교는 삼위 하나님의 협동 사역이며, 그의 선교신학은 삼위일체적이다요3:16, 20:21. 동시에 요한의 삼위일체에 대한 가르침은 선교신학의 한 부분이기도 하다. 교회는 삼위 하나님에 관해 배우고 개인적 성화에 힘써야 하지만, 삼위일체적 선교를 추진해야 한다. 즉 교회는 선교를 계획하신 성부, 선교의 근거를 구속사적으로 마련해 두시고 중보하시는 성자, 그리고 선교를 추진하시는 성령 하나님을 의지해야 한다.[12]

그렇다면 특히 젊은 그리스도인이 세상 속에서 소금과 빛으로서 천국을 구현하는 원리와 방법을 성경은 어떻게 설명하는가?마5:13-14, 엡5:9, 계1:20[13] 그것은 삼위 하나님의 새 언약의 통치 방식, 곧 '성령',

---

12. A. J. Köstenberger, "John's Trinitarian Mission Theology," *Southern Baptist Journal of Theology* 9/4 (2005), 27. 참고로 하나님 나라는 삼위 하나님의 창조, 화해, 완성을 위한 구별된 연합 사역이라는 설명은 C. Schwöbel, "삼위일체론적 관점에서 바라본 하나님의 나라 이해,"『영산신학저널』13 (2008), 65를 보라.

13. 남아공 프리토리아대학교의 봉사신학 교수 Y. Dreyer는 17년 동안 신문 사설을 통해 페미니즘 및 동성애와 같은 공적인 주제에 대하여 신학 담론을 펼쳤다. 그러나 특히 공공신학을 표방하는 신학자는 자신의 이념이 성경을 누르지 않도록 주의해야 한다. 참고. T. van Wyk, "A Public Theology Discourse in Practice: Perspectives from

'진리', '은혜', 그리고 '생명'의 통치에서 찾을 수 있다겔36:26-29, 37:14, 24, 행24:25. '초기 예언적 공공신학자'로 불리는 존 웨슬리는 소책자를 통해서 천국의 통치 방식인 '정의, 자비, 진리'로 특징지어진 사회 개혁을 시도했다. '노예제도에 대한 논고'1774년에서 그는 성경에 근거하되 자연법과 사람의 자유라는 비종교적 방식으로 논증함으로써 자신의 호소력을 확장하면서 노예제도의 철폐를 주장했다. 웨슬리의 공공신학적 담론의 근거는 성화의 추구와 죄를 이기도록 만드는 하나님의 은혜였다.[14]

1. 성령님의 현재적 다스림[15]

오늘날 공공신학을 논할 때 성령님의 역사에 대한 언급은 흔하지 않다. 하지만 그리스도인이 공적 참여를 할 때 표준과 기준인 예수님께서는 그분을 따르는 그리스도인이 모든 영역에서 성령님의 능력으

the Oeuvre of Yolanda Dreyer," 73/4 (2017), 2-4. Dreyer와 비슷한 경향은 남아공 스텔렌보쉬대학교 신약학 교수 J. Punt, "The Bible in the Gay-Debate in South Africa: Towards an Ethics of Interpretation," *Scriptura* 93 (2006), 428에서 볼 수 있다. 참고로 http://www.conservapedia.com/Reformed_Churches (2018년 7월 26일 접속)는 남아공 화란개혁교회(DRC) 소속 스텔렌보쉬대학교, 프리토리아대학교, 그리고 프리스테이트대학교의 경향을 '비칼뱅주의 및 자유주의'로 분류한다.

14. 남아공 UNISA의 D. N. Field, "John Wesley as a Public Theologian: The Case of Thoughts upon Slavery," *Scriptura* 114/1 (2015), 3-13.

15. 채영삼, 『긍휼의 목자 예수: 마태복음의 이해』 (서울: 이레서원, 2011), 140 참고.

로 일하도록 부르신다.[16] 성령님께서는 새 언약, 곧 종말의 영이시다 행2:17, 고후3:3. 성령님께서는 교회에게 칭의와 구원을 주셔서고전6:11, 엡 1:13-14 예수님을 닮은 윤리를 가능하게 하시는 방식으로 통치하신다 롬1:4, 15:16, 갈5:18-26, 살전4:3-8.[17]

특별히 하나님 나라의 현재성은 성령님께서 '의와 평강과 기쁨'으로 교회를 다스리심으로써 드러난다롬14:17.[18] 성령님의 은혜를 힘입은 그리스도인이 하나님께 순종하면 세상에서 의롭게 살 수 있다사32:15-20, 롬6:16. 성령님께서 주시는 생각은 평안이며롬8:6, 성령님의 통치의 결과 중 하나는 기쁨이다갈5:22.[19] 구약의 야웨의 언약과 나라 그리고 메시아 예언을 배경으로 하는 요한복음의 '기쁨'에는 다음과 같은 특징이 있다. 즉, 그것은 언약 성취를 보고 기뻐하며창15, 요8:56, 메시아의 도래를 보고 기뻐하며말3:1, 4:5, 요3:29, 임마누엘이신 메시아를 보고 기뻐하며겔43:7, 요11:15, 15:11, 속죄를 이루신 부활하신 예수님을 보고 기뻐하며사40:1-2, 요20:20, 하나님 나라의 열매로 인해 기뻐하며암9:11,

---

16. M. Volf and R. McAnnally-Linz, 『행동하는 기독교: 어떻게 공적신앙을 실천할 것인가』 (*Public Faith in Action*, 김명희 역, 서울: IVP, 2017), 26, 34, 45, 275.

17. 남아공 노스웨스트대학교 N. Osei-Asante, D. Lioy and G. J. C. Jordaan, "The Pneumatic Soteriology of Paul," *Pharos Journal of Theology* 97 (2016), 3-13.

18. F. D. Farnell, "The Kingdom of God in the New Testament," *The Master's Seminary Journal* 23/2 (2012), 205.

19. 참고로 칼뱅이 육체의 욕망을 교정하시는 성령님의 역사를 강조했다면, 루터는 육체의 욕심을 못 박을 때 오는 기쁨을 강조했다. J. P. Lewis, "'The Kingdom of God … is Righteousness, Peace, and Joy in the Holy Spirit' (Rom 14:17): A Survey of Interpretation," *Restoration Quarterly* 40/1 (1998), 57-63.

요4:36, 부활의 영생 때문에 기뻐한다사25:8, 요11:15.[20]

넓게는 성령님의 자유케 하시는 사역눅4:18, 좁게는 치유하시는 사역도 천국을 도래시키는 데 중요하다행10:38, 참고: 사35:4-6, 말4:2, 마4:23, 11:4-5, 12:28.[21] 자유와 치유에서 한 걸음 더 나아가, '일곱 영'이신 성령님께서는 교회를 통하여 온 세상에 성부와 성자의 통치를 적용하신다슥4:10, 계5:6. 성령님께서는 아브라함의 언약이 온 세상에서 성취되도록, 아브라함의 후손들이 언약을 따라 세상에서 의와 정의를 실천하도록 역사하신다창18:19, 사32:15-20, 58:2, 59:21, 마6:33, 눅24:47-49, 행1:8, 2:42-47, 롬14:17, 갈3:14.[22] 따라서 성령님께서는 천국의 정의를 세상 속에 도래시키셨기에, 그분의 역사는 개인의 성화, 신앙의 내면화, 그리고 복음 증언으로 제한되지 않는다. 살려 주시는 그리스도의 영이신고전15:45 성령님의 통치가 없다면, 세상 속에서 천국 백성의 삶은 날개 꺾인 새처럼 추락하고 말 것이다.[23]

---

20. 남아공 노스웨스트대학교 신약학 교수 G. J. C. Jordaan, "The Joy of Seeing Christ: A Thematic Study of Joy in the Gospel of John," *In die Skriflig* 49/2 (2015), 1, 8-9.

21. R. B. Hays, 『신약의 윤리적 비전』 (*The Moral Vision of the New Testament*, 유승원 역, 서울: IVP, 2002), 220; C. Pfeiffer, "Healing and the Holy Spirit: A Manifestation of the 'Already, but not Yet' Kingdom of God," *Vision* 13/1 (2012), 53-54.

22. D. Neff, "Signs of the End Times: Our Pursuit of Justice in the Present foreshadows the Perfect Justice of an Age to come," *Christianity Today* 55/8 (2011), 48; B. A. van Roekel, "Evidences of Isaianic Social Justice Restoration in the Early Community of Luke-Acts" (Th.M. Thesis, Louisville: Southern Baptist Theological Seminary, 2016), 51-59.

23. G. D. Fee, 『바울, 성령, 그리고 하나님의 백성』 (*Paul, the Spirit, and the People of*

신약의 종말 시대에 천국은 하나님의 통치와 백성들의 반응이 '이미 그러나 아직 아니'로 실현되는 영역이다마6:33, 12:28, 롬6:11, 고후7:11, 골1:20-27, 2:20.[24] 이를 설명하기 위해서 복음서에는 천국 비유가 약 60개나 등장한다. 그러한 천국 비유들을 세 가지 특성으로 요약하자면, 확장성, 절대 가치, 그리고 불완전성이라 할 수 있다. 마태복음의 중앙에 위치한 비유장마13장의 마지막 여덟 번째 비유에 의하면마13:51-52, 교회는 천국 확장을 위해 훈련받는 서기관이며 집주인과 같다마13:52. 예수님께서는 집주인, 제자를 가르치는 새 랍비, 그리고 새 것들과 옛것들이 담긴 천국의 보물 창고이시다마13:52. 그러므로 교회는 성령님의 지혜를 공급받음으로써 예수님 안에 있는 옛것들, 즉 천국의 불변하는 영원한 원칙들사랑, 그리고 시89:14의 "의와 공의"을 양보 없이 고수하되, 새것들, 곧 그 원칙들의 새로운 적용들을 추구해야 한다.[25]

주후 1세기의 천국 백성인 초대교회는 불신 유대인과 로마제국으로부터 박해를 받았다살전2:14, 계2:13. 그들은 사회적으로 취약한 신분을 가진 '거류민과 나그네'벧전2:11로서, 사탄의 세력에 맞서는 광야 교회였다행7:38, 계12:6. 따라서 신약성경은 핍박받던 성도를 성령으로 위

God, 길성남 역, 서울: 좋은 씨앗, 2001), 12, 28.
24. 오광만, "골로새서에 나타난 지혜와 하나님의 비밀이신 그리스도" (Ph.D. 논문, 수원: 합동신학대학원대학교, 2008), 313, 338-41. 참고로 AD 2세기에 이미 순교자 저스틴(주후 165년 순교)은 천국을 '이미 그러나 아직 아니'로 정확하게 이해했다. R. D. Moore and R. E. Sagers, "The Kingdom of God and the Church: A Baptist Reassessment," Southern Baptist Journal of Theology 12/1 (2008), 74.
25. 송영목, 『신약주석』 (서울: 쿰란출판사, 2011), 80.

로하시려는 소망의 메시지와 같다고후1:4-6. 그리스도인은 이런 위로
와 소망으로써 복음을 세상에 드러내야 했다.

성부께서 성자를 이 세상에 파송하셔서 영광을 받으셨듯이요17:4,
승천하시기 전 예수님께서는 제자들을 세상에 파송하셔서 영광을 받
으셨다요17:10, 17:18. 제자들은 이 사명을 수행하기 위해 성령으로 충만
해야 한다엡5:18. 그러면 성령 충만, 곧 그리스도인이 하나님과 인격적
으로 교제하는 신비고후13:13는 어떻게 유지할 수 있는가? 그것은 하
나님의 사죄의 은혜가 마치 사다리를 타고 먼저 내려온 결과, 죄인이
그 사다리를 오르게 되는 것이다요1:51, 롬5:8. 자기 의가 아니라 성령님
의 도우심으로써 높이 오를수록, 하나님의 은혜의 세계는 더 장엄하
게 펼쳐진다. 사다리를 오르는 것을 방해하는 사탄의 불화살 공격이
있지만, 성령님께서는 능동적 믿음으로써 그리스도인이 성화의 계단
을 오르도록 도우신다. 이런 사다리 신학은 성령님의 교제케 하시는
은혜에 대한 교회의 고백이며, 성령님께서 주도하시는 성화와 경건
의 실천이고, 최고의 덕목인 사랑을 이웃에게 실천하는 것이다.[26]

성령님께서는 세상에서 예술과 기술로써 영광을 받으시므로 그
리스도인의 문화명령을 추진하시는 분이시다. 브살렐과 오홀리압은
성령의 능력과 지혜로 성막의 기물들을 창조적으로 고안하여 만들었

---

26. T. Peters, "Ladder-Ascending Character meets Ladder Descending Grace,"
    Word & World 36/2 (2016), 136-37, 145; N. Russell, "Spiritual Ascension and
    Forms of Monastic Life in John Climacus," *St Vladimir's Theological Quarterly*
    59/3 (2015), 409-426.

다출35:30-35. 이것은 창조주께서 태초에 가지고 계셨던 예술적 미美가 재현된 사건이었다. 마찬가지로 성령님의 전殿인 신약의 그리스도인 또한 초월적이며 궁극적인 미의 근원이신 하나님을 표현하는 성령님의 창조적 은사를 가지고 있다시27:4, 전3:11, 고전2:12, 벧전4:10. 성령님께서는 하나님의 아름다움을 문화와 예술 속에 부여하시는 종말의 은사恩賜이시다. 그렇기 때문에 그분께서는 창조주와 피조계를 중재하시면서, 창조주의 미를 예술 안에서 드러내신다. 또한 변혁적이고 화효적perlocutionary 기능을 가진 예술을 통하여, 사람과 피조물을 하나님의 아름다움으로 이끄신다.

성령님께서는 진리교리가 선윤리으로 이어지도록 진리를 아름답게 만드시므로, 진리의 계시를 받은 그리스도인은 궁극적 미이신 창조주의 안경을 끼고 피조세계와 예술 영역에 그분의 미를 충만케 해야 한다. 예술과 관객의 두 지평이 융합되어 아름다움이 산출되듯이, 성령 충만한 사람은 예술과 자연 배후에 있는 하나님의 창조적 아름다움을 볼 수 있어야 한다. 예수님의 재림 시에 아름다움이 완성되기까지, 성령님께서는 하나님의 아름다움을 맛본 그리스도인을 통해 암시적 미를 명시적 아름다움의 충만함으로 이끄신다. 이처럼 성령님께서는 세상 문화 속에 천국이 임하도록 변혁하시는 영이시다. 하나님의 성육신적 현존을 세상에서 지속시키시는 성령님께서는 예술을 통해 그리스도인을 아름다우신 하나님과 교제케 하신다.[27]

---

27. 이 단락은 C. Parker, "The Holy Spirit in the Arts: A Pneumatological Now-and-

작금의 이성주의 시대는 이성을 초월하여 역사하시는 '성령님의 수난 시대'이지만, 성령님께서는 하나님의 창조의 목적이 이루어지는 예술, 문화, 윤리, 생태, 경제 등의 영역에서 다양하고도 공적으로 임재하셔서 하나님의 영광을 위해서 일하신다.[28] 승천하신 예수님께서는 성령님과 성령 충만한 이들을 통하여, 예술을 포함하여 만유를 회복하시기 원하신다마19:28, 행3:21.

지혜와 계시의 영엡1:17, 성화의 영, 정의와 문화의 영, 치유의 영, 능력의 영,[29] 그리고 진리의 영이신 성령님께서 다스리시는 천국이 실현되어야 할 영역은 광범위하다. 예를 들어, 월드컵 축구는 국가 정체성을 형성하고, 원형경기장의 검투사들에게 열광했던 로마인들처럼 팬들의 소속감과 카타르시스를 강화하고, 국민의 웰빙을 촉진시키고, 심지어 파업자들의 시위조차 잠시 진정시킨다. 하지만 2014년 월드컵 축구를 유치한 브라질과 같은 비선진국의 경우, 경기장과 숙박 및 레저 시설물을 건설하기 위하여 자연 훼손, 빈민 거주지 강제 이전, 보건복지와 교육에 대한 투자의 감소, 그리고 다국적 거대 자본가의 부익부와 같은 여러 문제도 야기한 바 있다. 그러므로 경기 시작

---

not-Yet Approach to Beauty," *Colloquium* 46/2 (2014), 207-223에서 요약 인용함.

28. 윤형철, "오늘날 성령론은 어디로 가고 있는가?: 성령의 인격성을 둘러싼 현대 성령론 논쟁에 대한 개혁주의적 고찰," 『개신논집』 15 (2015), 193-99.

29. 능력의 영이신 성령님께서 천국을 이미 도래시킨 사실(롬 15:18-19, 고전 4:20, 엡 2:15, 살전 1:5)은 J. A. Wermuth, "The Spirit and Power: Addressing Paul's Vision of the Kingdom of God through a Pneumatological Approach" (M.A. Thesis, Virginia Beach: Regent University, 2010), 44-47을 보라.

을 알리는 휘슬이 불리기 전에 해결해야 할 일이 많다. 스포츠 영역에서도 하나님의 뜻을 실현해야 할 공공신학은 월드컵 축구가 행복과 협동을 이루는 공동체의 이벤트가 되도록 공공선을 촉구하는 공적 목소리를 내어야 한다.[30]

성령님께서는 십자가에서 죽으신 그리스도의 영이시다. 바로 이 '십자가의 영pneumatologia crucis'께서 거하시는 그리스도인은 십자가의 구원에 감사하며 겸손하고 진실하게 하나님과 이웃을 섬겨야 한다.[31] 로마서 8장에 따르면, 성령님께서는 성도를 죄에서 해방하셔서 생명을 주시며, 그들의 양자 됨을 증언하시고, 성도를 위해서 계속 중보가 되신다. 이렇게 교회를 위해 역사하시는 성령님께서는 또한 천국의 영이시다. 이에 관해 김광수는 다음과 같이 설명한다. "성령은 하나님의 의, 곧 부활의 주 예수 그리스도를 통한 하나님의 종말론적 구원의 실현에 핵심으로 활동하는 하나님의 생명력이다. 따라서 그리스도인들은 끊임없이 내주하시는 성령의 인도하심에 유의하면서 성령의 도움으로 육체의 소욕을 극복해 나가야 한다."[32]

성령님의 현재적 다스림은 요한복음의 고별설교요14-17장를 통해

---

30. 이 단락은 I. A. Reblin, "Football in Brazil: The Ambiguities of a National Sport," *Concilium* 4 (2014), 114-17에서 요약.

31. 남아공 스텔렌보쉬대학교와 암스테르담 자유대학교 A. van de Beek, "The Spirit of the Body of Christ: The Holy Spirit's Indwelling in the Church," *Acts Theologica* 33/1 (2013), 259.

32. 김광수, "하나님의 의의 실현자 성령: 로마서 8장의 성령론," 『복음과 실천』 21/1 (1998), 103-104.

서 잘 확인할 수 있다.[33] 고별설교의 구조는 예수님의 떠남과 따라갈 수 없는 제자들의 염려13:31-38, 길이신 예수님14:1-14, 다른 보혜사14:15-31, 참포도나무이신 예수님15:1-17, 세상의 미움15:18-16:4a, 성령님의 사역16:4b-15, 슬픔이 기쁨으로 변함16:16-24, 승리하신 예수님16:25-33, 예수님 스스로를 위한 기도17:1-5, 예수님의 제자들을 위한 기도17:6-19, 그리고 예수님의 미래 신자를 위한 기도17:20-26 순으로 전개된다. 예수님의 죽으심과 승천 이후, 예수님의 육체적 부재는 주님의 제자들에게 두려움을 가져다주었다요14:1. 하지만 성부께로 가시는 성자처럼, 제자들은 설령 박해를 받아 죽는다 해도 승천하신 성자께서 계시는 낙원으로 갈 것이다요14:3-4.[34] 제자들은 죽어 낙원으로 가기 전에 성령님의 전으로서 그리스도의 현존을 누리며, 서로 사랑해야 하고,[35] 오순절에 성령님을 보내신 예수 그리스도를 증언해야 한다요16:13. 고별설교는 지금은 불신자이지만 앞으로 믿을 사람들을 염두에 둔 설교이기도 하다요17:20. 주님의 재림 이전까지 예수 그리스도의 육체적 부재不在는 계속되지만, 성령의 전殿인 성도는 승천하신 예수 그리스도의 현존을 세상에 드러내며 살아야 한다. 여기서 유은걸의 설명을 들어보자.

---

33. A. J. Köstenberger, 『요한복음』 (The Gospel of John, 전광규 역, 서울: 부흥과 개혁사, 2017), 517-616.
34. 송영목, "요한복음 14장의 거주지의 성격," 『신학논단』 79 (2015), 225-55.
35. 고별설교는 제자들이 앞으로 사랑을 실천할 것을 설득하는 제의적 수사학으로 분류되며, '사랑의 고별설교'라 불릴 만하다(요13:1, 31-35, 15:9-17). 현경식, "요한의 고별담론과 사랑의 수사학," 『신약논단』 20/2 (2013), 374-75.

고별연설은 예수의 부재를 전제로 하여 성령 이해를 전개한다. 결국 사람으로 성육신한 그리스도를 대신할 수 있는 주체 역시 인격적 존재이고, 이 보혜사만이 현재 요한계 기독교가 처한 상황에 유의미한 성령의 모습일 것이다. 이 점에서 요한의 신학을 아직 삼위일체적인 것으로 파악하는 데에는 무리가 있다. 하나님과 그리스도의 관계에는 이런 양상이 충분히 발견되지만, 요한이 삼자의 관계를 본격적으로 논구하고 있는 것은 아니다. 반면 요한복음 1-12장은 예수가 제자들과 함께 있는 기간을 배경으로 하고 있으므로 보혜사를 언급할 여지가 없다. 지상에서 성령을 지닌 존재는 예수일 뿐이고 그가 그들과 함께 있는 동안 그리스도 인식요1, 3장과 하나님께 드리는 예배요4, 6장가 가능하다.[36]

예수님께서 보내신 보혜사 성령님께서는 낙심한 제자들을 회복시키고 세상으로 파송하신다.[37] 성령님께서는 파송된 제자들을 통해 가장 심각한 죄는 다름 아니라 불신앙임을, 그리스도의 승천은 그분의 의를 드러내는 것임을, 그리고 세상에 임할 심판의 불가피성을 가르치시기를 원하신다.[38] 그렇다면 성령님을 모신 그리스도인은 죄와

---

36. 유은걸, "요한복음의 성령 이해,"『신약논단』 21/4 (2014), 1022-1023.
37. 유은걸, "요한복음의 성령 이해," 1020.
38. 고별설교에서 성령님을 언급함으로써, 요한복음의 저자는 자신이 사도 요한 사후의 요한공동체를 이끌던 위로자(comforter)요 현자(sage)임을 주장한다는 해석은 남아공 비트바테스란트대학교 종교학부 W. R. Domeris, "The Paraclete as an

의와 심판을 세상의 광장에 어떻게 알려야 하는가? 이를 위해서 그리스도인에게 신앙의 삶, 특히 심판하실 하나님을 신뢰함으로써 주님의 신원을 기대하는 훈련이 필요하다.

성령 충만한 이는 신비주의나 신앙의 내면화 혹은 개인 윤리에 함몰될 수 없다. 왜냐하면 진리의 영이신 성령님의 현재적 다스림은 복음 진리의 통치로 나타나기 때문이다행8:29, 15:28 참고.[39] 이것은 구약성경에서 미리 볼 수 있다. 김영진은 에스라와 느헤미야의 개혁은 말씀과 더불어 역사하신 성령님의 사역의 결과라고 설명한 바 있다.[40]

이와 관련하여, 한국교회사로 잠시 눈을 돌려 보자. 1907년 평양 대부흥의 주역이었던 길선주 목사는 1910년에 백만 구령 운동을 제창했다. 길선주는 몰역사적인 부흥사가 아니었는데, 안창호 등과 함께 독립협회 평양지부를 조직하여 독립운동을 활발하게 전개했으며, 1912년에 105인 사건에 연루되어 옥고를 치렀다. 길선주 목사는 1919년 3.1운동 때 기독교인을 대표해서 독립선언서에 서명했다. 이처럼 성령 충만한 이는 복음을 전하는 열정과 더불어 역사와 사회 문

Ideological Construct: A Study in the Farewell Discourses," *Journal of Theology for Southern Africa* 67 (1989), 22-23을 보라. 이 주장은 요한복음의 사도 요한 저작성을 부정하는 것을 출발점으로 삼으며, 최종 편집자를 성령님의 역할과 동일선상에 둔다.

39. 웨스트민스터신앙고백 1.5, 그리고 이환봉, 『성경에 이르는 길』 (부산: 고신대학교출판부, 2012), 30.

40. 김영진, "느헤미야 시대의 회개 운동에 나타난 성령과 말씀의 역할," 『성서학 학술세미나』 (2007), 246-50.

제에 대해서도 책임 있게 행동한다.[41]

2. 복음 진리로 다스림

포스트모던은 거대 서사meta narrative를 거부하고 해체하려고 시도한다. 하지만 성경은 하나님의 사랑을 알리는 그랜드 스토리와 같다.[42] 하나님의 사랑이라는 복음 진리는 시간과 공간의 제약을 받지 않고 초월한다. 구약에서 야웨께서는 사랑과 공의로 통치하셨다창 18:19, 시89:14, 97:2, 사1:26, 11:4-5, 29:18, 32:1, 암5:24. 선지자 이사야는 이스라엘 백성이 하나님께 제사를 거절당한 것을 언약 백성의 범죄와 정의의 상실 탓으로 돌린다사1:16-17, 21-23. 이사야에게 하나님께서는 특별히 정의를 회복하시는 분이시다사1:27. 그래서 정의가 회복된 시온에 열방이 몰려들 것이다사2:4, 11:4-5. 또한 이사야는 공의와 평화의 세계가 도래하는 신천신지로 열방이 몰려들 것으로 예언을 마무리한다사65-66장.[43]

---

41. 이 단락은 최현범, 『교회 울타리를 넘어서라』, 121에서 요약.
42. Wright, 『광장에 선 하나님』, 63, 69.
43. 박경철, "구약성서가 말하는 종교개혁과 사회개혁: 이사야가 말하는 이스라엘 종교제의의 부정과 긍정," 『신학연구』 71 (2017), 26-27. 그리고 하나님께서 아브라함을 부르신 이유는 열방에 공의를 실천하시기 위함이라는 주장은 김근주, 『복음의 공공성: 구약으로 읽는 복음의 본질』, 145를 보라. 하지만 김근주는 아브라함의 소명 본문으로부터 공의 개념의 근거를 제시하지 않는다.

구약의 야웨처럼 예수님께서도 사랑과 정의의 복음으로 다스리신다마6:33, 요6:68, 계10:9, 12:11.[44] 예수님께서는 첫째 아담의 범죄로 훼손된 하나님의 형상을 회복하시러 성육하신 마지막 아담이시다. 그분께서는 유대인들과 이방인들에게 구원을 가져다주는 복음의 빛을 비추신다눅2:30-32, 요8:12, 고후4:4-6.[45] 예수님께서 전하신 '복음'은 구약에서 의로운 하나님께서 구원을 가져다주시는 왕적 통치를 종종 가리켰다시40:9, 68:11, 96:2, 사41:27, 52:7.[46] 따라서 예수님께서 시행하시는 구원의 통치를 받는 그리스도인이라면 복음에 정초한 '공적 예의교양'와 '공적 경건'을 갖추려고 노력해야 하고, 의로우신 하나님의 대리자로서 복음을 공적으로 실천해야 한다.[47] 하지만 한국교회에서는

---

44. 예수님께서 신앙고백을 한 베드로에게 천국 열쇠들을 주셨다면(마16:16-19), 베드로는 천국 열쇠들, 곧 영생의 복음과 그것의 해석의 권위의 출처를 예수님께 돌린다(요 6:68). P. N. Anderson, "'You have the Words of Eternal Life!': Is Peter presented as Returning the Keys of the Kingdom to Jesus in John 6:68?" *Neotestamentica* 41/1 (2007), 18.

45. 김태훈, "바울은 다메섹에서 예수를 어떻게 인식했는가?: 고린도후서 4:4-6을 중심으로," 『신약논단』 21/1 (2014), 223-24. 참고로 계시의 정점인 예수님 중심의 석의와 설교의 당위성에 관하여 J. K. Allen, *The Christ-Centered Homiletics of Edmund Clowney and Sidney Greidanus in Contrast with the Human Author-Centered Hermeneutics of Walter Kaiser* (Ph.D. Thesis. Louisville; Southern Baptist Theological Seminary, 2011), 4-8을 보라.

46. N. K. Gupta and J. M. Sandford, *Intermediate Biblical Greek: Galatians and Related Texts* (Society of Biblical Literature and Logos Bible Software, 2010), 7.

47. Mouw, 『무례한 기독교』, 20, 45. 기독교 정치의 구별된 특징은 공의를 시행하려는 동기라는 설명에 관해서는 화란 개혁정치연맹(RPF) 소속 A. Rouvoet, "Chances for Christian Politics in a God-less Society," in *Signposts of God's Liberating Kingdom: Perspective for the 21st Century. Volume 2*, ed. by B. Van der Walt & R. Swanepoel (Potchefstroom: IRS, 1998), 41을 보라.

"설교의 주제가 너무 교회 중심이고 개인의 경건에 초점이 맞춰져 있다 보니, 교인들은 성경이 가르치는 국가에 대한 올바른 지식을 갖지 못하거나 TV나 신문이나 세상 이론에 좌우되기 십상입니다."[48]

하나님께서 복음으로써 다스리시는 것은 진리의 영이신요14:17 성령님으로 통치하시는 것이다요일5:6. 진리이신 예수님요14:6께서는 천국 진리를 모르는 이들이 아니라 진리를 깨닫고도 실천하지 않는 이들을 비판하셨다.[49] 인자이신 예수님께서 세상이라는 밭에 뿌리신 좋은 씨는 천국의 아들들이다마13:38. 따라서 교회는 선교로써 자신의 정체성을 증명해야 하지만, 그보다 먼저 세상 속에 존재하는 교회 자체가 선교가 되도록 애써야 한다. 이를 위해 천국 백성은 세상에서 가라지와 더불어 살 수밖에 없지만, 구별된 생활로 천국 복음을 전해야 한다마13:30.[50]

예수님께서는 제자들에게 의로운 천국을 우선적으로 추구하도록 교훈하셨다마6:33. 이 명령에 따라, 제자들은 자신의 의義가 성전 제의나 정결법 그리고 장로의 유전에 기초하여 제의적으로 부정한 자를 차별했던 종교 지도자들의 의보다 더 뛰어나도록 노력해야 했다마5:20. 제자들과 초대교회가 유대 회당으로부터 분리되기 전에 기독교

---

48. 최현범, 『교회 울타리를 넘어서라』, 222.

49. Neff, "Signs of the End Times," 49.

50. 참고로 마태복음의 천국의 하나님 주도성과 역동성, 초월성과 내재성, 그리고 "아직 그러나 아직 아니"의 종말론적 특성에 관해서는 남아공 프리토리아대학교 신약학 교수 A. B. du Toit, "The Kingdom of God in the Gospel of Matthew," *Skrif en Kerk* 21/3 (2000), 548-63을 보라.

는 모체와 같은 유대교와 관계를 맺었다. 그리스도인은 회당의 불신 유대인들보다 더 나은 의를 추구해야 했다.

이방 지역의 가정교회는 불신 이웃이 쉽게 접근할 수 있었기에 공공公共교회와 같았다고전14:23-25 참고. 유대 종교지도자들이 자신의 이데올로기로 약자와 이방인과 부정한 자를 멀리함으로써 공공선을 도외시했지만, 예수님께서는 죄인을 불러 의롭게 하심으로써 '회복적 정의'를 구현하셨다.[51] 예수님께서 제정하신 성찬도 회복적 정의로 설명할 수 있다. 왜냐하면 성부 하나님의 공의를 대속 사역으로 만족시키신 예수님 덕분에 그리스도인은 관대한 하나님의 식탁에 초청을 받았기 때문이다. 따라서 "회복적 정의가 없는 곳에 성찬도 없다."[52]

그리스도인이 복음 진리로 제대로 무장했다면, 그는 구원을 이루는 회복적 정의를 이 세상에서 구현하는 데 힘써야 한다마18:12-35. 욥의 친구들은 인과응보라는 '징벌적 정의'를 내세웠지만, 욥은 기도를 통해 회복적 정의를 실천했다욥42:10. 이런 회복적 정의의 온전한 성취는 죄인의 회복을 위해서 십자가 위에서 중보 기도를 드린 예수님께로부터 볼 수 있다눅23:34.[53] 구약의 남유다의 패망은 하나님의 심판

---

51. 이 단락은 김호경, "신약성서의 공공성" (http://blog.naver.com/PostView. nhn?blogId=e_library&logNo=120055229178&parentCategoryNo=&categoryNo= &viewDate=&isShowPopularPosts=false&from=postView에서 요약(2018년 7월 22 일 접속).

52. M. Hofheinz, "Good News to the Poor: The Message of the Kingdom and Jesus' Announcement of His Ministry according to Luke," *Lexington Theological Quarterly* 47/1-2 (2017), 46.

53. A. Prideaux, "Job 42:7-17, and the God of the Happy Ending," *The Reformed*

이지만, 그것은 그들을 향한 하나님의 불가역적인 최종 거절을 가리키지 않는다. 왜냐하면 하나님의 통치의 기초는 의와 공의와 인자와 진실, 즉 회복적 정의이기 때문이다시89:14.

이런 의미에서 교회의 권선징악도 회복적 정의를 구현하기 위한 하나님의 선물이다.[54] 하나님의 회복적 정의는 결정적으로 예수님의 구속 사역을 통해서 드러났다눅15:20, 롬3:24. 예수님께서 교회를 회복하셔서 환영하셨듯이, 교회도 서로 그러해야 한다롬15:7, 몬1:16. 이런 회복적 정의를 실현하기 위해 바울은 기꺼이 "세상의 더러운 것과 만물의 찌꺼기 같이" 되었다고 했다고전4:13.[55] 여기서 '쓰레기와 폐물' 같은 사람이 소망을 가질 수 있는 것은, 아침마다 긍휼을 베푸시는 여호와께 마음과 손을 들고 돌아가면 되기 때문이다애3:22-23, 3:40-41, 3:45. 그렇다면 현대 교회가 이를 어떻게 수행할 수 있는가?

Theological Review 71/3 (2012), 170-84. 참고로 남아공의 '진실과 화해 위원회 (TRC; 1995-1998)' 의장을 지낸 주교 데스몬드 투투(b. 1931)가 'Ubuntu신학(우리가 있으므로 내가 있다)'에 근거하여 실천한 '회복적 정의'에 대해서는 B. J. de Klerk, "Nelson Mandela and Desmond Tutu: Living Icons of Reconciliation," *The Ecumenical Review* 55/4 (2003), 323-26을 보라.

54. 박혜근, "권징(Church Discipline)의 교회론적 의의," 『개혁논총』 26 (2013), 268. 회복적 정의는 하나님의 '공감적 정의(compassionate justice)'와 맞물린다. 윤형철, "남아공 '진실과 화해 위원회(TRC)'를 통해 본 기독교적 정의와 화해 담론," 『성경과 신학』 83 (2017), 99-100.

55. 참고로 기독교가 약자(흑인) 편에 서서 사회 정의를 구현하는 것을 천국 건설의 핵심 가치로 보는 해방신학적 견해는 남아공의 '진실과 화해 위원회(TRC)'의 연구책임자였던 케이프타운대학교의 C. Villa-Vicencio, "The Kingdom of God and People's Democracy: Towards a Nation-Building Theology for Africa," *Journal of Theology for Southern Africa* 74 (1991), 4, 7을 보라. 이 글은 남아공의 백인 정권 치하에서 작성되었다.

잠시 20세기 후반 남아공의 역사로 눈을 돌려 보자. 남아공 노스 웨스트대학교의 드 클레르크B. J. de Klerk는 만델라Nelson R. Mandela 대통령1918-2013년과 투투Desmond M. Tutu 주교를 '화해의 아이콘'이라 부르면서, 하나님께서 남아공에게 주신 선물이라 평가한다. 1984년 노벨평화상 수상자인 투투는 보복이 아니라 회복적 정의에 기초한 화해를 실천했다. 그는 기도와 투쟁을 병행했다. 그에게 사회의 민주화는 신학적이고 영적인 문제이기도 했다. 동시대의 화해의 두 아이콘들 가운데 마디바Madiba: 만델라의 애칭가 남아공의 무게감 있고 신뢰할 만한 아버지라면, 투투는 민초와 동고동락했던 활동적인 삼촌이었다.[56] 만델라와 투투의 도덕적 지도력이라는 에토스, 피해자와 가해자가 '진실과 화해 위원회TRC'의 결정을 수용하고 공감한 파토스, 그리고 TRC의 활동이라는 로고스가 어우러져 남아공은 회복과 화해 드라마를 썼던 것이다.[57] 하지만 한국의 현실은 이와 좀 다르다. 최현범은 한국의 현실에 대해 다음과 같이 말했다.

많은 그리스도인들이 성경에 수없이 등장하는 공의right와 정의justice를, 내 죄가 용서받고 의롭게 되는 칭의justification로 바꾸려고 합니다. …… 그러다 보니 그리스도인들이 도리어 세상

---

56. 참고. 이재근, "아파르트헤이트에 대항해 싸운 화해와 평화의 사도: 데즈먼드 투투" (http://www.newsnjoy.or.kr/news/articlcleView.html?idxno=219314; 2018년 8월 29일 접속).
57. 윤형철, "남아공 '진실과 화해 위원회(TRC)'를 통해 본 기독교적 정의와 화해 담론," 109.

속에서 정의감을 상실합니다. 평화라는 말도 마음의 평안으로 해석하고, 가난도 마음의 가난으로 이해하려 합니다. 그러다 보니 평화와 빈곤의 문제를 우리와 무관한 것처럼 생각합니다. …… 한국교회는 너무 오랫동안 성경 속의 정의를 가르치지 않았습니다. 이로 인해서 교인들이 정의에 대해 고민하지 않습니다. …… 그 결과 교인이면서 동시에 부정부패에 연루되고, 인권을 유린하고, 무죄한 자를 죄인으로 만들고 심지어 무고한 자를 죽이는 살인자가 됩니다. 이로 인해 역사 속에서 부끄러운 자리에 서게 되고, 이는 결국 하나님의 영광을 가리는 것입니다.[58]

그러므로 하나님께서 복음 진리로 다스리심을 고찰할 때에는 다음과 같은 최현범의 아래 진술에도 주목할 필요가 있다.

한 개인의 구원과 거듭남과 성화의 과정은 정말 중요합니다. …… 하지만 이것이 전부가 아닙니다. '예수 천당'이 복음의 전부가 아닙니다. 이런 단순화는 교회와 교인의 힘을 한 쪽으로 집중시켜 교회성장을 가능하게 했습니다. 그러나 극단으로 치우쳐 많은 것을 놓치게 만들기도 했습니다. 바로 교인들을 '자

---

58. 최현범, 『교회 울타리를 넘어서라』, 200, 205. 그리고 K. E. Bailey, 『중동의 눈으로 본 예수』 (Jesus through Middles Eastern Eyes, 박규태 역, 서울: 새물결플러스, 2016), 197도 참고하라.

기 구원과 교회'라고 하는 울타리 안에 가두어 버린 것이 그것입니다. 그리고 이 교회 중심의 신앙에서 교회 울타리 밖의 세상은 나와 상관없는 세상 일로 치부됩니다.[59]

하나님께서 복음 진리로 다스리심은 구원의 은혜가 임한 이들의 마음에 성령님께서 새기신 새 언약의 법과 연결된다. 남아공 프리토리아대학교 실천신학 교수 넬M. Nel은 "너희는 하나님의 의로운 나라를 우선적으로 추구하라"마6:33를 제자들이 '우선적으로 공공 정의'를 실천하라는 지침으로 이해한다. 그리고 넬은 새 언약과 '칭의/정의'는 이웃 그리고 하나님과 관계를 형성하는 일과 직결된다고 이해한다사58:6-7, 마25:31-46.[60]

3. 은혜와 새 언약으로 다스림

구약성경에서 하나님과 그분의 형상으로 지음 받은창1:26-27 사람, 특히 선민 사이에 맺어진 여러 '언약들'창조, 노아, 아브라함, 모세, 다윗, 새 언약은 성경의 메타 내러티브의 틀과 척추와도 같다.[61] 에덴동산에서

---

59. 최현범, 『교회 울타리를 넘어서라』, 143.
60. M. Nel, "Discipleship: The Priority of the 'Kingdom and His Righteousness'," *HTS Teologiese Studies* 73/4 (2017), 4-8.
61. P. J. Gentry, "Kingdom through Covenant: Humanity as the Divine Image," *Southern Baptist Journal of Theology* 12/1 (2008), 19.

왕 같은 제사장으로 세움 받은 아담이 하나님의 형상을 구현하는 방식은 예배, 교제, 그리고 사랑의 순종이라는 언약 관계이다. 바로 그 관계 안에서 아담은 에덴동산에서 추방되지 않고, 언약의 복을 누릴 수 있었다창2:8-17, 겔28:13, 47:12.[62]

예수님의 초림 당시, 구약 선지자들이 예언한 새 언약은 성취되기는커녕 거의 망가진 상태였다.[63] 하지만 예수님께서는 파기된 언약을 회복시키시는 새 언약의 중보자로 오셨으며, 그분의 교회, 곧 새 언약 공동체를 세우셔서 그들을 하나님의 선교를 위해 파송하셨다.[64] 히브리서 저자는 예수님께서 성취하신 '새 언약'을 두 가지 헬라어로 표현한다. '디아쎄케 카이네$\delta\iota\alpha\theta\acute{\eta}\kappa\eta$ $\kappa\alpha\iota\nu\acute{\eta}$'히8:8, 8:13, 9:15 그리고 '디아쎄케 네아$\delta\iota\alpha\theta\acute{\eta}\kappa\eta$ $\nu\acute{\epsilon}\alpha$'히12:24가 그것이다. 형용사 '카이네$\kappa\alpha\iota\nu\acute{\eta}$'가 이전 것과 연속성을 가지되 갱신된 새로운 것을 가리킨다면, 형용사 '네아$\nu\acute{\epsilon}\alpha$'는 이전에 없었고 최근에 효력이 발생한 완전히 새로운 것을 의미한다.

---

62. 에덴동산과 성소의 모형론적 유비 그리고 에덴동산에서 왕과 제사장으로 섬기는 아담에 관하여는 Gentry, "Kingdom through Covenant," 38-39를 보라.

63. P. J. Leithart, 『손에 잡히는 사복음서』(The Four: A Survey of the Gospels, 안정진 역. 서울: IVP, 2018), 32. 참고로 예레미야 31장 31-33절의 '새 언약'은 옛 언약(모세언약)과 내용상 동일하지만 방식만 다르며, 새 언약의 선포와 포로 귀환한 유대인들의 죄악 된 형편 사이의 수사학적 긴장은 '새 마음과 야웨를 아는 것'을 통해서 해결된다는 주장은 최순진, "예레미야의 '새 언약'(렘31:31-34): 수사학적 긴장관계의 해결," 『햇불트리니티저널』 20/1 (2017), 12, 22를 보라.

64. 교회지상주의적 선교론도 경계해야 하며, 동시에 하나님의 선교가 개인의 죄 사함을 통한 구원과 선교를 수행하는 지역 교회를 배제하지 않아야 한다는 주장은 김은홍, "새 언약에 기초한 선교적 교회의 본질에 관한 연구," 『선교신학』 51 (2018), 49-87을 보라.

히브리서 12장 24절은 창세기 3, 4장의 아담과 하와의 타락을 이어받아 가인이 아우 아벨을 살해한 사건을 배경으로 한다. 아벨의 피는 화해가 아니라 복수를 하나님께 간구했다창4:10, 참고: 히11:4.

하지만 새 언약의 중보자이신 예수님의 보혈은 구약의 짐승 제사를 성취하셨을 뿐 아니라, 아벨의 복수를 위한 신원伸寃을 더 나은 온전한 화해로 바꾸셨다.[65] 따라서 예수님께서는 그분의 제사장 사역을 통해서 새 언약의 은혜로운 화해를 이루셨다. 그러므로 히브리서 12장 24절은 창세기 3, 4장의 인류의 타락과 복수만 있던 절망의 상태를 배경으로 하여, 예수님의 새 언약 사역을 통해서 완전히 새로운네아, νέα 화해와 기쁨이 신약 교회에게 주어졌음을 강조한다. 그 결과 교회는 두려움의 자리가 아니라히12:18-21, 잔치와 기쁨이라는 은혜의 장소에 도착해 있다히12:22-23, 참고: 마22:2-10.[66]

하나님께서는 새 언약의 중보자이신 예수님과 화해를 이룬 교회와 세상을 언약으로 통치하신다. 그래서 하나님의 통치를 상징하는 보좌 위에 언약노아을 가리키는 무지개가 있는 것이다창9:13, 겔1:28, 계4:3. 예수님의 나라가 이 세상에 영존하게 되려면, '성전, 왕권, 언약'

---

65. 모세의 장자 게르솜이 받은 할례를 통하여 모세가 죽지 않은 사건과 같이, 예수님께서 대속의 피를 흘리심으로써 그리스도인이 마음의 할례를 받게 되었다는 그리스도 완결적 해석은 K. Kim, "A Christotelic Interpretation of Exodus 4:24-26," *Asia Journal of Theology* 29/1 (2015), 3-21을 보라.

66. 남아공 노스웨스트대학교 신약학 교수 G. J. C. Jordaan, "Some Reflections on the 'New Covenant' in Hebrews 12:24," *In die Skriflig* 50/4 (2016), 1-8에서 요약. Jordaan의 주해에 나타난 특징은 사고구조분석과 계시사적 해석을 통합하여 논증하는 전형적인 개혁주의 석의이다.

을 내용으로 하는 다윗 언약이 성취되어야 한다삼하7:13-14, 마1:1. 다윗의 후손으로 오신 예수님께서는 참 성전, 참 왕, 그리고 새 이스라엘을 위한 새 언약의 중보자이시다. 골즈워디G. Goldsworthy는 마태복음 1장 1절을 통하여 예수님을 '언약과 왕국의 아들'이라 불렀다. 실제로 '왕의 복음'이라 불리는 마태복음은 마귀가 왕이신 예수님을 마지막 세 번째로 시험한 것을 강조하는데, 이는 천하의 왕권에 관한 것이었다마4:8-10.[67]

그리고 다윗 언약이 성취되는 것은 열방이 하나님을 섬기고 하나님께 영광을 돌리게 될 것이라는 아브라함 언약이 성취되기 위한 조건과도 같다참고: 마1:1의 순서 '다윗과 아브라함'.[68] 종합하면, 다윗의 후손이신 예수님께서는 아브라함의 자손들인 열방의 남은 자들을 새 언약으로 통치하신다.[69] 참고로 요시야의 개혁도 성전 수축과 제사의

---

67. G. Goldsworthy, "The Kingdom of God as Hermeneutical Grid," *Southern Baptist Journal of Theology* 12/1 (2008), 11-13.

68. H. N. Ridderbos, *The Coming of the Kingdom* (Philadelphia: P&R, 1962), 192-202, 그리고 채영삼, 『긍휼의 목자 예수: 마태복음의 이해』, 39. 참고로 누가는 사도행전 2장(22-37)에서, 메시아 시편(시16편, 18:1-6, 69:32-34, 시89편, 시110편)을 사용하여, 다윗의 후손이신 예수님의 고난, 죽으심, 부활, 승천 그리고 약자들을 위한 정의의 회복을 설명한다는 주장은 A. W. Chan, "Opposition to the Davidic Kingdom in the Book of Acts through the Lens of the Davidic Psalms" (Ph.D. Thesis, Deerfield: Trinity Evangelical Divinity School, 2016), 166-203을 보라.

69. 김진규, "아브라함 복의 세 가지 구속사적 의미와 이의 현대 설교에의 적용," 『개혁논총』 24 (2012), 27, 33. 참고로 마태복음 1장의 예수님의 족보로부터 '조상 기독론(ancestor Christology)'을 추론한다면, 조상 숭배를 하는 문화권의 그리스도인들은 예수님을 그들의 조상들과 경쟁하는 더 뛰어난 조상으로 섬기게 된다. 피조된 조상들과 영원하신 신인이신 예수님을 비교하는 것은 기독론을 잘못 상황화한 것인데, 예수님의 부활 후 현현은 조상이 환영으로 등장한다고 여겨지는 것과 다른 차원이다. 남

정화, 바알을 숭배한 제사장들의 개혁뿐 아니라 언약 체결을 포함한 다왕하22-23장. 장영일의 주장대로, 한국교회의 개혁은 바알 숭배와 같은 기복주의와 세속주의를 언약 갱신의 시간인 공적 예배와 예배적 삶에서 제거하는 것이어야 한다. 그리고 요시야 왕처럼 하나님 말씀으로써 자신을 먼저 정화하고, 하나님과 맺은 언약을 갱신할 수 있는 그리스도인이 한국교회를 개혁하는 주체가 되어야 한다.[70]

다윗 계열의 긍휼의 목자이신 예수님께서 베푸시는 은혜로운 돌보심이라는 통치는 마가복음 6장에서 분명하게 확인된다참고: 겔 34:23-24. 세례 요한의 참수형막6:14-29과 오병이어 표적막6:30-44이 연이어 등장하는 데서, 다윗 계열의 목자이신 예수님께서 그분의 백성을 은혜로 다스리심을 볼 수 있다. 갈릴리의 분봉왕 헤롯 안디바주전 20-주후 39년는 기혼자였음에도 불구하고 자기 이복동생 헤롯 빌립주후 34년 사망의 아내 헤로디아에게 장가들었다막6:17. 세례 요한은 헤롯 안디바를 책망하다가 투옥되었고, 안디바의 생일 잔칫날에 그의 머리가 잘려 쟁반 위에 음식처럼 올려졌다막6:28. 헤롯 안디바는 자기 백성, 곧 양을 잡아먹는 잔인하고 악한 목자였다참고: 겔34:3, 34:5. 자기 생일에 안디바가 배설排設한 끔찍한 잔치에서 '코스 요리의 마지막

아공 프리스테이트대학교 J. Mokhoathi, "Jesus Christ as an Ancestor: A Critique of Ancestor Christology in Bantu Communities," *Pharos Journal of Theology* 99 (2018), 12-13.

70. 장영일, "구약을 중심으로 한 교회갱신과 선교: 요시야의 종교개혁(왕하 23:1-14)," 『선교와 신학』 3 (1999), 52-53.

메뉴'는 세례 요한의 머리였다.[71] 마가복음 6장에서 세례 요한의 참수형을 뒤잇는 장면이 예수님께서 오병이어로 오천 명 이상을 먹이시는 장면이다막6:41.

예수님께서는 헤롯 안디바에 의해서 제대로 돌봄을 받지 못한 목자 없이 흩어진 양들을 불러 모으셔서 말씀의 꼴과 육의 양식을 먹이셨다막6:34. 헤롯 안디바가 천부장들과 귀족들과 즐겼던 진미가 아니라, 예수님께서는 보리빵과 생선이라는 소박한 식사를 평민들에게 제공하셨다. 이와 비슷하게 출애굽 후 이스라엘 백성은 비같이 내리는 만나라는 소박한 양식을 힘센 분, 곧 하나님으로부터 받아서 하늘 양식으로 먹었다시78:24. 불과 구름 기둥으로 이스라엘 백성 가운데 계셨던 하나님처럼, 다윗 가문의 선한 목자이신 예수님께서도 양떼와 함께 계신다참고: 겔34:23. 이 두 사건을 통해서 마가는 양을 잡아먹는 악한 목자인 안디바와 양을 먹이시는 선한 목자이신 예수님 사이를 선명하게 대조한다참고: 요6장, 10:10. 요한복음도 능력으로요3:35, 5:20, 그분의 백성을 보호요6장, 구원요4:22, 심판하시는요5:19-24, 5:30 이상적인 왕이신 예수님을 강조한다요1:49-50, 3:3, 3:5, 6:15, 12:13, 12:15, 19:19-22.[72]

71. B. Witherington III, *The Gospel of Mark: A Social-Rhetorical Commentary* (Grand Rapids: Eerdmans, 2001), 216; Leithart, 『손에 잡히는 사복음서』, 73.
72. 남아공 프리스테이트대학교의 J. G. van der Watt, "The Spatial Dynamics of Jesus as King of Israel in the Gospel according to John," *HTS Teologiese Studies* 72/4 (2016), 1-7; 박윤만, 『마가복음: 길 위의 예수, 그가 전한 복음』 (용인: 킹덤북스, 2017), 434-54; 김경표, "요한복음의 구조로 본 하나님 나라," 『피어선 신학 논단』 3/2

적용하면, 교회는 자신의 유익을 추구하는 잔인한 목자를 경계해야 한다. 교회는 형제자매가 함께 먹고 마시는 출애굽 공동체이므로, 목자이신 예수님처럼 우리도 주린 이들을 생명수 샘으로 인도하고 눈물을 씻어 주어야 한다참고: 계7:17. 교회가 말씀을 중심으로 교제하면서 소박한 음식을 나누는 곳에 하나님 나라가 임한다. 교회는 지도자들이 권세를 악용하고 자기 배를 살찌우는 사악한 목자의 행태를 버리도록 기도하고 적절한 조치를 취해야 한다. 무엇보다 먼저 우리 자신 속에 있는 악한 지도자인 안디바의 특성을 없애야 한다참고: 마7:4.

하나님의 은혜로운 통치는 교회를 위로하시는 사역과 연결된다. 바울의 제3차 전도 여행 당시, 하늘로 올라가신 목자 예수님께서 터키의 트로이교회를 적지 않게 위로하신 다섯 가지 방법행20:7-13은 ① 사도 바울을 보내심, ② 바울의 철야 설교, ③ 죽은 유두고를 부활시킨 기적, ④ 떡을 때는 성찬, 그리고 ⑤ 배려에서 나온 돌봄소위 'AS'이었다. 주님의 긍휼과 은혜를 입은 오늘날의 교회가 고난에 처해 있는 이웃을 위로하는 방식도 유사하다. 그것은 함께 있음, 부활 생명의 복음을 전하여 소망을 줌고전15:2, 15:11, 치유와 생명의 회복을 돕고 하나님의 능력을 간구함, 식탁 교제, 그리고 지속적인 돌봄과 배려이다.

예수님께서는 그 당시 유대인들이 영원하다고 믿었던 대상들돌 성전, 율법, 가나안 땅과 기대하던 묵시적 소망을 간파하셨다. 주님께서는

(2014), 172, 187.

새 언약적 해결책을 제시하시는데, 곧 돌 성전은 예수님 그분과 성도요2:21, 고전3:16, 율법은 그리스도 완결적인 천국의 원리마5:17-18, 그리고 가나안 땅은 천국의 영역이라는 묵시적 방식으로 급격하게 바꾸셨다마5:5.[73] 예수님의 눈에는 메시아의 도래로 새 세상이 도래할 것이라고 기대하던 유대인들은 악하고 음란한 세대였다막8:38. 예수님의 대속의 죽으심과 부활은 이렇게 영적인 포로 중에 있던 악한 세대를 구원하시기 위한 새 언약의 성취였다슥9:11, 눅22:20, 롬1:4, 히9:26.[74] 십자가의 구원의 복음은 유대인과 이방인의 칭의를 위한 유일한 구원의 근거로서, 유대인과 이방인의 구분을 종결짓고 할례율법로 표현된 유대 민족을 중심으로 하는 언약주의를 반박한다.[75] 그러므로 새 언약 백성인 교회는 세상이 영원하다고 믿고 소망하는 것들의 실체를 소개하고, 포로 중에 있는 그들이 참 자유를 누리도록 '하나의 새 인류εἷς καινὸς ἄνθρωπος'라는 대안공동체가 되어 나침반 역할을 감당해야 한다엡2:15.[76]

예수님께서 성취하신 새 언약은 두 요소로 나뉜다. ① 영생이라는 은혜와 ② 순종이라는 요구렘31:31-33, 겔36:25-31이다. 여기서 은혜는

---

73. N. T. Wright, 『신약성서와 하나님의 백성』 (The New Testament and the People of God, 박문재 역, 고양: 크리스챤 다이제스트, 2003), 606-611.

74. B. Blackburn, "Liberation, New Covenant, and Kingdom of God: A Soteriological Reading of the Gospel according to Mark," Stone-Campbell Journal 12/2 (2009), 220, 231-32.

75. 최흥식, "갈라디아서에 나타난 십자가의 복음: 선동자들의 메시지에 반대하는 바울의 신학적 근거," 『횃불트리니티저널』 19/1 (2016), 22, 27.

76. 송영목, 『다차원적 신약읽기』, 556.

죄 용서골2:14와 성령님의 내주하심고후6:11, 6:19으로 인해 마음에 새겨진 하나님의 법과 연관된다. 그리고 요구는 교회가 받은 은혜를 표현하는 것이며, 교회가 언약의 복을 누리기 위한 조건이기도 하다. 예를 들어, 야고보서는 새 언약 백성의 에토스와 실천이라는 요구를 강조한다. 야고보는 예루살렘에서 발생한 박해로 인해 집단적으로 흩어진 수신자들에게약1:1 이방 사회 속에서 박해와 시험 중에서라도약1:2-4 실천으로 은혜의 하나님을 증명하라고 권면한다약1:25, 참고: 벧전3:16-17. 따라서 야고보가 강조하는 '실천적 기독교'는 바울이 언급한 '율법의 행위'를 가리키지 않고, 새 언약의 복, 곧 마음에 심어진 말씀과 위로부터 오는 지혜를 활용한 충성스럽고 신실한 '믿음의 행위'이다.[77]

이를 위해서 그리스도인들은 먼저 합심하여 기도하며, 시험을 지혜롭게 극복해야 하며약1:2-5, 언어를 은혜롭게 구사해야 하고약3:2-12, 시련 가운데 이기적으로 행동하는 대신 재물의 청지기 정신으로 약자를 구제하고약2:14-16, 상호 존중과 같은 교회 내부의 올바른 행실이 선행되어야 한다. 그리스도인은 비록 죄를 범할 위험에 노출된 불완전한 존재이지만약3:2, 행하는 믿음으로써 온전함을 추구해야 하는 긴장 속에 살아야 한다약1:4, 2:14-26, 참고: 갈5:6의 "사랑으로써 역사하는 믿음". 그리고 그리스도인은 마음에 새겨진 자유롭게 하는 온전한 복음약1:25을 최고의 법인 사랑을 실천함으로써 공동체 안팎에 보여야 한다약2:8. 또한 교회는 질병의 치유를 돕고약5:14-15, 죄에 빠진 이들에게

---

77. D. G. McCartney, 『야고보서』(James, 강대이 역, 서울: 부흥과 개혁사, 2016), 68.

호의를 베풀어 그들을 회복하는 사역을 펼쳐야 한다약5:16.

이 모든 행실은 하나님께서 주시는 선물인 지혜의 온유함으로써 약3:13 맺을 수 있는 선하고 의로운 열매들, 곧 '성결, 화평, 관용, 양순, 긍휼, 편견과 거짓이 없음'약3:17-18이다. 이와 관련하여 남아공 노스웨스트대학교 교의학 교수 폴스터N. Vorster는 아파르트헤이트 이후의 남아공에 대해 아래와 같이 설명한다.

> 남아공은 '무지개 나라'라는 통합을 위해 강압적인 방식의 메가 내러티브 사회담론을 활용하기보다, 다원화된 사회를 인정하면서도 평화로운 공존을 추구해야 한다고 주장했다. 이를 위해 하나님의 형상으로 지음 받은 모든 사람의 존엄성을 인정하고, [인간의 보편적인] 진리 추구를 촉진시키고, 권력 쟁취보다는 인간 존재의 본질적인 특성인 상생을 추구하고, 사랑과 [사회] 정의를 구현하도록 항상 개혁하려는 자세를 취해야 한다.[78]

야고보서의 저자인 야고보는 약 60회에 걸친 명령형 동사를 사용해서 독자들에게 선교적 교회를 촉구하는 명령을 자주 제시한다. 왜냐하면 박해와 시련 상황에서는 성도가 말이 아니라 삶으로 믿음을 증명해야 하기 때문이다. 지혜의 자녀참고: 눅7:35는 부자와 가난한 자

---

78. N. Vorster, "Reformed Theology and 'Decolonised' Identity: Finding a Grammar for Peaceful Coexistence," *HTS Teologiese Studies* 74/4 (2018), 3-7.

와 같은 사회 '계층의 경계'가 아니라, 하나님과 세상 사이의 '가치의 경계value boundary'를 분명히 해야 한다. 세상의 가치를 따르기를 거부해야 하는 지혜의 자녀는 사람의 가치를 소유나 외모나 일시적인 요소로 판단하지 않기 위해서, 편견을 버리고 남을 긍휼히 여겨야 한다. 그리고 지혜의 자녀는 임금 체불약5:4-6과 폭행약2:11 같은 상황 속에서도 인내하며 경제 정의를 실현하도록 지혜를 모아야 한다. 지혜의 자녀는 이것들과 다른 가치와 행실, 곧 의롭고 거룩한 행실로 복음을 증명해야 한다참고: 고전1:30. 지혜와 지식의 보고이신 예수님을 닮아야 한다참고: 골2:3. 고난당하신 하나님의 종이신 예수님께서는 욕과 위협의 상황에서라도 맞대어 욕하지도 위협하지도 않으셨다참고: 약5:6, 벧전2:21-23.[79]

하나님의 은혜로운 통치는 그분의 백성에게 참된 안식을 준다. 마태복음에서 본격적인 안식일 논쟁마12:1-14은 산상설교마5-7장 다음에 위치한다. 그러므로 예수님께서는 바리새인이 안식일을 준수하는 방식보다 더 나은 의로운 방식을 제자들에게 가르치셨다마5:20. 바리새인이 부과한 613개의 무거운 멍에와 같은 율법 준수 때문에 괴로워하던 유대인들에게 안식일의 주인이신 예수님께서는 자유를 주신다마11:28, 2에녹34:1-2, 시락6:18-31, 미쉬나 안식일 규정. 하지만 율법에 능통하여 지혜롭고 현명하다고 자처한 바리새인들은 예수님 안에서 성취된 안식일의 참된 의미를 알지 못했다마11:25.

---

79. 이 단락은 송영목, 『다차원적 신약읽기』, 306-309에서 수정하여 재인용함.

오히려 온유하고 겸손하신 예수님께서 어린 아이들처럼 겸손히 가르침을 수용하려는 이들에게 참 안식을 주신다마11:25, 29. 안식일에 음식을 먹고 하나님의 일을 하는 것마12:1-7은 다윗의 후손이자마12:3 참 성전마12:6이시며 안식일의 주인이신 예수님께는 당연한 일이었다. 그래서 예수님께서는 안식일에 회당에서 손 마른 환자를 치유하심으로써 메시아 시대의 종말론적 안식을 주셨다마12:9-14. 예수님께 안식일의 취지는 자비와 긍휼로써 자유를 누리며 쉬는 것이기 때문이다. 이사야서 42장 1절부터 4절에 예언된 야웨의 종은 이제 야웨의 아들마12:18로 바뀌어 고등기독론으로 표현되는데, 이로써 야웨께서 안식일을 주관하셨듯이, 이제 야웨의 아들께서 안식일의 주인이 되신다참고: 출16:23, 20:10. 예수님께서는 안식일을 폐지하시는 대신, 천하 만물보다 귀한 연약한 사람에게 영과 육의 안식과 자유와 평안과 기쁨을 주시는 방식으로 안식일이 준수되어야 한다고 가르치신다참고: 마12:20의 "상한 갈대".[80] 오늘날 교회가 성령님께서 도우심으로써 새 언약의 요구를 실천한다면, 그것은 그리스도인 안에서 역사하는 부활 생명을 세상에 드러내는 일이 될 것이다.

---

80. 이 단락은 F. P. Viljoen, "Sabbath Controversy in Matthew," *Verbum et Ecclesia* 32/1 (2011), 3-7에서 요약.

4. 부활의 영생으로 다스림

예수님의 부활은 오는 세상age to come의 새로운 질서를 이 세상에 부여했다. 부활하신 예수님께서는 실낙원失樂園을 복낙원復樂園으로 변혁시키시는 마지막 아담이자 동산지기이시다요20:15. 예수님께서 교회에 주신 부활과 영생이라는 새로운 질서 때문에, 이 세상은 이미 신천신지로 변혁 중이다계21:5.

예수님께서 불의한 자들을 대신하여 단번에 죽으셨기에 그리스도인은 하나님을 알현하는 유익을 누리게 되었고, 성령님께서는 예수님께 부활로 시작된 승귀를 주셨다벧전3:18.[81] 부활-승천하신 예수님께서는 성령으로서 지옥에 있는 영들에게 가셔서 선포하셨다벧전3:19. 그 지옥에 노아 당시에 심판을 받은 불순종한 죄인들의 영혼과 타락한 천사들이 있다벧전3:20. 베드로는 7층으로 구성된 유대인의 천상관天上觀을 염두에 두는데참고: 2에녹7:1-3, 예수님께서는 승천하시면서 1, 2층에 자리 잡은 지옥에 있던 마귀와 불신자의 영들에게 십자가와 부활이 죄와 죽음에 대한 승리의 사건임을 선언하신다.

부활하신 예수님께서는 구원의 표인 세례를 베푸시는데, 마음의 할례와 같은 세례를 받는 사람은 선한 양심을 가지고 살겠다고 하나

---

81. 복음서의 요지는 '십자가식 신권정치(cruciform theocracy)' 곧 예수님께서 십자가에서 죽으심을 통해 하늘에서와 같이 땅에서도 이루어지는 하나님의 주권적 구원의 통치의 출범이라는 주장은 Wright, 『광장에 선 하나님』, 304를 보라.

님께 서약해야 한다벧전3:21.[82] 교회는 사망에서 부활 생명으로 옮겨 왔기에 세상에서 박해를 당한다요5:24, 행24:21, 골1:13. 박해 배후에 존재 하는 악의 능력들에 대한 그리스도의 종말론적 박멸撲滅은 예수님의 부활과 승천과 더불어 이미 효력을 발휘하고 있다.[83]

5. 요약: 하나님의 종말론적 통치

성령님, 복음 진리, 새 언약, 그리고 부활 생명이 충만해야 하는 하 나님 나라의 속성을 잘 요약하는 틀은 '이미 그러나 아직 아니'이다. 이 틀은 하나님의 종말론적 통치에 나타난 긴장을 보여 준다. '아직 아니'가 완성될 예수님의 재림 이전에, 세상 속에 파송된 그리스도인 은 그가 선취先取해야 할 '아직 아니'가 무엇인지 영적 눈을 열어 파악 해야 한다엡1:17. 그리스도인이 '이미, 지금, 여기'를 추구할 때 주의해 야 할 것이 있다. 그것은 마치 새로운 특종을 광적으로 추구하면서 그

---

82. 소위 '양심적 병역거부(conscientious objection to military service)'는 군복무를 마 쳤거나 수행 중인 대부분의 사람들의 일반적인 양심을 마치 비양심적이라고 평가하 는 뉘앙스를 가질 수 있다. 따라서 '개인의 (종교) 신념에 따른 병역거부(objection to military service by individual [religious] belief)'라고 불리는 게 옳다는 주장은 신 운환, "'양심적 병역거부'라는 용어의 적절성 여부 검토와 대체 용어의 모색에 관한 소 고: 행정법학의 차원에서, 국방인력의 확보에 미칠 영향을 고려하여," 『행정법 연구』 46 (2016), 406-407을 보라.

83. P. A. Achtemeier, *1 Peter* (Hermeneia; Minneapolis: Fortress, 1996), 245-46; 남 아공 프리토리아대학교 신약학 교수 E. P. Groenewald, *Die Briewe van Petrus, Die Brief van Judas* (Kaapstad: N.G. Kerk-Uitgewers, 1977), 424.

런 뉴스에 계속 굶주려 있는 '시간의 CNN화', 혹은 미래를 진정으로 기대하지 않는 '현재주의presentism'이다.[84] '지금 여기'는 과거그리스도 사건의 회상와 미래완성될 천국에 대한 기대에 연결되어야 마땅하다. 이런 세 시간이 맞닿는 사건은 다름 아닌 성찬을 포함한 예배 시간이다.

따라서 교회는 '아직 아니'를 '이미'의 단순한 잉여나 핑계로 남겨 둘 수 없다. '아직 아니'는 '이미'를 촉진시키는 동력이다. 따라서 새 창조의 완성이 이루어질 '아직 아니'를 교회가 인정하는 것은 타협이라기보다 하나님의 원대한 비전을 존중하는 것이다.[85] 성도가 누리는 칭의와 성화와 영화는 이미 발생했지만, 완성을 향해 나아간다롬 8:30.[86]

이상의 논의를 요약하여 적용하면, 다음의 표와 같다.

하나님의 통치의 원리	세상의 마땅한 반응	세상의 실제 반응
성령의 현재적 다스림	본능과 욕망의 다스림을 의로운 언약의 통치자이신 성령님의 통치로 바꾸어야 함	맘몬과 신자유주의
복음 진리로 다스림	다원화된 상대적 진리를 예수 그리스도의 복음으로써 재정립시켜야 함	상대적 진리

84. J. K. A. Smith, 『하나님 나라를 욕망하라』 (Desiring the Kingdom, 박세혁 역, 서울: IVP, 2016), 238-39.
85. Hays, 『신약의 윤리적 비전』, 178, 707.
86. 성도가 누릴 영화(glorification)의 현재적 특성(롬8:30, 살후1:12)은 J. R. W. Stott, 『데살로니가전후서 강해』 (The Message of 1 & 2 Thessalonians, 정옥배 역, 서울: IVP, 1993), 183을 보라. 참고로 구약과 신약의 칭의와 성화를 석의하고 설교하는 방식은 한국동남성경연구원의 『본문과 설교』10 (2018)을 참고하라.

은혜와 새 언약으로 다스림	예수님께서 주신 화해와 구원의 은혜를 수용하고 사랑과 신실함으로 섬겨야 함	개인주의와 경쟁과 복수
부활의 영생으로 다스림	종말론적 영생과 심판을 염두에 두어야 함	사두개적 현세주의

성령님께서는 복음 진리를 새 언약 백성에게 주셔서, 그들이 은혜와 부활의 생명을 일상 속에서 현재화하도록 이끄신다. 이에 관하여 배재욱의 다음과 같은 설명을 들어 보자.

마태복음 13장의 일곱 개의 비유 속에 다루어진 하늘나라는 아직 미래에 놓인 종말론적인 성취의 빛 속에서 그 신비한 기능이 현재의 시간 속에 살아가는 인간 사이에 있는 방법 안에서 체감된다. 이 하늘나라 비유에서 무엇이 예수의 모든 가르침을 위해 기초되었는가? 마태복음 13장의 일곱 개의 비유들은 예수가 전제한 질문의 중심에 우리를 데려온다. 이 비유들은 하늘나라의 첫째 되고, 가장 큰 '율법', 즉 하나님을 사랑하라는 율법참조: 마22:37, 막12:30, 눅10:27과 관련된다. 하나님의 백성들은 온 마음과 온 정성과 온 힘을 다해 하늘에 있는 아버지를 사랑해야 한다. 예수 시대에는 하나님의 율법의 요약이 하늘나라의 멍에를 자기 자신 위에 매는 것으로 불렸다. 이렇게 확인된 생명의 길은 마태복음 13장의 7개의 비유에 의해 분명하게 되었다.[87]

---

87. 배재욱, "마태복음 13장의 비유 속에 나타난 천국의 모습에 대한 소고," 『신약논단』

천국 백성이 세속 사회 속에 존재하는 것 자체만으로 하나님의 통치를 알리고 증언하는 선교적 의미가 있는가? 만약 그리스도인이 소금과 빛으로서의 역할에 대한 이해와 헌신이 없이 존재한다면 아무런 의미가 없다. 만약 하나님 나라가 이미 도래했음을 부정한다면, 다음과 같이 비관적이며 미래적인 진술에 힘없이 고개만 끄덕일 것이다. "예수님께서 재림하셔야만 천국의 새 시대가 도래할 것이기에, 교회가 어두운 세상 속에서 믿음과 소망으로 살면서 복음을 전한다고 해서 기존 세상이 하나님 나라로 변혁되는 것은 아니다."[88] 스스로 천국이신 예수 그리스도와 연합된 하나님의 백성이라면 성령 충만, 그리스도의 법복음 충만, 은혜 충만, 그리고 영생 충만하도록 최선을 다해야 한다. 하나님께서는 이런 남은 자들을 통하여 반드시 하나님 나라를 확장하신다.

16/2 (2009), 389.

88. 이런 주장은 캄펀신학교 영성 및 윤리학 교수 A. L. T. de Bruijne, "Niet van Deze Wereld: De Hedendaagse Gereformeerde Publieke Theologie en de 'Doperse Optie'," *Theologica Reformata* 54/4 (2011), 374, 383-85에서 볼 수 있다. 참고로 De Bruijne은 기존 개혁주의 공공신학을 재세례파의 특정 견해와 접목시킨다.

하나님
나라
복음과
교회의

공공성

4장

세상 안 교회의 공공성

하나님 나라에 들어온 백성은 세상에 속하지 않지만 세상 속에 산다. 따라서 교회가 세상에 존재하기에 교회가 공공성을 확보하여 선교 사명을 감당해야 한다. 교회는 역동적이고 유기체적 공동체로서 세상을 복음의 빛으로 밝히기 위해 전력을 생산하는 '전기발전소'와 같다. 그리고 세상 속에서 활동하는 성도 개인은 충전되어 전력을 세상에 내보내는 '전선들cables'과 같다.[1] 세상속의 공공적 교회는 세상을 잘 이해하고 자신의 정체성과 사역을 설득시킬 수 있어야 한다. 남아공 개혁교회GKSA 헌법Kerkorde 제29항에서 이러한 정신을 볼 수 있다.

하나님의 기구로서 정부와 시민 당국이 교회와 교회 직분자들을 돕고 보호할 의무가 있는 것과 마찬가지로, 모든 목회자, 장로, 집사는 교인들에게 충실하고 부지런히 순종해야 할 의무를 감당해야 한다. 교회 직분자들은 주님을 경외하면서 교회의 이익을 위해 교회를 향한 정부와 시민 당국의 선의를 깨우치고 유지하도록 노력해야 한다. 교회협의회는 필요한 협력을 얻어내기 위해 정부와 소통해야 하며, 필요시 그리스도의 교회는 정부와 시민 당국에게 설명해야 한다.

---

1. '전기발전소'라는 개념은 S. C. W. Duvenage, *Kerk, Volk en Jeug: Die Verhouding van Kerk tot Volk* (J. Heijnis: Zaandijk, 1962)로부터 남아공 노스웨스트대학교 교회사 교수 Vorster가 빌려온 것이다. J. M. Vorster, "Kingdom, Church and Civil Society: A Theological Paradigm for Civil Action," *HTS Teologiese Studies* 71/3 (2015), 4-5. 참고로 Vorster는 하나님의 현재적 통치가 사회의 악과 병을 치유해야 한다는 몰트만의 '변혁적 종말론(transformative eschatology)'을 긍정적으로 평가한다.

뿐만 아니라 교회는 세상과 더불어 공존할 수 있어야 한다. 남아 공 UNISA의 레이머J. Reimer와 반다Z. Banda는 교회가 세상을 섬기는 네 단계를 다음과 같이 제시한다. ① 더 나은 세상을 만들기 위하여 교회와 사회는 봉사와 교제를 통하여 협력하고 신뢰를 구축해야 한다. ② 교회가 세상의 실제적인 필요를 채워 주기 위하여 토론하며 신뢰를 강화해야 한다. ③ 교회는 신앙과 세계관을 세상과 공유하기 위해 가르쳐야 한다. ④ 교회는 세상이 예수님을 믿고 따르도록 매력 있게 전도해야 한다.[2]

교회가 세상과 더불어 통과하고 있는 현재와 모든 시간은 구속사적 의의는 물론이거니와 사회-정치적 함의도 가진다. 이런 의미에서 시간은 마치 '힘의 대결장'과도 같다. 초대교회 당시 로마사회에서는 황제 아우구스투스의 통치 소식이 복음이었는데, 황제의 생일은 온 세상에 복음이 전파되는 시점이자 신년 초하루였다. 더 나아가 황제의 통치가 만물의 회복과 번영이라는 새 시대를 도래케 한다는 '제국 종말론imperial eschatology'이 형성되었다. 이에 맞서 교회는 예수 그리스도의 성육신, 죽으심, 부활, 승천을 통해 결정적으로 도래한 '종말론적 현재eschatological present'라는 새 시대를 살며, 참된 번성과 평화가 완성될 때를 소망한다고전10:11, 히1:2, 벧전1:20, 3:18. 교회는 그런 완성을 기다리면서 고난에 직면하더라도, 예수님의 부활의 권능으로부터

---

2. J. Reimer and Z. Banda, "Doing Mission Inclusively," *HTS Teologiese Studies* 72/1 (2016), 4-7.

나오는 산 소망을 잘 유지해야 한다벧전1:3, 1:21, 5:10.[3]

따라서 하나님 아버지께서 예수님을 통하여 세상 역사에 결정적으로 개입하신 종말론적 현재 동안 교회는 세상의 신이나 권력가를 숭배할 것이 아니라, 산 돌이신 예수님과 연합된 성령의 사람으로 살아야 한다벧전2:5. 그렇다면 교회는 어떻게 하나님과 천국과 복음을 세상 속에서 구체적으로 현시顯示할 수 있는가? "이 세상 속에서 하나님의 백성이 끼치는 새 창조, 즉 구원의 영향redemptive influence은 우리가 이미 예수님 안에 존재함으로what we already are in Christ 효과를 발휘한다."[4] 그러나 포도나무로부터 단절된 가지는 구원에 이르는 열매를 맺지 못하며 시들어 죽고 만다.

1. 만유이신 예수 그리스도의 천년왕국

예수님께서는 하나님 나라를 이 세상에 구현하신 다윗의 후손이

---

3. 이 단락은 D. G. Horrell and W. H. Wan, "Christology, Eschatology and the Politics of Time in 1 Peter," *JSNT* 38/3 (2016), 267, 271-73에서 요약 인용함. 이처럼 신약에서 종말론, 기독론, 교회론, 그리고 교회의 윤리는 긴밀히 상호작용한다. 오우성, 『바울의 영성신학』 (대구: 계명대학교출판부, 2018), 222.

4. 참고. 이스라엘 나사렛복음주의대학교의 A. Ajai and B. Neely, "Redeeming the Time" (http://www.nazcol.org/blog/301/redeeming-the-time/; 2018년 9월 11일 접속). 참고로 '아랍의 봄'은 결과적으로 많은 난민을 초래했다. AJai와 Neely는 유럽으로 유입된 아랍 난민을 돕기 위해서 중동에 거주하는 아랍 그리스도인이 협력할 것을 제안했다.

자 왕이시며마1:1, 계5:5, 바리새인을 능가하는 권세 있는 교사이시다마 7:29. 죽음을 정복하신 부활의 예수님께서 가지고 계신 권세는 사형 집행의 권세를 가지고도 유대 종교 지도자들을 의식한 꼭두각시와 같은 총독 빌라도의 힘을 능가한다마28:18. 또한 예수님의 권세는 아기 왕의 탄생 소식으로 어찌할 줄 몰랐던 헤롯 대왕이나마2:3 예수님의 소문을 듣고 긴장한 헤롯 안디바도 능가한다마14:2. 그리고 하나님의 아들이신 임마누엘 예수님께서는 신의 대리자로 자처한 로마 황제도 능가하신다마3:17, 17:5.[5]

복음이 공공성을 가지는 또 다른 이유는 천국 복음을 증언하신 예수님께서 만유萬有의 창조주와 통치자이시기 때문이다참고: 단7:13-14, 골1:16-20. 예수님께서는 세속적인 가이사의 나라와 주님의 종교적-영적 나라를 이분법적으로 나누어 소위 '두 왕국론'을 지지하셨는가? 만약 주님께서 두 왕국론을 지지하셨다면, 세금 납부 문제를 통해 국가와 교회의 관계를 물었던 유대 지도자들이 예수님의 설명을 듣고 왜 '놀랐는지' 설명하기가 쉽지 않다눅20:25-26. 참고로 열심당은 천국이 가이사의 나라와 양립할 수 없다고 믿었다. 만유이신 예수님의 나라는 가이사의 나라를 포괄하며, 그것 위에 있다고 보아야 한다.[6] 만유의 아버지께서 예수님을 통하여 만유를 통일하시고 만유 안에 계시기 때문이다엡4:6. 머리이신 예수 그리스도께서 만유를 제대로 위

---

5. 마태복음에 나타난 예수님의 절대적 권세는 F. P. Viljoen, "Power and Authority in Matthew's Gospel," *Acta Theologica* 31/2 (2011), 331-41을 보자.
6. Hays, 『신약의 윤리적 비전』, 208-209, 278.

치시키는 통일 사역이 구심적centripetal이라면, 교회가 만유 안에 흩어져 그리스도의 통치를 충만하게 하는 사역은 원심적centrifugal이다. 그리스도 안에 모인 교회는 만유가 예수님의 다스림 아래 있도록 잘 흩어져야 한다.[7]

성부는 만유의 으뜸이신 예수님의 아버지시다골1:18, 3:11. 예수님으로 말미암아 성부의 종말론적 통치는 시작되었다. 그리고 오순절 성령님께서는 성도 간의 연합은 물론, 만유의 머리이신 예수님과 그분의 몸인 교회를 연결하신다. 만물 위의 머리이신 그리스도의 통치는 교회의 유익을 위한 것이다엡1:22.[8] 나아가 예수님께서는 재림하셨을 때 세상의 통치자들과 교회의 지도자들에게 올바른 통치를 시행했는지 책임을 물으실 것이다.[9] 따라서 성령 충만한 모든 그리스도인은 왕으로서 예수님의 온 세상 통치를 교회당 안은 물론 교회당 밖의 삶 속에서 구현해야 한다. 이러한 예수님과 성도의 신비로운 연합 덕분에, 우리는 스스로 "사회를 개혁하고 있는가?"라고 묻기보다 먼저 "예수님의 만유적 통치와 주님의 부활의 능력이 우리 안에서 일하고 있는가?"를 묻고 점검해야 한다.[10]

벤구리온대학교 겔만J. Gellman에 따르면, 고대의 불신 유대인들은

---

7. 김상훈, "에베소서의 교회론에 근거한 선교전략 제안," 『신학지남』 69/3 (2002), 388.
8. C. E. Arnold, *Ephesians* (ZECNT; Grand Rapids: Zondervan, 2010), 115.
9. Wright, 『광장에 선 하나님』, 170.
10. 남아공 노스웨스트대학교의 G. Y. Phillips, F. J. van Rensburg and H. F. van Rooy, "Developing an Integrated Approach to interpret New Testament Use of the Old Testament," *In die Skriflig* 46/2 (2012), 3; Hays, 『신약의 윤리적 비전』, 221.

예수님의 동정녀 탄생과 부활을 부정했으며참고: 레위기 라바6:6, 14:5, 주님을 마법사로 간주하여 평생 지옥에서 형벌을 받고 있다고 보았다 산헤드린43a, 107b. 그 후 중세 시대의 유대인 철학자 람밤Rambam, 1135-1204년은 예수님께서 하나님과 세상의 구원에 대해 가르침으로써 참 메시아의 길을 준비했다고 보았다. 그리고 최근에 겔만은 예수님을 현 세상 이전의 높은 세상으로부터 내려온 놀라운 분으로서 이 세상에 혼돈을 초래이상적인 윤리적 가르침 등으로 인해하다 거절당한 1세기 유대인이라고 본다. 또한 그는 신약성경에 기록된 예수님의 부활과 승천은 역사적 사건이라기보다 그분께서 악한 세상에 적합하지 않음을 가리킬 뿐이라고 주장한다.[11]

겔만의 이런 주장은 초자연적 사건을 받아들이기를 거부하고 예수님을 윤리 선생으로 격하시킨 19, 20세기의 자유주의 신학자들과, 복음서의 공동체가 예수님의 입을 빌려 자신들의 신앙을 표현했다는 이론을 펼치는 이들과 유사하다. 이런 오류의 밑바닥에는 성경의 영감성을 부인하는 잘못된 성경관이 똬리를 틀고 있다. 만유의 왕이시자 죽음을 이기신 예수님과 연합되지 못한 자들에게 하나님 나라를 세상에 구현하라는 명령은 마치 고문과도 같다.

천년왕국계20:1-6은 왕이신 예수님께서 통치하시는 전체 기간인데, 주님의 초림과 재림 사이의 기간을 상징적으로 가리킨다. 이 기간

---

11. 벤구리온대학교 J. Gellman, "My Jewish Theology of Jesus," *Theology Today* 72/4 (2016), 399-401.

에 예수님께서는 모든 교회를 자신 안에 포함하실 뿐 아니라, 나아가 만유보다 크신 분으로서 다스리신다골3:11.[12] 이런 대표성을 띤 마지막 아담이신 예수님께는 집합적corporate 혹은 온 교회적whole church 정체성이 있다.[13] 이런 이유로 한 분 예수님의 부활과 승귀엡1:20는 그분의 몸엡1:23이자 신부엡5:25, 32인 교회의 부활을 초래하고, 더 나아가 교회에 하나님의 통치 아래에 사는 복, 곧 하늘에 앉게 하는 영광을 주신다엡2:6. 이처럼 교회는 예수님께서 스스로를 내어주신 사랑의 수혜자이자 주님과 연합된 공동체이다엡5:2, 25. 대표적, 집합적, 그리고 만유적엡1:23 정체성이 있으신 예수님께서 주신 사랑 덕분에 교회는 그분의 모든 은덕恩德 안에 거한다엡5:2. 또한 이 신비롭고 실제적인 연합은 성부의 큰 사랑과 자비 덕분이기도 하다엡2:4, 2:7.

남아공 프리토리아대학교 신약학 교수 말란G. J. Malan은 복음서가 '아버지 같은 왕'의 유비를 통해서 천국을 종종 묘사한다는 것으로 하나님 나라의 독특성을 잘 설명한다. 그런 천국은 위계적인 성전 중심으로 자신의 현세적 권세와 정결 이념을 추구한 사두개인의 세상과 다르다. 그리고 그런 천국은 로마제국의 황제와 무력 중심의 후견인 제도와도 다르다. 오히려 천국은 하나님께서 후견인으로서 사랑과 공의와 거룩참 정결으로 피후견인인 열방은 세상을 다스리는 신정

---

12. 참고. 황창기, 『예수님, 만유, 그리고 나』 (서울: 생명의 양식, 2010).

13. S. W. Son, *Corporate Elements in Pauline Anthropology* (Roma: EPIB, 2001), 178-86.

국가이다.[14]

그리스도인이 아버지와 성자 하나님과 생명의 연합 속에 살도록 묶어 주시는 분은 성령님이시다. 그리스도인이 예수님과 함께 살아나고, 함께 일으킴을 받고, 하늘에 함께 앉은 것은 사랑엡3:18, 4:2, 4:15, 5:2과 선한 일에 열심을 내는엡2:10 새 사람엡2:15이자 완전한 사람으로 자라 가기 위함이다엡4:13.[15] 하지만 주님의 초림으로 패배한 사탄은 이후로 계속되는 주님의 통치에 저항하고 있다벧전5:8, 계20:1-7. 또한 사탄은 세상 속에서 그리스도인이 감당해야 할 선한 일도 방해한다.

여기서 잠시 결론을 내리고 적용하기 위해서 최현범이 든 적절한 은유를 인용해 보자.

마치 이 세상은 악한 선장과 선원들이 승객을 억압하여 침몰해 가는 배와 같았습니다. 그러나 배 안에서 전쟁이 일어났고, 헬기를 타고 온 의로운 선장이 배를 통제하게 되었습니다. 패배한 선장 일당은 배 밑으로 숨었습니다. 이제 선원과 승객은 구명선을 타고 도망치는 대신, 의로운 새 선장의 통치를 알리고 수용해야 합니다. 따라서 예수님께서 사탄을 물리치신 이후로, 이 세상은 소망 없이 침몰해 가는 배가 아니라, 오히려 최종 목

---

14. G. J. Malan, "The Kingdom of God: Utopian or Existential?" *HTS Teologiese Studies* 70/3 (2014), 4, 8. 참고로 Malan의 천국 연구는 은유, 정결-부정결, 후견인-피후견인, 유대적 배경, 그리고 그레코-로마 배경을 아우른다.

15. T. G. Allen, "Exaltation and Solidarity with Christ: Ephesians 1:20 and 2:6," *JSNT* 28 (1986), 103-120.

적지를 향해서 운행 중이지만 악한 잔당을 소탕해야 하는 배와 같습니다참고: 히2:8. 그러므로 세상을 바다로 침몰해 가는 구멍이 난 배로 여기는 것은 그리스도의 새로운 통치와 승리를 무시하고 세상 변혁에 힘쓰지 않는 패배주의자의 변명입니다.[16]

감람산설교마24-25장에 나타난 예수 그리스도의 공의로운 통치를 살펴보자. 감람산설교의 배경은 바리새인을 향한 비판을 뒤잇는다마23장. 그런데 제자들은 바리새인들의 잘못된 율법 해석과 위선적 행동은 경계해야 하지만, 바리새인들이 모세의 율법을 인용하면서 가르친 말은 행해야 한다마23:3.[17] 따라서 바리새인의 교훈마16:12과 바리새인이 율법을 인용한 말은 구분할 필요가 있다. 십자가 처형을 앞두고 예수님께서는 유대인들의 심장과 같은 예루살렘 성전의 파괴를 예고하신다마24:2. 이 심판은 유대인들에게는 전무후무한 대재앙이며 마24:21, 그것은 적어도 유대인들에게 '세상 끝', 즉 인류 역사의 종말처럼 간주되었다마24:3.[18] 하지만 배교한 유대인들을 향한 심판을 주

---

16. 최현범, 『교회 울타리를 넘어서라』, 87-88.
17. F. P. Viljoen, "The Matthean Jesus' Surprising Instruction to obey the Teachers of the Law and Pharisees," *HTS Teologiese Studies* 74/1 (2018), 9.
18. 감람산강화의 구조는 아래와 같다.
   성전에 대한 제자들의 평가와 예수님의 대답(마24:1-2)
   예수님의 첫째 대답(3-35절)
      제자들의 3중 질문(3절): 성전 파괴의 시기와 징조 그리고 세상의 끝
      예루살렘 파괴의 징조(4-35절)
   예수님의 둘째 대답: 최종 파루시아로서의 재림(24:36-25:46)
      재림의 때를 모름(36-44절)

내용으로 삼는 감람산설교를 주님의 재림이라는 먼 미래적 사건의 빛으로만 이해하지 않도록 주의해야 한다.[19]

여기서 해야 하는 중요한 질문은 "왜 돌 성전이 감람산설교를 듣던 제자들이 살던 세대인 주후 70년에 파괴되어야 했는가?"이다마 24:34. 예수님께서 바리새인들에게 선언하신 마태복음 23장의 여덟 가지 화에서 볼 수 있듯이마23:14 포함, 그들의 형식적이고 위선적인 종교 생활이 심판을 초래했다. 바리새인뿐 아니라 사두개인의 위선과 불의도 심각했는데, 그 결과 사두개인들의 활동 무대였던 성전은 강도의 소굴로 전락했다마21:13. 만약 그리스도인이 교회당 안과 세상 속에서 겉과 속이 다른 위선을 행한다면, 복음의 공공성은 물거품이 되고 말 것이다.

돌 성전 파괴의 때와 주님의 마지막 파루시아 때 있을 세상 끝의 징조에 대해 물은 제자들의 질문마24:3에서 알 수 있듯이, 돌 성전 파괴는 주님의 재림 때 있을 최후 심판의 예고편과 같다. 그런데 주님의

충성되거나 악한 종 비유(45-51절)
신부 들러리 비유(25:1-13)
달란트 비유(14-30절)
인자가 시행하실 최후 심판(31-46절).

참고, R. T. France, *The Gospel of Matthew* (NICNT; Grand Rapids: Eerdmans, 2007), xiv, 그리고 양용의, 『마태복음 어떻게 읽을 것인가?』, 402-404, 그리고 송영목, "감람산강화의 전환적 부분적 과거론적 해석," 『신약연구』 6/3 (2007), 493-525.

19. Contra 감람산강화는 요한계시록 13장과 간본문이며, 중동의 불안한 정세가 지구의 종말을 초래할 것을 알린다는 전천년적 해석을 따르는 댈러스신학교의 J. F. Walvoord, "Christ's Olivet Discourse on the End of the Age," *Bibliotheca Sacra* 128 (1971), 114-16을 보라.

재림의 징조는 특별한 게 없고, 그날과 시간은 성부 하나님께서만 아신다마24:36-39. 그런데 벨직신앙고백서1561년는 예수님의 재림의 때를 선택된 자들의 수가 채워질 시점이라고 보면서 여러 증거 구절을 제시한다마24:36, 25:13, 살전5:1-2, 계6:11, 행1:7, 벧후3:10. 하지만 증거 구절의 내용은 성부께서만 재림의 때를 아시고, 순교자의 수가 차야 하며, 예수님께서 도둑같이 임하신다는 내용이지, 선택된 이들의 수가 채워진다는 내용은 찾아볼 수 없다. 그리고 선택된 자의 수가 채워지는 것이 아니라, 선택된 자들이 모두 예수님을 구주로 영접해야 한다는 표현이 자연스럽다. 왜냐하면 선택예정은 영원 전에 이미 완료되었기 때문이다.[20]

예수님의 재림을 믿는 성도는 착하고 충성된 종들처럼 자신이 받은 달란트를 잘 계발해야 한다마25:14-30. 그리고 최후 심판을 믿는 성도는 주위의 약자와 빈자가 주릴 때 먹을 것을 제공하고, 주릴 때 마시게 하고, 나그네 되었을 때 영접하고, 헐벗었을 때 옷 입히고, 병들고 투옥되었을 때 돌보아야 한다마25:31-46. 주후 70년의 돌 성전 파괴는 과거 사건이지만, 온 인류를 향하는 최후 심판은 점점 다가오고 있다. 오늘날 빈익빈 부익부가 심화되는 시대에 복음의 공공성은 특히 어려운 이웃을 먹이고, 입히고, 돌보는 생활, 즉 나눔과 사랑의 실천으로 나타나야 한다.[21]

---

20. 참고, 이상웅, "벨직신앙고백서의 역사적 배경과 37조에 담긴 종말론," 『개혁논총』 36 (2015), 125.
21. 참고로 예수님의 제자도설교(마18:1-35)가 '사랑'을 중심 주제로 삼는다면 구조는 아

그리스도인이 사랑을 실천할 수 있으려면 세상 속에서 자신을 낮추어 겸손해야 한다. 그리고 물질 때문에 세상을 실족시키지 않기 위해서 목회자의 납세도 필요하다마17:27. 그런 노력은 하나님의 평균케 하는 원칙에 부합된다고후8:14. 그리고 남을 사랑하면서 용서한다면 회복적 정의를 실현할 수 있다.[22] 대중 매체가 서울의 일부 대형교회들이 차명계좌로 비자금을 관리하고 부동산 투기를 일삼는다고 보도한 바 있다. 교회와 복음의 공공성을 무시한 그런 행태는 하나님의 준엄한 심판을 초래할 범죄이다.

2. 예수 그리스도의 통치로 만유를 충만케 하는 교회

예수님께서는 어린양이시자 대제사장이시다. 그분께서는 자신의

래와 같다.
   A. 사랑은 겸손을 가리킴(18:1-9)
      1. 큰 자에 대한 질문(18:1-5)
      2. 사랑은 타인의 믿음을 손상시키기 원치 않음(18:6-9)
   B. 사랑의 다른 세 가지 관심(18:10-35)
      1. 타인의 방문을 찾는 사랑(18:10-14)
      2. 타인을 마주 대하는 사랑(18:15-20)
      3. 타인을 용서하는 사랑: 용서하지 않는 종에 대한 비유(18:21-35).
참고, F. D. Bruner, *The Churchbook: Matthew 13-28* (Grand Rapids: Eerdmans, 2004), ix.
22. N. Hollenberg, "Matthew 18: A Call for Communication not Excommunication," *Brethren Life and Thought* 61/2 (2016), 17.

목숨값을 치르심으로써 교회를 사셨다히3:1, 9:12-14, 9:26, 벧전1:19, 계1:5. 예수님께서는 아버지로부터 모든 권세를 위임받으셨는데, 성부께 영광을 돌리는 방식으로 온 세상에 왕권을 시행하셨으며, 결국 성부에 의해 승귀되셨다.[23] 따라서 예수님께서는 스스로 신격화하는 세상 통치자와 다르다겔28:2, 28:9, 살후2:3-12. 승천은 예수님께서 만왕의 왕으로 오르신 결정적인 사건인데, 그 후로 천 년, 곧 그분의 초림과 재림 사이의 전체 기간 동안 다스리신다계20:4. 승천하신 예수님께서는 만유의 머리로서 다스리시고, 만유를 통해서 영광을 받으시고, 만유와 화목하기를 기뻐하신다골1:16-20.[24] 교회는 세상의 소금과 빛으로서 예수님의 통치를 구현해야 한다. 만유의 대왕이신 예수님의 산상설교 서두에서 마태는 팔복을 소개마5:1-10한 후, 박해 상황에 처한 그리스도인들을 언급한다마5:11-12.[25] 그 다음 그리스도인의 소금과 빛의 역할을 설명한다마5:13-16. 이런 흐름은 팔복을 누리는 사람들이라면 박해 상황 속에서도 소금과 빛의 사명을 감당하라는 메시지를 제시한다. 이

---

23. C. A. Johnson, "Paul's 'Anti-Christology' in 2 Thessalonians 2:3-12 in Canonical Context," *Journal of Theological Interpretation* 8/1 (2014), 139-40.

24. 골로새서 1장 20절을 통해서 만인구원론과 종교다원주의를 지지하는 경우는 서동수, "골로새서 1:13-20에 나타난 우주적 교회론," 『신학논단』 87 (2017), 172-73을 보라. 그러나 만유 기독론(골1:20)과 머리-몸 기독론(골1:18)을 통해서 표현된 구원은 그리스도와 연합된 이들(골3:1, 3:4), 곧 십자가의 피(골1:14, 1:20, 2:13)와 복음(골1:23)을 믿는 이로 한정된다(골2:12). 조병수, "골로새서 윤리 목록 단락(골3:1-17)의 역할," 『Canon & Culture』 1/2 (2007), 289-90.

25. 로마제국은 그리스도인이 무신론자로서 로마의 후견인 '신들의 평화(pax deorum)'를 헤친다고 보았다. 김형동, "데살로니가전서에 나타난 환난과 로마 제국의 상관성에 대한 재조명," 『신약논단』 17/2 (2010), 332-36.

것은 박해 가운데서 소금과 빛으로 살아야 했던 마태공동체시리아 안디옥 소재 추정의 상황을 반영하는 듯하다.[26] 여기서 '소금'은 언약의 확고함과 신실성레2:13, 겔43:24, 정결출30:34-36, 겔16:4, 혹은 저주를 가리킨다창19:24-26, 신29:22-23. 즉, 천국의 복된 백성인 그리스도인은 박해 상황 속에서라도 하나님의 언약을 믿으며 정결하게 살아야 하지만, 이러한 그들을 거부하는 세상은 하나님께로부터 심판을 받게 될 것이다. 한편 소금이 맛을 잃는 것은 시련과 박해에 굴복하여 타협하는 것이다. 이런 점에서 시련은 그리스도인이 받은 복의 진위 여부를 판가름하고, 진짜 복을 더 빛나게 만들 것이다.[27]

스가랴 선지자 당시의 대제사장 여호수아는 왕관을 썼는데슥6:11, 이것은 왕 같은 제사장이신 예수님과 신약 교회의 신분과 사역을 예고한 것이다.[28] 이제 예수 그리스도의 세 가지 직분에서 파생한 교회의 삼직三職을 살필 차례이다.[29] 이런 직분들은 교회가 만유를 어떻게 그리스도의 통치로 충만하게 만들 수 있는지 방법을 알려 준다. 참고로 도르트신조1619년의 영향을 받은 남아공 화란개혁교회DRC 헌법

---

26. Hays, 『신약의 윤리적 비전』, 160. 참고로 주님의 제자들은 이스라엘 '땅(γῆ)'에서 소금 역할을 해야(마5:13), '온 세상(κόσμος)'에서 빛의 역할을 할 수 있었다(마5:14, 참고: 사49:6, 단12:3, 행26:18). 참고로 마태복음 5장 13절의 'γῆ'가 '이스라엘 땅'을 가리킬 수 있지만 온 세상이 더 적절하다는 입장은 J. Nolland, *The Gospel of Matthew* (NIGTC; Grand Rapids: Eerdmans, 2005), 213을 참고하라.

27. D. Garlington, "The Salt of the Earth in Covenantal Perspective," *JETS* 54/4 (2011), 715-48.

28. Leithart, 『손에 잡히는 사복음서』, 28, 76.

29. Van Wyk, "Teologie van die Koninkryk (Basileiologie)?" 9.

제3조는 교회의 유일한 머리이신 예수님 아래에 있는 목사, 장로, 집사는 위계질서를 형성하지 않는다고 밝힌다.[30] 이런 원칙을 거스르고 교회 직분이 위계화됨으로써 발생하는 부작용은 모두가 잘 알고 있는 바이다.

(1) 만인(모든 신자) 왕

다윗계열의 마지막 왕이신삼하7:14, 겔37:24-25 예수님을 통해서 성취된 새 언약은 하나님께서 그분의 백성 가운데 즐거이 현존하시겠다는 옛 언약들의 성취로서의 성격을 지니고 있다겔36:27, 37:27, 고후1:19-20. 그 결과 더 이상 왕족을 배출한 유다지파나 남성 왕들이 아니라, 예수님과 연합된 남녀 그리고 유대-비유대인들 모두 예수님과 함께 다스리게 되었다고후6:18. 교회는 솔로몬 왕보다 더 크시고 지혜로우신마12:42 만왕의 왕이신빌2:9-11, 계19:16 예수님의 통치를 세상에서 실현하는 작은 왕들이다벧전2:9, 계1:6, 2:26-27, 3:21, 4:4.[31] 이와 관련해 남아공 노스웨스트대학교 교회정치학 교수 스미트J. Smit의 주장에 귀 기울일 필요가 있다.

---

30. 남아공 프리스테이트대학교 교회사 교수 P. J. Strauss, "Die Kerkorde van die Ned. Geref. Kerk: Uitgangspunte ten Opsigte van Skrif, Belydenis en Kerkorde," *Acta Theologica* 28/2 (2008), 113; Vorster, "Kingdom, Church and Civil Society," 4; Arana, "Towards a Biblical Public Theology," 56-58.

31. M. J. Kruger (ed.), 『성경신학적 신약개론』 (*A Biblical-Theological Introduction to the New Testament*, 강대훈 외 역, 서울: 부흥과 개혁사, 2017), 35-40.

교회정치학church polity이 홀대받는 이유는 500년 전 16세기 전통과 도그마로 교인들을 목회자의 권위 아래 혹은 교회 안에 붙들어 두려는 시도로 비쳤기 때문인가? 아니면 교회정치학이 신약학, 신조학, 교회사, 실천신학이 통전적으로 연구되는 현대의 학문적 흐름을 거부하기 때문인가? 둘 다 일리 있는 주장이다. 하지만 교회의 머리이신 그리스도와 상치되는 국가의 여타 조직과 유사한 사람 중심의 위계적 체계collegialism의 병폐 때문이지 않은가? 교회의 유일한 최고 권위자는 예수님뿐이며, 그분께서는 어떤 특정인이나 소그룹이나 회중 혹은 조직에게 자신의 직임의 권세를 위임한 바 없으시다. 그런데 교회정치 중 범위를 좁혀 보면, 노회총회는 지역 교회들의 연합이 아니라 최고의 상위 독립된 교회로서 권위를 행사하지 않는가? 노회원총회총대이 리더가 아니라 종인 이유는, 직임자들은 자신의 권위를 스스로 취할 수 없으며 그들은 말씀의 확장과 교화敎化를 위해 부름받았기 때문이다. 지역 교회가 파송한 노회원들총회총대들은 하나님의 말씀이 결정하도록 지혜를 모아야 한다. 구조적 세속화, 곧 하나님의 말씀 대신에 특정 지위와 교회가 결정권을 가지는 것은 경계해야 한다.[32]

---

32. J. Smit, "The Decline of Reformed Church Polity in South Africa," *In die Skriflig* 52/3 (2018), 1-10.

로마제국 치하에서 기록된 신약성경은 누가 진정한 세상의 왕이며, 위험을 무릅쓰고서라도 누구를 예배해야 하는가에 대하여 중요한 메시지를 던진다. 이런 이유로 신약성경은 로마제국이 천국을 모방하는 모습을 종종 언급하며 반反로마적 메시지를 드러낸다. 로마제국은 글로벌 시대를 열었는데, 그 결과 로마 황제와 신을 숭배하도록 모든 제국민들에게 강요했다. 이런 상황 속에 예수님을 '주'로 고백하는 그리스도인은 국가권력이 로마 신들이 아니라 하나님으로부터 나옴을 믿으면서롬13장 황제의 신격화를 거부해야 했다계13장.

그리스도인이 예수님을 '그리스도'로 고백하는 것은 로마제국의 눈에 단순히 수동적 저항을 넘어, 무정부주의 혹은 무신론적 행태로서 공공적이며 적극적인 정치 행위로 비쳤다.[33] 로마 황제가 방문하는 곳에서 합창단 '아우구스티아니Augustiani'로부터 칭송을 받은 사실은 세상의 참 왕이신 예수님께서 찬송과 존귀와 영광과 권능을 세세토록 받으시기 합당하심에 대한 모방이다계5:13.[34] 예수님께서 '주'라고 불리신 것은 황제를 주라고 부르면서 숭배하는 이방 환경에서 도출된 것이 아니라, 그 이전부터 유대인 그리스도인이 예수님을 주

---

33. 남아공의 넬슨 만델라 메트로폴리탄대학교의 P. J. Naudé, "The Challenge of Cultural Justice under Conditions of Globalisation: Is the New Testament of Any Use?" in *The New Testament Interpreted: Essays in Honour of Bernard C. Lategan*, ed. by J. C. Thom, J. Punt, C. Breytenbach and B. C. Lategan (Leiden: Brill, 2007), 280-86.
34. 송영목, 『요한계시록: 반드시 속히 될 일들을 통한 위로와 소망의 메시지』 (서울: SFC, 2013), 134.

님으로 섬긴 것으로 거슬러 올라간다. 또한 '하나님의 아들'이라는 용어도 이방 세계의 황제 숭배 이전에 유대적 배경이 있다.[35]

구원역사가인 누가는 왕과 구주이신 예수님의 탄생을 세계 역사와 정치적 맥락에서 다음과 같이 소개한다.

① 로마의 창건자로 여겨지는 쌍둥이 남자 아기 로물루스와 레무스는 늑대의 젖을 먹었고, 결국 목자 부부로부터 양육받았다고 전해진다눅2:8과 비교. 비슷하게 예수님께서는 가축이 머물던 축사에서 태어나셨고, 맨 먼저 비천한 목자들의 찬송을 받으셨다. 예수님께서는 참 목자로서 신령한 젖을 먹이신다벧전2:2.

② 주전 48년, 율리우스 카이사르는 에베소인들의 세금을 감면해 주었다. 에베소 시민들은 기독론적 칭호 '통치자'계1:5와 '만인의 구주'눅2:11, 2:30로 그에게 화답했다. 그러나 구주 예수님눅2:11, 요4:42께서는 그분의 백성을 죄의 빚과 속박에서 해방하신다눅1:68, 벧전1:19.

③ 로마인들은 마르쿠스 안토니우스Marcus Antonius, 주전 80/81-주전 30년가 클레오파트라와 결혼하여 전쟁을 종식하고 세상에 평화와 번영을 줄 아들을 낳을 것이라고 노래했다. 하지

---

35. L. W. Hurtado, 『주 예수 그리스도: 초기 기독교의 예수 신앙에 대한 역사적 탐구』(*Lord Jesus Christ: Devotion to Jesus in Earliest Christianity*, 박규태 역, 서울: 새물결플러스, 2010), 69-70, 197, 210, 259.

만 참 평화와 안전과 번영은 하나님의 아들 예수님께서만 주실 수 있다눅2:14, 참고: 기독교강요 1.17.11.

④ 옥타비아누스 황제는 자신의 생일9월 23일을 신년 초하루이자 온 세상의 복음이 시작되는 날로 선포했다. 그는 기독론적 호칭인 '신의 아들', '구주', '평화를 가져오는 자', '대제사장', '아우구스투스지존자'라 칭송을 받았으며, 군대를 동원하여 팍스 로마나Pax Romana를 시도했다눅2:13의 "하늘 군대"와 비교.[36] 하지만 참 아우구스투스지존자이신 예수님의 탄생이야말로 시대의 전환점이자 새 시대의 시작을 알린다히 9:26. 주전 27년에서 주후 14년에 걸쳐 41년간이나 통치한 옥타비아누스는 세수稅收 확대를 위해 호적을 명했지만, 예수님께서는 그분의 백성을 생명책에 녹명하셨다. 옥타비아누스는 아내가 득남하지 못하자 이혼하고 둘째 아내를 맞이했지만, 예수님께서는 신부가 허물과 부족이 있더라도 버리지 않으신다. 예수님의 탄생은 구약 예언의 성취임이 분명하지만, 또한 적어도 주후 1세기의 누가복음의 독자들에게 반로마적 메시지로 들렸을 것이다.[37]

---

36. N. T. Wright, 『바울과 하나님의 신실하심. 상』 (Paul and the Faithfulness of God, 박문재 역, 고양: 크리스챤 다이제스트, 2015), 485-512.
37. 이 단락은 Wright, 『광장에 선 하나님』, 65에서 요약. 박태현, "아브라함 카이퍼의 영역주권," 『신학지남』 318 (2014), 197도 참고하라.

오늘날 '신과 구주'로 추앙받으며, 힘으로써 번영과 평화의 사도로 자처하는 반기독교 제국주의자들은 누구인가? 다시 남아공으로 눈을 돌려 보자. 드 그루치J. W. de Gruchy는 아파르트헤이트의 근원에 약 400년 전에 정착한 네덜란드와 영국 제국주의자들의 식민지 정책이 있었지만, 남아공에서 개혁신학이 매우 발전했던 20세기 중반의 '아프리카너 칼뱅주의'야말로 인종차별의 정당성을 위해 오용되었다고 지적한다.[38] 남아공 개혁교회가 인종차별에 앞장섰던 역사의 교훈을 한국교회는 경청해야 한다. 나아가 교회 안에서 예수님의 온 세상 통치를 가로막는 것은 무엇인지 분별하여, 이런 적그리스도 요소를 예수님의 발아래에 굴복시키도록 노력해야 한다눅1:52.[39]

예루살렘으로 가는 도중에 야고보와 요한이 예수님께 그 우편과 좌편에 앉게 해 달라고 청탁하자, 같은 속셈을 가지고 있던 나머지 열 제자들이 화를 낸다막10:37, 10:41. 이때 예수님께서는 '이방인의 집권자들', 곧 로마 황제들이 임의로 민초들을 주관하고 권세를 부리는 것과 달리마20:25, 막10:42, 종으로 섬기는 사람이 으뜸이 될 것이라고

38. J. W. de Gruchy, 『자유케 하는 개혁신학: 교회일치적 논의를 위한 남아공교회의 기여』 (Liberating Reformed Theology: A South African Contribution to An Ecumenical Debate, 이철호 역. 서울: 예영커뮤니케이션, 2008), 41, 106을 보라. 그러나 남아공 개혁교회(GKSA) 역시 페미니즘과 해방신학을 그들의 개혁신학에 접목시켜서, 여성의 교회에서의 역할(목사안수)에 대한 인식을 바꾸려고 시도했는데, 이것이 남아공 교회의 기여인지는 의문이다. C. Nunes and H. J. M. van Deventer, "Feminist Interpretation in the Context of Reformational Theology: A Consideration," In die Skriflig 43/4 (2009), 754-55.
39. M. I. Wegener, "The Arrival of Jesus as a Politically Subversive Event according to Luke 1-2," Currents in Theology and Mission 44/1 (2017), 15-23.

말씀하신다막10:43. 로마에서 기록된 것으로 보이는 마가복음은 폭군 네로가 공화제나 원로원을 무시하고 부리는 '갑의 횡포'가 극성하던 때를 배경으로 한다. 신격화된 황제와 대비되는 하나님의 아들이자 복음이신 예수님께서는 황제 숭배와 제국 이데올로기를 거부하신다막1:1. 마가와 동역하다가 로마에서 순교한 베드로는 장로들에게 이른 바 '제왕적 갑질κατα[against]κυριεύω'을 하지 않도록 섬김을 당부했다벧전5:3. 머리이신 주님 이외에 모든 성도는 섬기는 이들이므로, 협업과 평등governance egalitarianism의 가치를 귀하게 여겨야 한다. 교회에서 영향력 있는 지위에 있는 사람은 남을 더 유능하게 만드는 데 힘써야 마땅하다. 그렇지 않고 위계질서를 내세우는 권위주의자에게는 자신의 정당한 권위조차 가질 수 없게 될 날이 닥칠 것이다.[40]

교회와 국가 권력 사이의 관계는 바울 서신에서 볼 수 있다롬13:1-7. 네로 황제가 통치하던 주후 57년 무렵에 기록된 로마서는 주후 49년에 벌어진 로마에서의 유대인들의 추방과 주후 58년에 로마에서 사람들이 세금 납부에 저항한 사건과 관련이 있다. 구약 시대 이방 나라의 황제가 야웨의 종이었고렘25:9, 이스라엘은 포로로 잡혀간 이방 나라의 평화를 위해서 기도해야 했듯이렘29:7, 딤전2:3, 그리스도인은

---

40. A. Winn, "Tyrant or Servant?: Roman Political Ideology and Mark 10.42-45," *JSNT* 36/4 (2014), 325-52; C. S. Beed and C. Beed, "Governance Egalitarianism in Jesus' Teaching," *Anglican Theological Review* 97/4 (2015), 587-607. 참고로 예수님과 그리스도인이 수행하는 왕직은 사랑과 치유와 자유를 촉진시키는 것이라고 보는 경우는 M. Welker, "성령-그리스도론: 그리스도의 삼중직에서 하나님 나라의 삼중 형태로," 『영산신학저널』 27 (2013), 14를 보라.

하나님께서 그분의 일꾼으로 세우신 권세에 '주님 때문에διὰ τὸν κύριον' 벧전2:13 복종해야 한다롬13:1, 13:5. 로마서 13장 1절부터 7절에서 '복종 하다ὑποτάσσω'는 1절과 5절에서 반복되는 중요한 표현이며, 3, 4절에 서는 '선과 악'이 반복하여 대조되며, 7절에서는 반복되는 동사 '주라 ἀπόδοτε'가 4회나 생략된다. 이런 수사학적 기법을 통해서 바울은 권 세에 복종할 것을 간략하면서도 분명하고 설득력 있게 권면한다.[41] 그 런 복종의 구체적인 예는 세금 납부이다막12:17, 롬13:6-7. 로마서 13장 1 절의 '복종하라'는 그리스도인이 위의 권력자에게 복종해야 함을 강 조하는 수동태로 되어 있다. 사도 바울이 현대 민주시민의 권리 문제 를 다루지는 않으므로 무조건적 복종을 의미한다는 해석도 있다.[42]

그리스도인은 부당하게 핍박을 받을 수 있지만고후6:5, 11:23, 세상 권세에 노예처럼 굴복하지 않으면서 기독교 신앙의 양심을 따라 불 복종해야 하는 경우도 있다행5:29, 롬13:5, 빌3:20.[43] 참고로 칼뱅은 스트 라스부르그에서 작성한 로마서 주석1539년에서 그리스도인 개인이 불

---

41. 남아공 노스웨스트대학교 헬라어교수 J. Botha, "Taalkundige Eksegese van Romeine 13:1-7," *Koers* 53/1 (1988), 12, 20, 24.
42. 김동수, 『로마서 주석』 (대전: 엘도른, 2013), 848-49, 860을 보라. 그러나 김동수는 롬 13:1-7만으로는 교회와 국가의 관계를 총체적으로 파악할 수 없으며, 시민불복종도 성경적 가르침이라고 인정한다.
43. 조경철, "바울은 국가 권력에 순종하라고 가르치는가: 2016-2017년 한국의 정치적 소 용돌이 속에서 다시 읽는 로마서 13:1-7," 『신학과 세계』 90 (2017), 66, 77. 참고로 조 경철은 국가와 교회의 관계를 규명할 때, 로마서 13장 1-7절은 물론 빌립보서 3장 20 절과 요한계시록 13장과 같이 성경을 전체적으로 살펴야 할 것을 제안한다. 그리고 그 는 세상 나라와 하나님 나라라는 두 왕국으로 이해하지 않고, 하나님 나라가 세상 나 라를 다스리고 포괄한다고 본다.

의한 권세에 대항하는 것은 허락하지 않으면서, 관리하급들이 최후의 수단으로서 공적으로 불복종할 수 있다고 보았다기독교강요 4.20.32. 이에 대하여 아브라함 카이퍼는 칼뱅이 제네바에서 신정정치theocracy를 의도한 것이 아니라, 성경적 원리에 따른 정치bibliocracy를 시도했다고 평가한다.[44]

그리스도인은 국가 권세를 존중하되, 때로는 거리를 두고 그 권세를 하늘 통치자의 관점에서 비평적으로 평가하면서, 불의한 권력에 직접적으로 저항하거나 보복하기보다 인내할 수 있어야 한다롬12:19-20, 벧전2:23, 계6:9-11.[45] 물론 불의한 국가 권력이 아니라면, 그리스도인은 그 권력에 마땅히 순종해야 한다. 이와 관련해 최현범은 다음과 같이 말한다.

오늘날 권위에 대한 우리 국민들의 태도는 바뀌어야 합니다. 우리 사회는 그 사람이 마음에 맞지 않으면 그 정당한 권위조차 전혀 인정하려고 하지 않습니다. 예로 대통령의 이름, 별명, 욕 등 입에 차마 담지 못할 내용을 공공연히 떠들어댑니다. …… 한국 그리스도인의 사회적 역할은 우선 이 사회의 무너진

---

44. 남아공 프리스테이트대학교 교회사 교수 P. J. Strauss, "God's Servant Working for Your Own Good: Notes from Modern South Africa on Calvin's on Calvin's Commentary on Romans 13:1-7 and the State," *HTS Teologiese Studies* 54/1-2 (1988), 27-28에서 재인용.

45. J. B. Prothro, "Distance, Tolerance, and Honor: Six Theses on Romans 13:1-7," *Concordia Journal* 42/4 (2016), 293-301.

공권력을 회복하는 데 있습니다.[46]

한편 한크O. Hanc는 바울이 정치 행동가로서 로마제국의 사회-정
치적 맥락에서 반로마제국적 의제를 제시하지 않고, 구약 선지자의
대를 이어 고난 당하신 야웨의 종이신 예수님의 희생적인 자세를 독
자들에게 제시했다고 주장한다.[47] 한크에게 있어 국가에 대한 바울의
입장은, 비보복적이자 반전복적이므로 정치적 읽기보다 언약-구속사
적 해석에 가깝다. 그리고 한크는 바울 서신에 제국의 선전 용어들주,
신의 아들, 복음, 평화, 구원이 등장한다고 해서 반제국적 해석을 할 이유
는 없다고 본다. 하지만 바울이 이런 용어를 통해 구주와 왕이신 예수
그리스도를 높이고 황제를 상대화하는 것은 사실이다. 그리고 한크
가 강조한 출애굽 주제를 통한 바울 서신의 구속사적 읽기에 있어서,
출애굽 사건은 종교-정치-사회적 차원을 모두 담고 있는 포괄적 구원
사건임을 간과하지 않도록 주의해야 한다.

반로마적 메시지는 신약성경에서 더 찾을 수 있다. 사도 요한이
본 '천상의 보좌 및 예배 환상'계4-5장은 그리스도인이 사후에 천상에
서 끝없이 밤낮으로계4:8장 예배드리는 장면을 문자적으로 묘사하는
것이 아니다. 오히려 요한 당시에 네로 황제의 권세와 통치 위에 임
해 있던 하나님 나라를 상징적으로 묘사하는 것이다. 덧붙여 데살로

---

46. 최현범, 『교회 울타리를 넘어서라』, 96-97.
47. O. Hanc, "Paul and Empire: A Reframing of Romans 13:1-7 in the Context of
the New Exodus," *Tyndale Bulletin* 65/2 (2014), 314-16.

니가전서 4장 16, 17절의 '강림', '영접', '주'는 로마제국에서 즐겨 사용한 정치적 용어였다. 기독교로 개종함으로써 박해 상황에 처한 그리스도인을 위로하기 위해서, 바울은 ① 하나님의 가족 은유살전3:11, 3:13, 데살로니가전서에 18회나 등장한 "형제", ② 고난 중에 기뻐하는 바울 자신의 모습을 모델로 제시함살전3:7, ③ 기도살전3:11-13, 5:17, ④ 신전神前 의식에서 나오는 기쁨살전3:13, ⑤ 칭찬을 통한 실천의 강화를 강조한다살전1:3, 2:19-20, 3:9, 4:1.[48]

마찬가지로 계시록에서도 '보좌'라는 용어를 46회나 사용함으로써 박해받던 소아시아 교회들로 하여금 예배 중에 하나님의 통치에 주파수를 맞추어, 하나님의 공의와 사랑의 통치는 하늘과 온 땅에 미친다는 강조점에 귀 기울이도록 했다참고: 시47:7-8, 89:14, 103:19, 사66:1. 예배의 환상이 '세상의 창조자요 화해자'로 숭배된 로마 황제를 경배하지 말고 보좌 위의 하나님을 예배할 것을 경고한다는 차원에서 볼 때, 예배는 실제로 정치적 함의를 가진다고 할 수 있다. 하나님의 보좌-예배 환상은 세상의 권세와 이념과 구조를 부정하지는 않지만, 그것들을 왕이신 하나님과의 올바른 관계로 재정립시키도록 독자로 하여금 제국의 거짓 실체에 직면하도록 만든다. 독자들은 '팍스 로마나'라는 정치-종교 구호를 내세우며 평화와 번영을 약속한 황제의 교만과 자율성이 하나님의 통치에 대한 흉내 내기이자 반역임을 깨

---

48. 배현주, "성서의 숨결/신약-바울의 목회전략과 기도: 데살로니가전서 3장 9-13절," 『기독교사상』 47/8 (2003), 100-104; 유지미, "바울의 리더십: 데살로니가전서," 『기독교사상』 48/11 (2004), 94.

닫는다.

다시 복음서로 돌아가서, 한 가지 질문을 던져 보자. "무엇이 예수님 개인의 십자가 처형과 부활 사건을 복음서 수신자들의 공동체적 경험으로 투영시켜 승화되게 하였는가?" 환언하면, "마치 트라우마와 같은 주님의 십자가의 처형이 어떻게 복음서의 1차 독자인 공동체에 녹아들었는가?" 남아공 프리토리아대학교의 두브Z. Dube에 의하면, 십자가 처형은 로마제국만이 사용한 강력한 정치적 무기로, 반역자에게 지속적이고 끔찍한 경고 메시지를 던지는 것이었다. 그리고 십자가 처형 전에 예수님께서는 가까운 지인인 가족과 제자들로부터 버림을 받으셨다막3:35, 14:27. 예수님의 부활은 하나님께서 의로우신 그분의 아들을 신원하신 사건이지만막15:38-39, 안타깝게도 부활 이후에도 주님께서는 제자들의 불신과 완악함에 직면하셔야 했다막16:14. 그러나 주님의 부활과 승천은 복음으로 세상을 그리스도의 나라로 만드는 출발점이다막16:15-20.

정교분리 이전 '팍스 로마나'의 기치 아래에서도 그리스도인은 신앙을 지키려다 과도한 세금에 시달리고 재산을 몰수당하거나 일일노동자로 전락했을 것이다. 네로 황제의 위협과 박해 때문에 로마에 있던 마가공동체 안의 일부는 공동체를 떠나 배교했을 것이고, 혈육의 가족 역시 대적 노릇을 했을 것이다. 하지만 예수님의 죽음과 부활을 자신들의 경험 안으로 투영시킨 마가공동체는 소망 중에 고난을 감내할 수 있었을 것이다참고: 시119:116. 마가공동체는 감사할 일이 없는 죽음의 상태가 마지막이 아님을 알았다참고: 시6:5, 사38:18. 예수님의 천국 사역과 대속의 죽음 때문에 그들에게는 하늘이 찢어진 상태로 열려 있었고막1:10, 15:38, 부활로 말미암아 그들은 산 소망을 얻을 수 있었기 때문이다참고: 벧전1:3. 그리고 무엇보다 하나님의 아들 예수 그리스도께서 그분의 백성에게 복음을 주시기 때문이다막1:1.[49]

오늘날 그리스도인은 하나님의 통치를 특정 국가예를 들어, 히틀러의 나치나 정파보수, 진보의 아젠다에 종속시키지 말아야 하며, 그럴듯한 기독교 수사법예를 들어, 'God bless America'으로 하나님의 보좌를 오용하지도 말아야 한다. 하나님 나라가 그리스도인 개인의 머리에만 혹은 교회당 첨탑 꼭대기에만 있는 것처럼 개인의 영적-경건화 혹은 '주일 오전 11시의 교회당화'를 추구한다면, 하늘과 땅에 충만하신 하나님을 주변화marginalization하고 말 것이다. 세상은 하나님의 통치가 천국 제자들을 통하여 드러나는 장場과 같다. 세상 광장과 일상에서 하나님 나라가 주변화된다면, 그 공간은 중립화되기보다 더 나쁜 이념들을 끌어들이는 블랙홀이 될 것이다. 예를 들어, 광복 후 김재준과 한경직은 교회재건보다 국가재건이라는 공공의 일을 이루었다는 긍정적 평가가 있지만, 친일파의 청산이 아닌 사면, 그리고 친일과 신사참배에 대한 회개의 부재와 같은 문제를 노출한 바 있다.[50] 하나님 나라의 구속적 통치를 세상에 구현하도록 그리스도인의 비전을 재정립

---

49. 이 단락은 Z. Dube, "Jesus' Death and Resurrection as Cultural Trauma," *Neotestamentica* 47/1 (2013), 107-122에서 요약.

50. 참고. 임희국, "1945년 8.15광복, 건국의 이정표를 제시한 장로교회 신학자들," 『장신논단』 49/4 (2017), 65-90.

한다는 의미에서 본다면, 예배는 하나님의 통치-정치 행위와 같다.[51] 분명한 것은 하나님의 통치 아래 모든 정치 이데올로기는 겸손히 대면되어 상대화되고 제자리를 잡아야 한다.[52]

문화명령을 부여받은 모든 그리스도인은 왕으로서, 환경을 난개발하고 파괴하는 폭군이 아니라 청지기로 섬겨야 한다.[53] 그러나 오늘날 이른바 '녹조 라테'와 더불어 미세먼지가 일상적 위협이 되는 상황에서도 예배 중에 환경을 파괴한 범죄에 대한 회개를 찾아보기가 어렵다. 이제 예배 중에 그리스도인은 완전했던 첫 창조의 상태를 회상하면서, 문화명령을 곡해하여 환경을 파괴한 범죄와 무관심의 죄에 대한 애가가 필요하다.[54] 그 다음에야 예수님의 새 창조 사역에 동참하는 환경의 청지기로서의 사명을 송영으로 확인할 수 있다. 교회가 주일을 여러 차례 시민력에 따라 지킨다면, 지구갱신론에 대한 동의 유무를 떠나 '환경 주일'을 지키지 못할 이유는 없다.[55] 구체적인

---

51. 종교(예배)가 사회(정치)에서 생산적으로 공공선과 윤리를 산출하기 위해 사회과학과 연대해야 한다는 주장은 D. Knoke, "Generating Movement in the Social Sphere: Implications from Ritual Studies for the Relation of Theology and the Social Sciences," *Worship* 87/2 (2013), 112; Burger, "Die Reformatoriese Verstaan van die Geloofsgemeenskap (Gemeente) as 'n Publieke Gemeenskap," 254를 보라.

52. J. Butler, "The Politics of Worship: Revelation 4 as Theopolitical Encounter," *Cultural Encounters* 5/2 (2009), 7-23.

53. 송영목, 『시대공부』, 131-33.

54. 문화명령의 신학적 좌소는 생태 환경이라는 주장은 나이지리아 Imo대학교의 C. Manus D. Obioma, "Preaching the 'Green Gospel' in Our Environment: A Re-reading of Genesis 1:27-28 in the Nigerian Context," *HTS Teologiese Studies* 72/4 (2016), 3-4를 보라.

55. 남아공 노스웨스트대학교 봉사신학 교수 B. J. de Klerk, "Enhancing Ecological

적용을 위해서 다음과 같은 최현범의 설명을 주의해서 들어 보자.

많은 사람들이 핵무기 개발은 비난하면서도 핵의 평화적 사용
에는 아무런 문제가 없는 것처럼 생각합니다. …… 현재 지구
의 상태는 '심한 몸살'을 앓고 있다고 해도 과언이 아닐 것입
니다. …… 당장 내 몸의 편안함만을 앞세운 죄입니다. 후손들
이 살아갈 환경은 전혀 고려하지 않은 죄요, 하나님의 창조물
이 겪는 고통과 아픔에 무심한 죄입니다. …… 조금 덥게, 조금
춥게, 조금 아끼면서, 조금 불편함을 취하는 삶 …… 구체적인
삶의 자리에서 무엇을 실천할 수 있을지 우리의 삶을 돌아보고
결단하는 은혜가 있기를 바랍니다.[56]

교회는 완벽한 계획을 가지고 인생에 세밀하게 간여하시고, 합력
하여 최선을 이루시는 왕이신 하나님을 경외하며전12:13-14, 롬8:28, 세
상 속에서 선을 행하고, 하나님의 은사를 누리며벧전1:4, 기뻐해야 한

Consciousness through Liturgical Acts of Doxology and Lament," *Verbum et
Ecclesia* 35/2 (2014), 1-8. 지구갱신론은 탁월한 요한계시록 주석인 K. L. Gentry
Jr., *The Divorce of Israel: A Redemptive-Historical Interpretation of Revelation,
Volume 2* (Dallas: Tolle Lege Press, 2017), 733, 757을 보라. 데살로니가전서 4장
16-17절의 주석을 통해 만유 갱신을 주장하지만, 성도는 부활 후 하늘(하나님)의 영역
에 들어갈 것이라고 모호한 입장을 취하는 경우는 남아공 프리스테이트대학교 신약
학 교수 P. G. R. de Villiers, "The Eschatology of 1 Thessalonians in the Light of
Its Spirituality," *Acta Theologica* 28/1 (2008), 23-24를 보라.
56. 최현범, 『교회 울타리를 넘어서라』, 274-76.

다전3:12-14, 살전5:6. "책임 있게 현재를 즐겨라carpe diem"전2:24, 11:9, 빌 4:4와 "하나님의 심판을 기억하며 죽음을 기억하라memento mori"전3:2, 5:18, 7:4, 9:7-10, 12:3-7, 히9:27 사이의 긴장과 이와 연관된 신정론神正論의 딜레마는 죽음과 부활 이후 예수님의 공의로운 심판으로 해소될 것 이다마25:32, 요5:29, 벧후3:10, 계20:12.[57]

그리스도인이 하나님의 섭리와 통치를 철저하게 항상 신뢰한다 면욥1:21, 신정론과 송영은 '행복한 긴장' 가운데 공존하는 이웃이 될 것이다. 대왕이신 하나님의 뜻을 세상에서 이루는 작은 왕들인 교회 로서는 의로우신 하나님의 신원을 소망하면서, 핍박과 굴욕을 당하 더라도 신앙의 경주를 잘 마쳐야 한다벧전5:6.[58] 예수님께서는 그분 께서 처형당하신 십자가를 보좌로 삼으셔서 왕으로 등극하셨으며요 19:18-22, 이 십자가 사건을 근거로 왕이신 하나님의 가족이라는 새 공 동체가 조직되었다요19:25-27.[59] 따라서 왕들인 모든 신자는 자신의 십 자가를 질 때에야 제대로 왕직을 수행할 수 있다. 우리가 사나 죽으나 유일한 소망이신 예수 그리스도를 고백했다면하이델베르크 교리문답 1문,

---

57. 구자용, "메멘토 모리(Memento Mori), 카르페 디엠(Carpe Diem)!: 전도서 이해의 열쇠로서의 죽음에 대한 고찰," 『구약논단』 18/1 (2012), 99; 박영준, "전도서에서의 종말론적 개념에 대한 연구: 추가본문의 (미쉬파트/심판)를 중심으로," 『구약논단』 18/1 (2012), 120.

58. Moore and Sagers, "The Kingdom of God and the Church," 83. 참고로 예전 의 관점에서 본 정치의 공공성에 관한 논의는 J. K. A. Smith. *Awaiting the King: Reformed Public Theology* (Grand Rapids: Baker, 2017)를 보라.

59. D. V. Vistar Jr., "The Supreme Σημεῖον of Jesus' Death-and-Resurrection in the Fourth Gospel" (Ph.D. Thesis, Dunedin: University of Otago, 2017), 239-42.

다음과 같이 한 걸음 더 나아가야 마땅하다. "주님께서 친히 성경에서 우리에게 증언하신 바처럼, 예수 그리스도께서는 우리가 듣는 하나님의 유일한 말씀이시며, 우리는 살든지 죽든지 그분을 신뢰하고 복종해야 한다."바르멘 신학선언 1항, 1934년.[60] 사람이 군주처럼 악을 통제할 수 있고 더 나은 세상을 건설할 수 있다는 인정론anthropodicy은 타락한 인간의 부패의 심각성을 간과하거나 부인하는 것이다.[61] 사람은 하나님의 대리 통치자일 뿐이다.

만인이 왕들인 그리스도인은 아래의 경고에 귀를 기울여야 한다.

우리 사회에서 다수가 된 교회는 이제는 정치권력화를 향하여 나아가려 합니다. 힘으로 세상을 바꾸려고 합니다. 세상을 섬기는 것이 아니라 지배하려고 합니다. 그러면서 점점 무례한 기독교가 되어 가고 있습니다. …… 마음속으로 이미 세상의 어떤 류의 정치이념이나, 정당의 주장을 선호합니다. 그리고 그것이 하나님의 뜻과 부합한다고 하면서 말씀의 권위를 덮어씌웁니다. 그러면서 자신은 진리 편에 서 있는 의인이고, 반대편의 사람들은 악인이며 그 배후에는 마귀가 있다고 주장합니다. 피차 상대적인 세상정치를 영화시켜 절대적인 선과 악의 이분법으로 풀어 가는 것입니다. 이것이야말로 정치이념으로

---

60. De Gruchy, 『자유케 하는 개혁신학』, 122.
61. T. Polk, "Kierkegaard and the Book of Job: Theodicy or Doxology," *Word & World* 31/4 (2011), 415.

하나님의 말씀을 폐하는 것이고 하나님의 보다 깊은 뜻을 가리는 것입니다.[62]

예수님과 그리스도인의 왕직은 제사장직과 연결된다사22:21-22.[63] 따라서 다음 단락에서 그리스도인의 제사장직을 논할 것이다.

(2) 만인(모든 신자) 제사장

모세는 레위족속으로 구성되는 전문적인 제사장들을 언급하기출 24:5 전에 전체 이스라엘이 '제사장들'이라고 가르쳤다출19:6. 따라서 모세는 레위 제사장과 전체 이스라엘 제사장 사이의 대립을 의도하지 않는다. 이스라엘 백성에게 제사장직이 중요했음은 역대하를 통해서 확인이 가능하다. 남유다에서 마지막으로 선한 왕이었던 요시야의 죽음대하35:20-27 이후의 이야기를 다루는 역대하 36장은 스룹바벨 성전에 대한 소망으로 마무리한다. 요시야 왕의 죽음은 왕정 대신에 예루살렘 성전과 제사 중심 시대로의 전환을 알리는 기능을 한다. 이 대목에서도 신약의 만인제사장설을 간접적이지만 유추할 수 있다.[64]

이런 구약의 사상을 이어받은 베드로도 '거류민과 나그네'와 같

---

62. 최현범, 『교회 울타리를 넘어서라』, 186, 299-300.
63. 마태복음 16장 16-19절에서 예수님을 다윗 가문의 성전 건축자로, 베드로를 성전-공동체의 제사장적 지도자로(대상9:27; 겔44:23) 이해하는 경우는 M. P. Barber, "Jesus as the Davidic Temple Builder and Peter's Priestly Role in Matthew 16:16-19," *JBL* 132/4 (2013), 941-44를 보라.
64. 이미숙, "요시야 왕의 죽음과 역대하 36장," 『구약논단』 21/4 (2015), 160.

았던 베드로전서의 수신자들 전체가 공동체적으로 제사장들이라고 밝힌다벧전2:9. 따라서 모든 그리스도인이 '왕'이라는 뉘앙스의 '왕같은 제사장'보다는, '왕이신 하나님께 속하여 그분을 섬기는 제사장들 βασίλειον ἱεράτευμα' 혹은 '제사장들로 구성된 나라'가 의미상 더 자연스럽다. 그러므로 그리스도인은 개인주의개인적 경건에 함몰되지 말고, 세상 속의 제사장들로서 대제사장이신 예수님의 대속의 죽으심을 통한 구원에 감사하면서 자신을 하나님께 드려야 마땅하다. 이를 위해 대왕과 대제사장이신 예수 그리스도를 섬기는 영적 제사장들은 선교적 교회로서 세상 속에서 '자연스럽고 부드럽고 신실한 구별됨과 현존natural and soft and faithful difference and presence'을 나타내야 한다.[65] 이에 대해 윤철호는 삼위 하나님의 선교의 중심 개념은 '봉사'이므로 만인 제사장인 교회는 복음을 전파하는 동시에 공적 영역에서 봉사함으로써 하나님의 선교에 동참할 수 있다고 말했다.[66]

스스로 피 흘려 화해를 이루신 대제사장이신 예수님 덕분에히 12:24 그리스도인은 제사장, 곧 '살아계신 하나님의 성전'이 되었다고

---

65. 이 단락은 박영호, "만인제사장론과 선교적 교회: 베드로전서 2장 9절의 해석을 중심으로," 『선교와 신학』 43 (2017), 182-89에서 요약 인용함.

66. C. H. Youn, "Missio Dei Trinitatis and Missio Ecclesiae: A Public Theological Perspective," International Review of Mission 107/1 (2018), 233-34. 윤철호는 서구 중심의 신학을 탈피하고 문화적 상대주의를 중요시하는 탈식민주의 신학의 통찰력을 공적 선교학에 수용하여, 초문화적이고 자생적인 공적 신학을 추구해야 한다고 주장한다. 하지만 포스터모던의 탈식민주의가 성경의 메타 내러티브를 거부하고 다양한 문화에 담긴 종교적 위험 요소(비성경적이 될 위험)를 간과한다는 점을 유의해야 한다.

후6:16.[67] 바울은 이 사실을 고린도후서 6장 16절부터 18절에서 구약을 연속으로 인용하면서 구원계시사적으로 설명한다. 성전聖殿의 주요 의미는 하나님께서 그분의 백성 가운데 현존하심이다. 하나님께서는 그분과 언약을 맺은 백성 안에 현존하시고 동행하심을 에덴동산창3:8, 광야의 성막과 이스라엘 진영레26:11-12, 신23:14, 바벨론 포로겔11:16와 귀환 이후 계속하여 증언하셨다겔34:25. 그리고 이제 그분께서는 새 출애굽을 경험한 종말의 성전인 신약 교회 안에 현존하신다고후6:16. 에덴동산의 아담, 광야의 이스라엘, 그리고 가나안 땅의 이스라엘은 하나님과 맺은 언약을 어겼다. 하지만 하나님께서는 그분의 고난 당하는 종을 통하여 이 언약들을 성취하셔서사52:13, 그분의 백성을 마침내 새 언약의 제사장 나라로 회복시키셨다출19:5-6, 겔37:26-28, 48:35. 아름다운 옷을 입고출28:2, 성물을 나르고민1:50-51, 앞뒤로 호위를 받은 제사장들처럼수6:9, 종말론적 성전인 새 언약 백성도 그러한 은혜를 입는다사52:1, 52:11-12.

바울은 에덴동산, 광야 40년, 가나안에서의 거주, 바벨론 포로, 그리고 가나안으로 귀환이라는 사건들이 언약의 하나님 때문에 은혜 가운데 이어진다는 사실을 알았다. 그렇기 때문에 신약 성도를 새 출애굽을 경험한 성령의 전이라고 결론을 맺는다. 그리고는 그들에게

---

67. 개인-공동체의 용서 그리고 내면적-외적 용서의 실천 가능성은 남아공 스텔렌보쉬 대학교 D. A. Forster, "A Public Theological Approach to the (Im)possibility of Forgiveness in Matthew 18:15-35: Reading the Text through the Lens of Integral Theory," In die Skriflig 51/3 (2017), 1-10을 보라.

하나님의 성전이라는 새로운 정체성에 어울리는 삶, 곧 거룩의 실천을 명한다고후6:14-15, 7:1.[68] 이를 적용하기 위해서 웨슬리에게 눈을 돌려 보자. 웨슬리의 '사회적 거룩social holiness'은 고통을 당하는 사람의 짐을 함께 지고 연대함으로써 하나님의 사랑을 실천하는 것을 강조한다. 비슷한 맥락에서 남아공 UNISA의 켄게E. L. Kenge는 교회가 사회적 거룩을 실천하도록 성도를 훈련시킴으로써, 전쟁과 성폭력으로 인해 고통 당하는 여성들에게 정서-심리적 회복과 영적 돌봄을 제공해야 한다고 주장한다.[69]

거룩의 실천은 언약에 충실하셨던 예수님의 삶을 닮는 과정이다.[70] 예수님을 영원한 대제사장으로 모신히3:1, 4:14, 7:17, 7:21 교회는 영적 제사장으로서 자신의 몸을 산 제물로 드려야 한다롬12:1, 벧전 2:9. 만인 제사장인 교회는 선한 양심과 선행으로써 자신을 거듭나게 한 바로 그 복음의 씨를 세상에 싹틔우는 디아스포라이다벧전1:1, 1:23, 3:16.[71]

---

68. 최현범, 『교회 울타리를 넘어서라』, 63. 참고로 마태복음 25장 36b절-25장 39, 43절에 근거하여, 마태공동체가 투옥 중인 불신자까지 돌보았을 것이라는 추정은 독일 레겐스부르크대학교와 남아공 프리스테이트대학교의 T. Nicklas, "Ancient Christian Care for Prisoners: First and Second Centuries," *Acta Theologica Suppl* 23 (2016), 51-52를 보라.

69. E. L. Kenge, "The Theology of HIV and AIDS in the Democratic Republic of Congo: The Praxis of the Doctrine of Social Holiness," *Pharos Journal of Theology* 99 (2018), 7-13을 보라.

70. J. M. Greever, "We are the Temple of the Living God (2 Corinthians 6:14-7:1): The New Covenant as the Fulfillment of God's Promise of Presence," *Southern Baptist Journal of Theology* 19/3 (2015), 97-118; Leithart, 『손에 잡히는 사복음서』, 25-27.

71. 참고로 루터는 만인 사제직을 통하여 일반 성도와 목사의 계급적 구분을 반대했지만

베드로는 교회가 불멸, 성화, 그리고 자유로 부름 받았다고 강조한다. 성도가 누리는 자유는 악에게 종살이하는 삶이 아니라벧전2:16, 기꺼이 하나님의 통치 아래에서 그분을 섬기는 것이다. 성화의 목적은 구원, 곧 불멸이다. 그것은 죽음으로부터의 해방이다벧전2:2. 또한 성화는 하나님의 완전을 드러내는 생활인데벧전1:15-16, 이는 예수님께서 이미 본을 보이신 것이다벧전2:21-22.[72] 그리스도의 소유가 된 그리스도인은 선한 양심과 선행으로 살 때 고난을 당하더라도 하나님께 영광을 돌려야 한다벧전4:16. 바울에 의하면, 교회는 하나님의 작품ποίημα으로 예수님 안에서 선한 일을 행하여 섬기는 제사장들이다엡2:10.

그리스도인은 대제사장이신 예수님으로부터 남을 섬기는 방식을 배워야 한다. 예수님의 말씀에 순종하는 사람은 주님의 '친구'이다요 11:11, 15:14. 예수님께서는 친구를 살리기 위해서 대신 죽으셨는데요13:1, 13:34, 15:13, 이런 십자가 사랑은 친구들을 주님께로 이끄는 자석과도 같다요10:11, 10:15, 12:32. 주님의 친구라면 특별히 세상에서 버림받은 사람들요9:22, 12:42, 16:2의 웰빙을 추구하고, 주님의 사랑을 증명하기 위해 기도해야 한다요15:16. 헬라 교부 크리소스톰349년 무렵-407년 당시에는, 투옥된 죄수는 자비自費로나 타인의 도움으로 음식을 해결해야 했다. 따라서 크리소스톰은 도둑질과 강도짓의 배후에는 사탄이 역사

(롬12:4, 고전12:12, 엡2:19, 벧전2:9), 일반 성도와 목사의 직분적 경계를 허물지는 않았다. 그리고 루터는 영적 제사장인 일반 성도가 성경을 해석할 수 있다고 보았다(고전2:15, 고후4:13). 박진기, "루터의 교회론 연구와 한국교회의 개혁 방안," 69-71.
72. 남아공 크와줄루-나탈대학교 신약학 교수 P. B. Decock, "Towards Maturity in 1 Peter: Freedom, Holiness, Immortality," *In die Skriflig* 50/2 (2016), 1.

하고 있음을 강조하면서도, 교회는 그런 죄수를 돕는 구제에 힘써야 한다고 설교했다.[73] 주후 1세기에도 죄수의 형편은 이와 유사했다. 그러므로 그리스도인은 다시 한 번 주님의 친구가 되는 것은 특권으로의 부름이라기보다 제사장처럼 섬김으로써 열매 맺는 사명을 위한 부름임을 명심해야 한다요13:35; 17:20-26.[74]

제사장인 모든 신자들은 가정에서도 천국을 구현해야 한다. 신약의 가정규례haustafel는 입신양명을 위한 엘리트 코스를 자녀교육의 목표로 내세우는 그리스-로마의 가정규례와는 상이한 내용과 논증 방식을 보인다. 신약의 가정규례는 먼저는 가정 천국을 이루는 방법을 제시한다. 주후 2세기에 본격화한 기독교 가정교육의 목표는 경건, 곧 하나님을 경외하는 것이었고, 성경 교육을 통해서 이러한 목표를 이루려고 했다. 그 무렵까지도 율법서와 예언서를 자녀에게 가르치는 전통적 방식을 따랐던 유대교의 가정교육참고: 4마카비18:10-19과 유사했으나, 초기 기독교는 그보다 '예수님 안에 나타난 하나님의 계시'를 가르치면서 자녀들의 윤리적 변화를 추구했다.[75] 그러므로 부모는 하나님의 은혜를 깨닫고 하나님을 경외하며 사랑하는 경건한 삶을 자녀에

73. 남아공 프리토리아대학교 고전학 교수 H. F. Stander, "Theft and Robbery in Chrysostom's Time," *Acta Theologica* 29/2 (2009), 79-80.
74. 이 단락은 F. T. Gench, "John 15:12-17," *Interpretation* 58/2 (2004), 181-83에서 요약함. 참고로 그리스도인의 제사장직 수행을 예배에 한정짓는 경우는 Welker, "성령-그리스도론: 그리스도의 삼중직에서 하나님 나라의 삼중 형태로," 17-19를 보라.
75. 이 단락은 B. J. L. Peerbolte and L. Groenendijk, "Family Discourse, Identity Formation, and the Education of Children in Earliest Christianity," *Annali di Storia Dell'esegesi* 33/1 (2016), 147-48에서 요약.

게 보여 주는 것이 중요했다. 그런데 오늘날 한국의 기독교 가정교육의 가치는 어떠한가? 세상적 성공이라는 그리스-로마 세계의 교육 가치와 대동소이하지 않은가?

신약의 가정규례는 그리스도인의 사회윤리에 대해서도 지침을 제공한다골3:18-4:1, 엡5:18-6:9, 딛2:9-10, 벧전2:18-3:7. 그리스도인은 직장에서 고용인과 상사에게 순종해야 한다. 심지어 까다롭고 엄한 고용인에게도 십자가에 달리신 주님을 생각하며 순종해야 한다벧전2:18-19.[76] 그러나 여자 사환들은 하나님의 거룩한 나라로서벧전2:9 자신의 주인이 성性적 봉사를 강요하는 것을 부당한 정욕으로 알고 거부해야 했다벧전2:11, 4:2-3.[77]

불신자 남편을 둔 그리스도인 아내들은 남편의 종교를 따르지 않는 부정한 여자이자 사회 질서를 깨는 불만 요소라는 비난을 극복해야 했다. 로마 사회의 관습에 의하면, 여성 그리스도인은 불임과 사업의 실패 그리고 국가적 재앙을 초래하는 위험 요소였다. 그러므로 그

---

76. 참고. 남아공 노스웨스트대학교의 B. J. de Klerk and F. J. van Rensburg, 『설교 한 편 만들기』(Making a Sermon, 송영목 역, 서울: 생명의 양식, 2018).

77. 참고로 1960년대 "제2의 물결을 주도했던 급진주의 페미니스트들은 '여성의 성적 자기결정권의 정치적 중요성'을 전면에 내세우며, '여성의 입장에서 본 섹슈얼리티'를 이론화하기 시작했다. ⋯⋯ 제2의 물결에서 페미니스트들이 생각한 가장 중요한 과제 중 하나는 여성억압의 기원을 체계적으로 밝히면서 설득력 있는 이론을 발전시키는 것이었다." 이나영, "급진주의 페미니즘과 섹슈얼리티: 역사와 정치학의 이론화," 『경제와 사회』 82 (2009), 16, 21. 청년 세대 '일베'의 좌절이 인터넷 문화를 만나 권위에 분노하는 이유를 알고 그들과 소통하여 문제를 해결해야 한다는 주장(참고. 공감적 정의)은 정대훈, "일베에 대처하는 우리의 자세에 대하여," 『역사문제연구』 30 (2013), 338, 341을 보라.

리스도인이 로마제국의 불신자들이 내뱉는 무식한 말과 비방벧전2:15, 3:16을 예수님을 믿음으로써 기도하며 감내하는 것은 고난이자 명예였다벧전3:15, 3:17, 4:14. 바울은 골로새서 4장 1절에서 가정규례를 마친후, 곧바로 4장 2절에서 기도를 강조한다. 남아공 케이프타운 소재 '정의와 화해 연구소'의 두 토잇F. du Toit에 의하면, 기도는 공동체가 하나님을 대면하도록 돕고, 공동체의 분열을 뛰어넘도록 하며, 불의한 권력에 편승하지 않고 예언자적 자세를 취하도록 돕고, 공동체의 기억을 갱신하며 새롭게 형성한다.[78]

이런 의미에서 초대교회는 로마제국의 차별적이며 계층화된 사회 체계를 뛰어넘은 대안공동체로 자리매김을 해야 했다.[79] 이를 오늘날의 상황에 적용해 보면, 목회자들은 가정폭력의 희생자인 여성도와 자녀들에게 고난과 희생과 인내를 통한 가정 복음화언제 이루어질지 모른다를 제시하면서도, 실질적인 위로와 해결 방안을 제시하는 상담 기술을 익혀야 한다.[80] 더불어 청년들의 결혼을 돕고 소위 '돌싱'이 믿음으로 회복되고 자유를 얻도록 돕는 것도 가정규례를 설교하고 적용할 때 풀어야 할 과제이다.

천국 복음을 가진 제사장들은 예수님께서 십자가에서 흘리신 보

---

78. F. du Toit, "Three Prayers for Liberation in Democratic South Africa," *Journal of Theology for Southern Africa* 123 (2005), 103-104.

79. 김광모, "복음사역을 위한 상호관계 혁신의 수사학: 빌레몬서를 그레코-로마 수사학으로 읽기," 『성침논단』 11/1 (2016), 101-104.

80. 이 단락은 B. J. Bauman-Martin, "Women on the Edge: New Perspectives on Women in the Petrine Haustafel," *JBL* 123/2 (2004), 253-79에서 요약 인용함.

혈로써 만유 가운데 이루신 화평을 기억하면서골2:20, 사회의 갈등
과 대립을 화목과 일치로 변화시켜야 한다참고: 잠16:6-7.[81] 예수님께서
는 만유의 주인이시고 만유 안에 거하시며 통치하신다. 따라서 예수
님께서는 가정과 사회의 주님이시기도 하다골3:18-25. 그렇다면 종과
자유인 그리고 헬라인과 유대인 사이의 차별은 사라져야 마땅하다골
1:16-20, 3:11.[82] 그리고 만인 제사장들은 세상이 온전히 갱신될 신천신
지를 소망하면서 세상 문화의 갱신과 구원을 위해서도 기도하고 노
력해야 한다.[83] 그리스도인이 '저세상'만 소망한다면 '여기'서의 역동
적인 변혁의 삶은 저해받을 수 밖에 없다. 하지만 성경은 분명하게 세
상과 만유의 갱신을 가르친다행3:21.[84]

제사장은 가르치는 선지자 역할도 하기에사22:21-22, 겔44:23, 46:12, 4Q
541, 다음 단락에서는 세상 속 그리스도인의 선지자직을 탐구할 것이다.

---

81. 외국인 환대(xenodochia)를 통한 난민을 섬기는 성경적 원칙에 대해서는 남아
   공 요하네스버그대학교 신약학 교수 J. A. du Rand, 『남아공의 신약신학』 (A New
   Testament Theology of South Africa, 송영목 편역, 서울: 생명의 양식, 2018)을 보라.
82. 정용한, "다문화 사회를 위한 골로새서의 통전적 읽기와 신학적 주제," 『신학논단』 77
   (2014), 283-85.
83. A. Hsu, "Olympic Snapshot: Imagine Swords turned to Plowshares, and Soldiers
   into Soccer Players," Christianity Today 52/8 (2008), 54; 임성빈, "21세기 초반 한
   국교회의 과제에 대한 소고," 202.
84. J. R. Middleton, "A New Heaven and a New Earth: The Case for a Holistic
   Reading of the Biblical Story of Redemption," Journal for Christian Theological
   Research 11 (2006), 95-96.

(3) 만인(모든 신자) 선지자

하나님의 최종 계시히1:2이신 예수님께서는 아버지 하나님을 주 석하신ἐξηγήσατο 선지자이시다요1:18.[85] 더군다나 예수님께서 말씀하신 모든 것이 성취되었기에, 그분께서는 참 선지자이시다.[86] 그런데 모 세와 같은 선지자이시며 종말의 선지자이신 예수님의 사역을 계승한 그리스도인 또한 복음을 배우고 증언하는 선지자들이다신18:15, 눅9:31, 24:27, 요4:19, 6:14, 계11:3, 11:10.[87]

그렇다면 교회는 어떻게 선지자직을 수행해야 하는가? 포스트모 던 세속화 시대의 주요 특징은 종교를 개인의 선택이라는 사적 영역 으로 축소시키고, 교회조차도 성경과 전도에 무관심해지게 하는 것 이다.[88] 여기서 최근 복음서 해석과 관련하여 진단할 사항이 있다. 예 를 들어, 예수님의 지상명령과 같은 중요한 복음서의 내용을 역사적 예수님의 말씀이 아니라 복음서를 만든 공동체의 고백이라고 보는 경우가 있다. 하지만 이런 해석은 성경해석의 문제를 넘어 영감성을

---

85. Hays, 『신약의 윤리적 비전』, 231.
86. 산발랏과 도비야는 거짓 선지자들에게 뇌물을 주어 예루살렘 성벽 재건에 힘쓴 총 독 느헤미야를 거짓 예언으로 위협하게 했다(느6:12-14). '신명기의 상속자(heir of Deuteronomy)'라 불릴 만한(참고: 느5:8의 신15:12, 느13:1-2의 신23:4-6, 느13:9의 신23:3, 느13:25의 신7:3) 느헤미야가 '(거짓) 선지자공포증(prophetaphobia)'을 신 명기 18장 22절로 물리쳤을 것이라는 추론은 D. Shepherd, "Prophetaphobia: Fear and False Prophecy in Nehemiah VI," *Vetus Testamentum* 55/2 (2005), 249를 보 라.
87. Hays, 『신약의 윤리적 비전』, 194, 201.
88. 김승호, "한국교회의 성장정체원인분석과 대책에 관한 연구," 『개혁논총』 19 (2011), 224-27.

파괴한다.[89] 그리고 마태복음의 저자가 주후 70년 이후 안식일법 준수 방식과 공동체 안으로 이방인 그리스도인을 수용하는 문제 등으로 인해 바리새적 유대교와 대립하면서 분리되어 가던 '마태공동체와 함께' 복음서를 기록했다는 주장도 있다. 하지만 이 역시 수용할 수 없다.[90] 왜냐하면 성령님께서는 복음서를 기록하기 위해서 불특정 다수의 공동체에게 영감을 주신 바 없기 때문이다. 성경의 영감을 강조할 때는 우선적으로 영감의 산물인 성경 자체를 존중해야 한다참고: 딤후3:16의 "모든 성경은".[91]

흥미롭게도 산상설교를 포함하지 않는 '행동의 복음서'라 불리는 마가복음조차 복음의 선포를 통한 하나님 나라의 확장을 강조한다막 4:14, 4:26-29.[92] 따라서 하나님의 주권과 예정을 믿는 그리스도인이라면 불신자의 개종을 위해서 복음 전파에 최선을 다해야 한다.[93] 만약 지상명령이 교회의 설립 구성원들인 사도에게만 주어진 것이라면, 세례마28:19도 주후 1세기에 사도만 시행했어야 한다. 그러나 사도는 지상명령을 포함하여 예수님께서 분부하신 모든 것을 제자들에게 가

89. 예를 들어, 차정식, 『기독교공동체의 성서적 기원과 실천적 대안』 (서울: 짓다, 2015), 199-205.
90. 남아공 노스웨스트대학교 신약학 교수 F. P. Viljoen, "Hosea 6:6 and Identity Formation in Matthew," *Acta Theologica* 34/1 (2014), 215.
91. 이환봉, 『성경이 이르는 길』, 140-41.
92. 남아공 스텔렌보쉬대학교의 J. J. Scholtz, "Mark 4:1-34: A Simple Structure for the Mystery of the Kingdom," *In die Skriflig* 52/1 (2018), 7.
93. 역사적 칼뱅주의와 달리 극단적(hyper) 칼뱅주의는 복음전도를 간과한다. 양현표, "개혁주의와 복음전도," 『개혁논총』 35 (2015), 303, 308.

르쳐야 했다마28:20. 따라서 사도의 가르침을 받는 이들 또한 지상명령을 따라 전도하는 것이 당연하다. 그렇기 때문에 사도 이외에도 은사를 따라 사도의 일을 이어서 수행한 그리스도인들이 있었던 것이다고전12-14장.[94]

복음 전파와 실천을 위해서 선지자들인 모든 그리스도인은 먼저 복음을 바르게 이해해야 한다. 예수님께서는 복음의 올바른 해석과 선포와 실천이라는 천국 열쇠를 일차적으로 설교자들에게 주셨다마16:15-20, 계1:18.[95] 그러나 더 나아가 바른 신앙고백을 하는 모든 천국 백성이 복음을 깨닫고 실천함으로써 선지자로서 천국 열쇠를 활용해야 한다.

대제사장이신 예수님의 피로 죄 사함이라는 속량을 받은엡1:7 그리스도인의 임무는 하나님의 구원의 비밀을 깨닫는 선지자로서 지혜와 총명을 활용하여엡1:8-9, 왕과 머리이신 그리스도의 통치하에서 벗어나 제각기 이합집산을 이룬 만유τὰ πάντα를 다시 그분의 통치 아래에 두는 것이다"ἀνακεφαλαιώσασθαι", 엡1:10.[96] 따라서 교회는 때를 얻든

---

94. R. L. Plummer, "The Great Commission in the New Testament," *Southern Baptist Journal of Theology* 9/4 (2005), 4-5.
95. 배재욱, "정류(靜流) 이상근 박사의 신약성경 주석의 원리: 마태복음 16장 15-20절을 중심으로," 『선교와 신학』 45 (2018), 130.
96. 에베소서 1장 10절에서 『개역개정판』은 ἀνακεφαλαιώσασθαι를 '요약하다' 혹은 '통일되게 하려 하심이라'로 의역한다(참고: 롬13:9). 하지만 바울은 1장 10절에서 자신의 논의를 요약하지 않기에, '다시(ἀνα) 머리 하에 두다(κεφαλαιώσασθαι, bring again everything under the headship of)'라는 문자적 의미를 살려야 한다. Arnold, *Ephesians*, 88.

지 못 얻든지 왕이신 그리스도의 복음을 공적으로 전파한 바울을 본받아야 한다참고: 행22:26.[97] 만인이 선지자인 그리스도인이 성경 구절은 줄줄 암송하면서 세상의 돌아가는 일에는 무관심한 것은 올바른 믿음의 태도가 아니며 정상이라 할 수 없다.[98] 예수님의 선지자 직분에서 파생된 목사직은 복음을 바르게 해석하여 선포함으로써 천국 열쇠를 활용하여 음부의 권세를 물리치는 것이다마16:18-19, 눅11:52.

삼일절이나 광복절 혹은 국가 행사와 맞물린 시기에는 국가와 사회에 대한 설교가 필요하다. 그런데 불행하게도 역사 속에서 신학과 교회가 국가나 기존 권력의 유지를 위한 도구로 전락한 경우가 종종 있어 왔다. 남아공 아프리카너 개혁교회가 아브라함 카이퍼의 영역주권 사상과 로마서 13장 1절부터 7절까지를 자의적으로 해석하여 수립한 이론에 힘입은 아파르트헤이트, 그리고 'God bless America/Australia/New Zealand'라는 구호 아래 백인들이 원주민을 박해한 사건 등이 좋은 실례들이다.[99]

한국의 경우, 20세기에 교회가 정권과 유착한 것이 선지자직을 수행하지 못한 대표적인 사례라 할 수 있다. 미군정 시기1945-48년에 한국교회는 영어를 할 줄 알았던 한국인 신자와 한국선교사들예: 언더

---

97. 사도행전 27장의 항해 중에 선상에서 바울의 공공 신학자와 설교자로서의 사역은 C. S. Keener, *Acts: An Exegetical Commentary. Volume 4* (Grand Rapids: Baker, 2015), 3646-48을 보라.
98. 최현범, 『교회 울타리를 넘어서라』, 90.
99. 심창섭, "인종분리정책과 교회와의 관계: 남아공 중심으로," 『신학지남』 64/4 (1996), 160, 198-201.

우드의 활동으로 적산敵産을 불하받았다예: 천리교 건물 40여 개를 받은 조선 신학교, 대구동부, 부산서문, 부산부전, 부산온천, 부산중앙, 하양교회당. 이승만 정권과 군사정권 때에 한국교회는 기독교 진리를 반공과 결부시키기도 했다. 그 후 박정희의 쿠데타 직후인 1961년 5월 29일에는 한국기독교연합회NCC가 '5.16혁명은 공산주의로부터 조국을 구원할 부득이한 처사'라고 평가했다비교: 한일협정체결에 반대한 김재준, 함석헌. 뿐만 아니라 1966년에 한국기독교반공연맹은 반공을 기독교를 보호하는 것으로 간주하여 미국의 베트남 군사 작전을 지지하고, 베트남 파병 환송예배를 드렸다. 그때 파병된 군인은 '평화수호를 위한 십자군'이라 불렸다. 그리고 WCC와 WARC가 미국의 베트남 참전을 비판하자, 한국의 보수 기독교 인사들은 WCC에 반대했다. 1968년 5월 1일부터 대통령국가조찬 기도회가 연례행사로 개최되었고, 1969년 9월 4일의 3선 개헌 때 조용기, 김장환, 김준곤 등은 박정희 대통령을 지지했다. 1973년 5월 1일, CCC 총재 김준곤은 유신을 하나님의 축복 속에 성공해야 하는 세계정신사적 새 물결로 보면서, 그것을 신명기 28장에서 말하는 복 받을 일이라고 말했다. 또한 1980년 8월 6일 국가조찬 기도회 때 한경직, 김준곤, 김장환 등이 쿠데타를 일으킨 전두환을 축복하기도 했다.[100]

---

100. 이 단락은 장규식, "군사 정권기 한국교회와 국가 권력: 정교유착과 과거사 청산 의제를 중심으로," 『한국기독교와 역사』 24 (2006), 103-137; 박정신·박규환. "뒤틀린 기독교 굳히기: 박정희 시대 한국 개신교의 자취," 『현상과 인식』 36/1 (2012), 45, 윤경로, "분단 70년, 한국 기독교의 권력 유착 사례와 그 성격," 『한국기독교와 역사』 44/3 (2016), 30-31에서 요약 인용함. 더불어 교회가 세상 권력의 편에 서서 넓

교회는 하나님께서 세우신 위의 권세에게 순종해야 하지만롬13:1, 그 권세가 대왕이신 하나님의 뜻을 거스를 때는 불순종해야 한다. 이 때 불순종을 표현하는 방식은 신중하되, 무엇보다 예수님의 본을 따라야 한다벧전2:21. 이와 관련하여, 다음과 같이 최현범의 지적을 들어 보자.

> 만일 나라의 지도자가 이처럼 하나님의 뜻을 거슬러 공의를 저 버린다면 교회는 예언자적인 역할을 해야 합니다. …… 일부 대형교회 목사님들 중에 공공연히 한국교회를 현 대통령의 후 견인인 것처럼 말하는 분들이 있는데, 이것 또한 아주 잘못된 것입니다. 대통령이 공의를 바르게 세운다면 성도들은 마땅히 종교와 상관없이 그의 후견인이 되어야 합니다. 그러나 불의한 정치를 행한다면 교회는 예언자적인 채찍을 휘둘러야 합니다. 그것이 바로 국가에 대한 우리 그리스도인들의 올바른 책임입 니다. …… 아울러 교회는 자기도 모르게 독재자나 정치인들의 정치도구가 되고 말았습니다. …… 그 결과 교회의 이미지는 점점 추락했고 이는 고스란히 전도와 교회 성장의 큰 장애요인 이 되고 말았습니다.[101]

은 길을 걸음으로써 혼합주의에 빠질 위험성은 송영목, "요한계시록의 혼합주의와 한국교회," 『신약연구』 8/3 (2009), 467-95를 보라.

101. 최현범, 『교회 울타리를 넘어서라』, 99-100, 128.

모두가 인정하듯이 현재 한국교회 안의 보수 진영과 진보 진영의 갈등은 매우 우려스럽다. 이에 대해 다음과 같이 기독교 종교사회학자 김성건이 양 진영을 향해 비판과 더불어 제언한 것을 들어 보자.

첫째, 한국 사회에서 이미 종교 권력화 된 집단으로 비추어지는 보수 진영은 과거 군사독재정권에 협력한 것과 최근 기독교 정당을 졸속으로 창당한 것 등에 대하여 공개적으로 반성하여야 할 것이다. 특히 보수적인 초대형교회의 저명한 담임목사들은 국회의원이 많이 출석하는 교회라고 자고자대自高自大할 것이 아니라, 정치권력과 개신교 간에 과연 바람직한 관계가 어떤 것이 되어야 하는가에 대하여 특별한 책임감과 함께 한층 더 고민하면서, 기도를 통해 하늘로부터 오는 지혜를 구해야 할 것이다. 둘째, 진보 측 개신교 진영은 한국의 산업화 과정이 촉발한 민주화 운동에 적극 참여하며 그 과정에서 희생을 치르고 온갖 고통을 당한 것이 사실이다. 그렇지만 진보 진영은 김대중 정권 이후 노무현 정권까지 10년 동안 현실정치에 너무 깊게 참여한 결과 당시 체제에 대해서 신앙 양심상 필요한 비판을 제대로 하지 못하였다. 보수 진영으로부터 '신新 독재'라는 비판을 받는 현 문재인 정권에 대해서도 진보 측 개신교 진영은 예언자적 비판을 하지 못하고 있다는 여론을 경청해야 할 것이다."[102]

그리스도인은 세상 사람들이 힘들여 이루어 놓은 정의와 민주주의의 열매를 그냥 따 먹으려 무임승차하는 존재가 아니다.[103] 교회의 구주시요 삶의 모델이신 어린양 예수님께서는 살해당하심으로써 유다 지파의 사자가 되셨다계5:5. 마찬가지로 성도는 어린양의 피와 복음 증언과 순교적 각오로 사탄과 악의 세력이 지배하는 불의한 시스템을 거부하고 이겨야 한다행7:54-60, 12:1-2, 19:21, 계12:11. 그리스도인은 황제숭배 강요와 같은 불의한 종교-정치-경제 체제에 저항해야 한다.[104] 교회는 '비폭력적인 증언'의 방식으로써 세상 나라를 하나님 나라로 변혁시키는 것을 목표로 삼아야 한다계11:15, 12:11. 세상에서 차별받는 교회야말로 차별받는 난민과 같은 약자를 사랑과 복음으로 섬겨야 한다.[105] 그리스도인의 정체성은 소유의 많음이 아니라 천국을 위해서 포기하는 것으로 규정할 수 있으므로, 증언하는 삶을 통한 불복종에 동반되는 손해를 믿음으로 감수하고, 특히 번영복음을 거부해야 한다.[106]

---

102. 김성건, "한국 기독교의 현실정치 참여의 문제," 『기독교사상』 782 (2019), 20.

103. 최현범, 『교회 울타리를 넘어서라』, 92.

104. Hays, 『신약의 윤리적 비전』, 287.

105. UNISA의 D. N. Field, "God's Makwerekwere: Re-imagining the Church in the Context of Migration and Xenophobia," *Verbum et Ecclesia* 38/1 (2017), 7-8.

106. T. B. Slater, "Context, Christology and Civil Disobedience in John's Apocalypse," *Review and Expositor* 106 (2009), 51-65.

교회의 선지자 역할을 적용하기 위해서 잠시 찬송가를 살펴보자. 찬송가 「나 같은 죄인 살리신」21세기 찬송가 305장의 가사는 노예무역선 선장 출신 존 뉴턴John Newton, 1725-1807년이 존 웨슬리John Wesley, 1703-1791년의 영향을 받아 영국교회의 목사가 된 지 15년 후인 1779년에 지은 시 「Amazing Grace」이다. 뉴턴 목사가 이 시의 1절에서 고백하듯이, 그는 길 잃은 한 마리 양눅15:4과 앞을 보지 못하다가 보게 된 사람요9:24-25과 같이 비참한 가운데 있었다. 그는 대영제국 노예무역선의 선원으로 있었던 24세에 회심했다1749년. 그런데 개종 후에도 뉴턴은 노예무역이 죄악임을 영적으로 보지 못했으며계18:13, 노예무역선 선장이 되어서는 노예무역선에서 선원들과 더불어 주일 예배를 드렸다. 배에서 질병과 자살로 죽어 가던 노예들을 보면서도, 그는 매 항해 끝에 쓴 글을 마무리하며 'SDGSoli Deo Groria, 오직 하나님께 영광이'라고 적었다. 그 당시 뉴턴에게 기독교와 예배는 자신의 비인간적 행태에 무감각하게 만드는 아편과도 같았다.

결국 뉴턴은 노예 매매의 죄악을 회개하고, 자신을 영적 멘토로 여겼던 윌리엄 윌버포스William Wilberforce, 1759-1833년와 더불어 대영제국의 주요 수입원이었던 노예제도의 철폐라는 사회 정의에 헌신했다. 뉴턴이 죽던 해에야 영국에서 노예제도가 철폐되었는데, 뉴턴의 공적 복음은 현 세기에 이르러 영국교회 소속인 남아공 성공회 주교 데스몬드 투투의 활동으로 이어졌다. 「Amazing Grace」의 3절에서 언급한 '많은 위험과 수고와 올무'는 뉴턴이 노예제도 폐지라는 공적 경건을 달성하기 위해서 겪은 고난의 목록이다. 죄인의 회심 못지않게 중요한 것은, 그 후에도 비참한 죄로부터 구원하시는 주님의 놀라운 은혜'들'Amazing Grace's이 지속되어야 한다는 사실이다. 회심 이후의 범죄 가운데서도 구원하시는 주님의 은혜를 깨닫고, 그 은혜의 놀라움을 온 몸으로 고백해야 한다. 개인적 회심에서 비롯한 하나님의 은혜를 찬양함이 복음의 공공성으로 확장되어야 하며, 복음주의는 제국주의와 자본주의를 극복해야 한다.

참고로 뉴턴은 사도 바울의 개종을 자신의 모델로 삼았고, 교구원들이 쉽게 신앙을 고백할 수 있게 돕는 여러 찬송시를 지었다. 노예제도를 옹호했던 미국 남침례교SBC가 주로 분포한 남부 지방의 민요가 「Amazing Grace」의 곡으로 사용1831년된 점은 아이러니하다. 또한 뉴턴은 이 찬송시의 3절 끝과 4절에서 천년왕국이 이르면 본향에서 해처럼 밝게 살겠다고 노래한다. 뉴턴은 구원의 과거와 현재적 은혜를 앞의 두 절에서 노래하다가 미래적 은혜로 전이시켜 마무리한다. 여기서 뉴턴은 '여기서 이미 우리 영원히'라고 찬송하지 않는데, 이는 그가 예수님의 재림 이후에 천년왕국이 도래한다는 전천년설을 따랐기 때문이다. 이것은 뉴턴에게 영향을 준 찰스 웨슬리가 사회와 인간의 사악함을 직시하면서 전천년설을 따랐기 때문으로 보인다.[107]

사도 바울이 아테네의 아레오바고에서 행한 연설행17:16-34에서 현

---

107. 존 뉴턴의 찬송과 그의 행적에 대한 설명은 W. E. Phipps, "Amazing Grace in the Hymnwriter's Life," *Anglican Theological Review* 72/3 (1990), 306-312; G. C. K. Newport, "Premillennialism in the Early Writings of Charles Wesley," *Wesleyan Theological Journal* 32/1 (1997), 105-106에서 요약.

대 교회는 선지자직 수행을 위한 통찰력을 배울 수 있다. 바울 당시에 에피쿠로스학파는 인생의 고난과 두려움을 극복하려고 쾌락을 최고선이자 대안으로 삼았다. 반면 스토아학파는 몸과 영혼은 죽으며, 원래 물질을 본질로 삼은 신들은 사람의 삶에 영향을 미칠 수 없다고 보았다. 바울은 그들을 설득하기 위해 어떤 접촉점을 확보해야 했다. 그래서 바울은 스토아학파의 여러 개념들을 활용했다. 신의 창조행17:24-25, 하나인 인류행17:26, 열방을 향한 신의 섭리행17:26-27, 그리고 신과 사람의 친밀한 관계행17:27b-29 등이 그런 것들이었다. 바울은 이런 접촉점에 근거하여 아테네인들의 세계관을 교정하지만, 그들의 우상을 직접 공격하지는 않았다행19:37. 바울은 성경의 하나님을 전하였는데, 이는 그분께서 만유의 주행17:24, 섭리적 통치자행17:26, 그리고 심판주시라는 것이었다행17:31.

바울의 아레오바고 연설은 그리스도인이 다원화된 세상 속에서 간문화적inter-cultural 의사소통을 어떻게 할 것인가에 대한 좋은 모델이 된다. 그리스도인은 먼저 불신자의 문화적 신념, 관습, 세계관을 잘 파악해야 하고, 그들의 용어를 사용하되, 그들의 신념과 세계관과 행동을 변화시키는 것을 목표로 삼아야 한다. 바울은 아테네인들의 철학 용어를 성경 계시와 그리스도 사건의 빛 안에서 새로운 의미로 덧입혔다. 바울이 연설하면서 목표했던 바는 부활하신 예수님께서 세상의 구주시라는 진리를 제시함으로써 청중이 우상 숭배를 회개하고 돌이키는 것이었다행17:30-31. 물론 바울이 전한 몸의 부활은 그리스인들에게 생소하고 수용하기 어려운 주장이었다. 왜냐하면 그리스영지주자들은 몸은 영혼의 감옥이므로 몸이 부활한다면 영혼은 다시 감옥에 갇히게 된다고 주장했기 때문이다. 그러나 바울은 부활의 복음으로써 청중의 문제, 곧 종교적 무지, 두려움, 소망 없는 미래에 관해 해결책을 제시했다.[108]

그리스도인이 선지자 역할을 수행하기 위해서는 아래의 두 가지 주장에 주목해야 한다.

(국가) 권력구조의 타락과 부패를 주시하며, 항거하며, 고발하며, 징책懲責하는 선지자 역할을 게을리하지 아니한다. 국가와 사회정치, 경제, 문화, 예술, 언론 등의 요원이 되어 청지기 사명을 통하여 …… 복음화에 앞장선다.[109]

…… 특별히 죄로 오염된 국가를 하나님의 말씀으로 바르게 세워 가는 것은 모든 그리스도인들의 신앙적 책무입니다. 그러므로 모든 그리스도인은 정치적인 책임감을 가져야 합니다. 그런데 다른 한편으로 우리는 교회의 정치화도 유의해야 합니다. 우리는 이 세상에 속한 세상 사람들과 달리, 어떤 특정 정당이나 정치 이념에 종속된 자들이 아닙니다. …… 그러기에 자신

---

108. D. Flemming, "Contextualizing the Gospel in Athens: Paul's Areopagus Address as a Paradigm for Missionary Communication," *Missiology* 30/2 (2002), 199-214에서 요약.

109. 서울 경향교회(예장 고려) 대학부 S.F.C., "학생신앙운동의 강령과 해설" (http://blog.naver.com/ghsfc/110186384151; 2018년 7월 9일 접속).

과 다른 정치적인 성향을 가진 사람을 증오하고 마귀처럼 취급하는 것은 정말 해서는 안 될 일입니다. 이것은 정치를 종교화하는 우를 범하는 것이기 때문입니다.[110]

복음을 말로써 전하는 일이 어려운 현실에 직면한 한국교회가 공공신학의 관점에서 그리스도인의 선지자적 역할을 탐구하여 새로운 돌파구를 찾는 것은 비판받을 일이 아니다. 선지자적 공동체인 교회는 시대착오적으로 특권이나 기득권을 수호하려고 해서는 안 되며, 광장의 시민 담화에 지성적이고 창조적으로 참여할 필요가 있다.[111] 하지만 그렇다고 해서 성령님의 능력을 덧입어 구령의 열정을 가지고 불신자의 삶 속으로 들어가서 복음을 전파하는 일마4:23, 9:35, 행1:8, 8:12, 28:31, 계12:11에 힘쓰지 않거나 약화시키면서 공공신학의 방법론만을 논하는 것은 그리스도인의 책무를 저버리는 처사이다.[112] 따라서 공공신학에 관심을 가지고 있는 그리스도인은 혹시 신학 자체에 대한 열정이 구령의 열정을 집어삼키고 있지 않은지 점검해야 한다.

선지자로서 그리스도인은 사람의 죄성을 드러냄으로써 시민사회 civic society의 의와 공적 윤리를 강화하면서, 불신자들에게 복음과 하나님의 도덕법과 성경적 원리의 필요성을 깨우칠 수 있다.[113] 그리스

---

110. 최현범, 『교회 울타리를 넘어서라』, 75-76.
111. Wright, 『광장에 선 하나님』, 174-77.
112. 권오훈, "하나님 나라 전도와 성령," 『한국기독교신학논총』 65/1 (2009), 332, 343.
113. T. K. Johnson, "Biblical Principles in the Public Square: Theological Foundations for Christian Civic Participation," *Pro Mundis* 5 (2008), 17, 22-24.

도인이 도덕법이라는 일반은총에 대한 감각이 살아 숨 쉬는 광장에 성경적 복음의 원리를 표어나 말로써 전달한다면, 통전적인 복음 전파를 위한 예비 단계를 수행하는 것으로서 의의가 있다. 그리스도인의 참된 예언자직 수행은 구제와 사랑의 수행과 하나님을 따르고 섬기는 것과 분리될 수 없다.[114] 이런 맥락에서 공공신학은 천국을 지향하면서 공적 이슈와 대화하며 실천으로 응답하는 '예언자적 신학'이라 정의되기도 한다.[115]

3. 요약: 교회가 견지해야 할 하나님 나라 에토스

구약에서 열방을 아브라함의 자손으로 복되게 하시려는 하나님의 목적창18:19은 언약 백성의 윤리와 순종 그리고 선교를 통해서 성취될 수 있었다출19:4-6, 레18-19장. 신약 시대에도 언약 백성의 윤리적 순종은 종주宗主이신 하나님과 속주인 교회 사이의 관계를 넘어, 열방을 위한 하나님의 목적을 성취하는 더 큰 차원에서 이해되어야 한다참고: 렘4:1-2.[116] 따라서 교회가 하나님께서 부여하신 신분인 왕, 제사장, 선지자로서 세상에서 살기 위해서는 '하나님 나라 에토스Kingdom ethos',

---

114. Welker, "성령-그리스도론: 그리스도의 삼중직에서 하나님 나라의 삼중 형태로," 22-23.

115. 한규승, 『구약 예언서의 공공신학』, 419.

116. C. J. H. Wright, "Truth with a Mission: Reading All Scripture Missiologically," *Southern Baptist Journal of Theology* 15/2 (2011), 12-13.

곧 예수님 중심의 윤리적 생활 방식을 견지하도록 노력해야 한다.

신약성경이 기록된 주후 1세기의 유대와 로마세계의 사회-역사적 상황과 21세기의 상황은 다르기 때문에 21세기 교회가 천국 에토스를 실천하고자 할 경우에는 분별력이 필요하다. 21세기 교회와 세상이 그리스도로 말미암아 재정립되는 변화를 경험하도록 만드는 방법을 교회와 세상의 길잡이인 신약성경에서 찾는 것이 21세기 교회그리고 성경학자의 관심사여야 한다.

예수 그리스도라는 안경을 착용하고 주님을 닮은 천국 에토스를 형성해 가면서 세상 변혁을 이루려 할 때, 교회는 세상의 조소와 이로 인한 좌절에 직면하여 부침浮沈을 겪기 마련이다.[117] 이런 상황에서 천국 시민인 교회는 현실을 믿음으로 직시해야 한다. 이와 관련하여 로마서 4장 19절을 주목할 필요가 있다. 아브라함의 이신칭의를 다루는 이 본문에서 비평 사본은 아브라함이 현실을 "직시했다κατενόησεν"라고 표기한다. 100세에 다다른 노인 아브라함은 출산에 부적합한 자신과 아내 사라의 현실을 외면하지 않고 직시하면서도 믿음으로써 하나님의 언약이 성취되는 것을 경험했다는 것이다.[118] 이렇듯 그리스도인이 현실을 믿음으로써 직시하고 천국 에토스를 잘 구비한다면 소망이 있다. 그래서 라이트N. T. Wright는 영국과 미국의 일부 교회

---

117. 남아공 포트-엘리자베스대학교 신약학 교수 E. Mouton, "The (Trans)Formative Potential of the Bible as Resource for Christian Ethos and Ethics," *Scriptura* 62 (1997), 247-54.

118. T. R. Schreiner, *Romans* (BECNT; Grand Rapids: Baker, 1998), 40

가 세상을 잘 섬김으로써 종교기독교의 죽음을 선고한 세속주의자들을 당황시키고 있다고 말한다. 공적 광장에 하나님께서 나서실 자리가 없을 것이라는 세상의 암묵적 결론은 허물어져야 한다.[119]

교회의 에토스는 스스로 천국이신 예수님을 닮아 가는 삶인데눅 17:21, 행28:31,[120] 구체적으로는 천국을 일상 속에 건설하여 하나님의 이름을 영화롭게 하는 것이다마6:9-13. 죄인과 약자를 환대하는 천국 에토스는 구체적으로 균등하게 하는 원리를 따르는 삶으로 구현된다고 후8:14.[121] 따라서 교회는 부익부 빈익빈 심화의 시대에 특별히 경제 정의에 관심을 가지고 실천해야 한다계18:12-13. 이를 위해 양극화가 가속화하는 신자유주의 경제체제 속에서라도 황금률에 기반을 두고, 윤리와 가치를 공유하면서 분별력 있는 성장을 이루어야 한다는 '신경神經주의Theoconomy'에 대한 제안을 교회는 진지하게 검토해 보아야 한다.[122]

이와 유사한 맥락에서 설교를 영혼치료Psychagogy를 위한 주요 방편으로 활용한 교부 크리소스톰은 55편의 마태복음 설교에서 구제救

---

119. Wright, 『광장에 선 하나님』, 157.
120. 초기 예루살렘교회가 예수님을 닮은 생활을 성공적으로 추구했다는 설명은 C. S. Keener, *Acts: An Exegetical Commentary. Volume 1: Introduction and 1:1-2:47* (Grand Rapids: Baker, 2012), 679, 784를 보라.
121. 남아공 노스웨스트대학교 J. Walters and J. M. Vorster, "Theoconomy: Rebooting the South African Economy," *In die Skriflig* 53/1 (2019), 7-8. 이를 위해, 예를 들어, 그리스도인 건물주부터 임대료를 절반으로 낮춘다면 신경주의를 실현할 수 있을 것이다.
122. 송영목, "경제정의와 한국교회(계 18:12-13)," 『본문과 설교』 3 (2010), 133-59.

濟가 영혼의 모든 질병들을 치유하고 영적 면역력을 강화시킨다고 보았다참고: 빈자를 구제했던 부자 욥. 그리스도인은 "하늘에 보화를 쌓아라" 하신 예수님의 말씀마6:20을 따라, 맘몬에 대한 잘못된 인식을 교정해야 한다. 또한 그리스도인은 광범위한 질병을 치료하는 효력을 가진 구제자발적 가난를 통해, 자기 마음을 관리하여 영혼의 질병을 예방하고, 탐욕으로 상실한 영적 시력을 회복하고, 사치와 탐욕예: 가룟 유다을 비롯한 영혼의 모든 상처트라우마를 치유해야 한다.[123]

여기서 참된 구제와는 무관하게 권력을 누렸던 헤롯 대왕주전 73-4년의 행적을 살펴서 적용하는 것은 유익하다. 헤롯 대왕은 열 번에 걸친 정략결혼을 했다. 그는 부인들과 세 아들, 대제사장, 랍비들을 산헤드린의 허락이나 정당한 절차 없이 처형했기에 '폭군'이라 불렸다. 또한 그는 사치스러운 음식을 즐겼는데, 그가 즐겨 먹은 생선으로 만든 향신료 소스 가룸Garum 한 병 가격은 2,500에서 3,000세스테르티우스, 즉 로마 사병의 3년치 연봉이었다. 헤롯 대왕은 사치스러운 건축과 사치스러운 생활을 유지하기 위해서 징벌적 세금과 과도한 관세를 매겼고, 친로마주의자로서 자신이 주조한 동전에 로마제국의 항해자의 신들인 카스토르와 폴룩스를 새겨 넣었다. 그는 가이사랴, 사마리아, 그리고 단Dan에 로마제국을 위해서 신전을 건축했다. 이 무렵 그는 예수님께서 유대인의 왕으로 태어나셨다는 소식을 듣고

---

123. 이 단락은 J. H. Bae, "Almsgiving and the Therapy of the Soul in John Chrysostom's Homilies on Matthew," *Augustinianum* 58 (2018), 103-108, 113-24에서 요약.

크게 소동했다마2:3.[124]

헤롯 대왕의 삶을 특징지웠던 이러한 폭력 사용의 정당성, 사치 방탕, 우상숭배, 그리고 친제국적 입장을 예수님께로부터는 찾아볼 수 없다. 헤롯 대왕 당시 예수님의 탄생을 배경으로 하는 누가복음 1, 2장의 마리아, 사가랴, 시므온의 연이은 찬송들은 탈상황적이고 수직적 차원이어서 아기 예수님께서 주신 통전적 구원을 배제하는가? 그렇지 않다. 오히려 첫 성탄절의 이 찬송들은 마음이 교만한 부자 권세가들인 헬라화된 헤롯 대왕과 '팍스 로마나'를 외치기 시작한 아우구스투스 치하에서 불러졌다는 것눅1:51-53을 염두에 두어야 한다. 그러므로 오늘날 교회가 불러야 할 성탄절 찬송은 아브라함과 다윗 언약눅1:32, 1:73, 마1:1의 성취로서 이방의 빛눅2:32으로 오신 예수님의 영적갈4:4-7, 요일3:8인 동시에 사회, 정치, 문화적인 통전적 구원을 노래하는 것이어야 마땅하다.[125] 예수님께서 오심으로써 이 세상에 종말론적 역전 곧 천국의 새 질서가 이미 도래했기 때문에, 교회는 하나님의 정의가 실현되는 것이 지연되지 않도록 애써야 한다눅1:52-53.[126]

위에서 논의한 천국 에토스는 경건딤전3:16의 실천으로 요약할 수 있는데, 그것은 하나님의 은혜를 깨달아 그분을 경외함으로써 사랑을 뜨겁게 실천하는 것이다벧전1:22. 칼뱅은 경건을 하나님을 경외함

---

124. B. J. Beitzel, "Herod the Great: Another Snapshot of His Treachery?" *JETS* 57/2 (2014), 309-322.

125. 송영목, "Eschatoloical Exodus Theme in the Magnificat," *Good Hope Theological Journal* 1 (2005), 8-25.

126. Hays, 『신약의 윤리적 비전』, 216-17.

과 순종과 기도와 말씀과 예배에 뿌리를 내리고, 세상에 탐닉하지 않으면서도 세상을 섬기는 역동적인 것으로 가르쳤다.[127] 그리스도인이 추구할 에토스의 목표는 경건한 선행으로 악행자라는 오해를 불식시키고 감동을 줌으로써, 성도를 비난하던 불신자들조차 결국 하나님께 영광을 돌리도록 하는 데 있다마5:16, 벧전2:12.

교회가 천국 윤리를 확립하려면, 개인의 결단과 도덕적인 변화를 넘어선 공동체 윤리를 정착시켜야 한다. 다시 말해 교회가 세상을 향한 하나님의 목적을 구현하려면, 신앙공동체는 구성원 개개인이 관점을 공유하고 연대감을 가지고 실천할 수 있는 환경을 조성해야 한다. 목사가 천국 윤리를 설교할 때는 성도의 윤리적 수준과 사회적 분위기를 파악하고, 개인적-공동체적으로 윤리를 실천할 수 있도록 구원의 은혜를 강조하고, 마지막으로 천국 윤리를 지속적으로 실천할 수 있는 목회적 돌봄이 이어져야 한다.[128] 장신근은 이를 위해서는 교회교육에서도 '공적 신앙인 양육'이라는 패러다임 전환이 필요하다고 말한다. 즉, 하나님의 자녀라는 신앙의 정체성을 가르치고, 교회학교라는 공동체 안에서 친교와 소통을 이루고, 타인을 포용하며, 천국의 가치생명-화해-치유-정의-평화-친생태 등를 통전적 경건으로써 다양한 영역가정, 학교, 지역사회, 시민사회 등 속에서 소통하며 실천하도록 도

127. 송영목, 『칼뱅과 신약교회: 칼뱅의 신약주석을 중심으로』 (부산: 고신대 기독교사상 연구소, 2012), 91-98.
128. 이승진, "윤리설교를 위한 하나님나라 관점의 성경해석과 적용," 『설교한국』 2/1 (2010), 66-73.

와야 한다. 이로써 급격하게 위축되고 있는 교회학교를 살릴 수 있을 것이다.[129]

이상의 논의를 요약하여 적용하면, 아래의 표와 같다.

교회	주후 1세기와 현대의 마땅한 반응	세상의 실제 반응
만유이신 그리스도의 천년 통치의 일차 대상	황제와 권력자의 우상화를 포기함	현세 중심의 맘몬의 통치
만인 왕	자아와 자본의 통치를 거부함	권력과 자본의 통치
만인 제사장	군림 대신 섬김	개인주의
만인 선지자	은혜의 복음과 공의의 실현	자기 소견에 옳은 대로

무대에서 배우가 특정 인물을 연기하기 위해 특정한 옷을 입듯이, 그리스도인은 예수님의 옷을 입고 그분께서 세상의 왕, 제사장, 선지자이심을 드러내고 구현해야 한다갈3:27. 이를 위해서 그리스도인은 죄인의 저주와 짐을 대신 지신 예수님의 십자가 사랑을 깨달아야 하고사53:4-12, 갈6:14-15, 성령님의 도우심으로써갈4:6 세상에서 죄인을 사랑하며 그들의 짐을 함께 짐으로써 그리스도의 새 언약의 법을 성취

---

129. 장신근, "화해와 치유의 생명 공동체인 하나님 나라의 온전성을 지향하는 지역 교회 교육 연구: '공적 교육 공동체 모델'을 중심으로," 『기독교교육논총』 42 (2015), 135-57.

해야 한다갈1:4, 5:14, 5:22-23, 6:2, 참고: 레19:18.[130] 신약 교회는 새 출애굽 공동체로서 천국 에토스를 담대히 그리고 지혜롭게 실천해야 한다. 이와 관련하여 박형대의 설명을 들어보자.

> 모든 재앙을 짊어지신 예수 그리스도의 제물 되심으로 인해 모든 민족의 출애굽과 홍해 도하가 가능하게 되었다. 그리고 이러한 해방출애굽을 맞이한 신약의 성도들은 이제 시내산의 율법 아래에 있지 않고 시온의 복음 위에 서 있다갈4:21-31, 히12:18-24. 예수 그리스도의 복음을 믿음으로써 해방되었으니, 이제는 그분이 우리를 위해 선택하신 추방exile을 두려워하지 말고 맞닥뜨리라.[131]

---

130. 남아공 노스웨스트대학교 J. de Koning, "Die Riglyn vir Christen Etiek: Galasiërs 6:2 onder die Loep," *In die Skriflig* 51/1 (2017), 4-8.
131. 박형대, "신약성경의 추방과 해방," 『Canon & Culture』 9/2 (2015), 86.

하나님
나라
복음과
교회의

공공성

5장

결론적 논의와 적용

지금까지 논의한 세상 안의 하나님 나라예수 그리스도의 나라와 교회, 그리고 하나님 나라 안의 세상을 요약하면 아래의 표와 같다.

하나님의 통치 원칙	세상 속의 예수 그리스도의 나라	세상 속의 교회
성령의 현재적 다스림	만유이신 왕이신 예수 그리스도	만인 왕
복음 진리로 다스림	천국복음을 전파하신 선지자이신 예수 그리스도	만인 선지자
은혜와 새 언약으로 다스림	화해와 구원의 은혜를 주신 대제사장이신 예수 그리스도	만인 제사장
부활의 영생으로 다스림	영생과 심판을 완성하실 예수 그리스도	미래 종말을 대망하 며 선취하는 교회

복음과 교회의 공공성에 대한 논의는 신학적 담론이나 정의감만으로 이루어지지 않는다. 이에 대한 예로, 『21세기 찬송가』 247장부터 248장까지에 정경의 전후 문맥을 중시하는 정경적 해석을 적용해 보자. 이 두 찬송의 주제적 장르는 미래 천국234~249장이다. 계시록 19장 16절에 근거한 찬송가 247장 「보아라 저 하늘에」는 조선신학교 설립자요 초대 교장을 역임한 만우晩雨 송창근 박사1898-1951(?)년가, 뒤이은 248장 「언약의 주 하나님」은 고려신학교 설립자요 초대 학장을 지낸 한상동 목사1901-1976년가 작사했다. 두 작사자는 피어선성경학교와 평양신학교 동문이고, 일제 탄압으로 투옥된 바 있으며, 경건과 신앙의 감격을 강조했으며, 동시대에 신학교를 각각 설립하고 교장을 역임했다.

송창근 박사는 프린스턴신학교를 거쳐 덴버대학교에서 박사 학위1931년를 받은 후, 목사 안수1932년를 위해 평양신학교 3학년에 편입했다. 그는 평양 산정현교회를 목회한 후1933-1936년, 부산에 고아원 '성빈학사'를 설립, 운영했다. 하지만 그는 김천 황금동교회에서 목회할 때1940-1945년 신사참배 강요에 적극 가담했고, '소젖 냄새'와 '버터 냄새' 나는 서구신학을 모방하는 신학적 사대주의를 극복하려는 목적 등으로 조선신학교를 설립했다1939년. 그는 아빙돈주석 사건1935년에 연루된 바 있는데, 『신학지남』1934년에 기고한 글에서 감격과 실천이 없이 기독교의 근본 교리에 집착하는 '죽은 정통파', 즉 '밥 빌어 먹는 영업적 정통파'를 비판했다. 따라서 그가 찬송가 247장에서 "이 세상의 악", "공의", "심판", "옳은 행실", "예수님 따라 가라"를 언급한 것은 이상하지 않다.[1]

한상동 목사는 신사참배를 거부하다 출옥 후 1946년에 고려신학교를 설립했다. 송창근 박사가 공의와 심판처럼 현재적 천국의 속성도 강조한 반면, 사선에 선 바 있는 한상동 목사는 248장에서 "언약", "출애굽", "영원한 저 천국", "예수님을 믿으면 천국 가겠네"처럼 사후의 천국을 강조했다.

비록 위에서 살펴본 두 찬송가의 연도와 작사 배경을 정확히 알 수는 없지만, 분명한 것은 고등 신학훈련, 자신의 신학 모토, 민족주

1. 송창근에 대한 정보는 이덕주, "송창근목사의 설교 두 편," 『세계의 신학』 59 (2003), 149-78; 유동식, "한국 신학의 광맥 (3): 송창근 편," 『기독교사상』 12/3 (1968), 66-71에서 요약. 유동식은 송창근의 신사참배 적극 참여 사실은 언급하지 않았다.

의, 그리고 정의감이 신앙을 보존하는 것은 아니라는 사실이다. 그러나 동시에 영원한 천국을 소망하는 교회는 언약의 하나님을 공공의 영역에서 표현해야 한다는 사실도 잊지 말아야 한다. 공공신학적 논의는 필수 조건으로 신앙적 신학의 토대를 요청하는 것이다. 그 토대는 곧 '만유이신 예수 그리스도의 나라'로 요약된다.

종교가 사적 영역으로 축소되어 가는 포스트모던 시대이지만, '광장'은 '세속적 사람'의 전유물이 아니기에 종교인도 접근 가능하고 자신의 목소리를 낼 수 있는 공공 영역이다.[2] 그런데 소수가 다수의 이익을 위해서 반드시 희생될 필요는 없지만, 광장이 특정 집단의 이익을 대변하기 위해 시끄러운 장소가 된다면 공공성은 약화될 것이다.[3] 그러므로 그리스도인이 세상 변혁을 위해서 노력할 때는 지나친 자신감이나 위축감, 둘 다 경계해야 한다.[4]

오늘날 복음의 공공성을 실현하기 위해서는, 그 어느 때보다 세대와 교파별로 다원화된 교회가 공적 이슈에 대해 어떻게 통일된 목소리를 광장에서 낼 수 있는지, 그리고 복음의 공공성에 관한 정보나 관심이 없는 그리스도인에게 어떻게 알리고 실천으로 옮기도록 할 수 있는지가 선결 과제이다. 그렇지 않으면 복음과 교회의 공공성 논의와 실천은 소수 그리스도인의 지적 유희나 기존 신학의 또 다른 세

---

2. C. E. Cochran et als, 『교회, 국가, 공적 정의 논쟁』(Church, State and Public Justice: Five Views, 김희준 역, 서울: 새물결플러스, 2017), 18.

3. J. D. Charles, "Public Theology and the Public Square," Cultural Encounters 7/2 (22011), 81.

4. Van Wyk, "Teologie van die Koninkryk (Basileiologie)?", 7.

련된 표현에 머물게 된다.

앞에서 논의한 대로, 예수 그리스도께서는 만유이시므로, 그분과 사역은 공공성을 띨 수밖에 없다. 예를 들어, 십자가 처형을 앞두고 대제사장 안나스가 예수님을 신문訊問할 때, 주님의 대답은 명료했다. "내가 드러내 놓고παρρησία, in public 세상에 말하였노라"요18:20, 참고: 사 45:19, 요7:26. 뿐만 아니라 세례 요한요1:20과 사도의 설교 방식도 자주 공적이었다행1:15, 2:6, 9:20, 17:1-4, 17:11, 17:17, 빌1:20.[5] 따라서 이 세상에서 예수님께서 육체적으로 부재하실 때에는 주님의 제자들그리스도인이 복음을 공적으로 말하고 가르쳐야 한다요18:20-21.[6] 이런 점에서 복음 과 교회의 공공성은 근본주의에서 볼 수 있는 개인주의적이며 타계 적他界的인 경건주의와 영지주의적인 성속이원론을 극복해야 한다.

배덕만에 의하면, 기독교 근본주의는 19세기 후반에 세대주의 신 학과 성결운동 등에 의해 태동하여, 20세기 청교도적 신정사회 건설 의 꿈 등으로 미국에서 자리 잡았다. 그리고 이러한 근본주의가 선 교사들을 통하여 한국으로 유입되었고, 1930년대에 신학논쟁을 거

---

5. 광장에서의 공적 소통을 제외하고, 초대교회의 의사소통 방식은 다양했다. 계시나 환 상을 통한 개인 내적 소통(intrapersonal communication, 행10:3-5, 16:9, 계1:1), 소그 룹 소통(행16:32), 소문을 통한 소통(행11:22), 기록 문서를 통한 소통(행9:2, 23:25), 그 리고 기구(기관)를 통한 소통(행6:5, 15:1-21, 21:18-19) 등이다. 참고, 남아공 줄루랜드 대학교 M. M. Reddy, "The Use of Written Communication by the Early Christian Leaders: For Maintenance and the Propagation of Christianity," *Pharos Journal of Theology* 99 (2018), 4.

6. F. J. Moloney, *The Gospel of John* (Collegeville: Liturgical Press, 1998), 1998), 488.

쳐 해방 이후 기독교 신앙이 친자본주의천민자본주의, 반공 및 친미 사상과 결합하여 정착되었다. 여기서 배덕만은 잘못된 근본주의가 '성령을 훼방하는 치명적인 우상숭배'로 몰락할 수 있다고까지 비판한다.[7] 근본주의의 이러한 문제를 극복하기 위해, 그리스도인은 먼저 천국의 중핵인 교회의 정체성을 분명히 해야 한다.[8] 그리고 교회가 추구하는 천국 가치의 경계를 강화하고, 성령 충만을 통해서 천국 에토스를 확보해야 한다.[9] 환언하면, 개혁주의 공공신학이 가르치는 천국 에토스는 "그리스도의 복음에 합당하게 '천국 시민권을 활용 πολιτεύομαι'"빌1:27하여 자신의 소명을 세상에서 성취하는 것이다.[10] 그리스도인이 문화와 정치에 적극적으로 참여하는 것을 기독교의 본질에서 벗어나는 일로 간주하거나, 오히려 역풍이나 분열을 자초할 것이라고 지나치게 미리 두려워하지 말아야 한다.[11]

이를 위해 예수님을 주로 모신 천국 시민빌2:11, 3:20은 세상 속의

---

7. 배덕만, "한국교회의 허와 실, 근본주의," 『기독교사상』 635 (2011), 51-60을 보라. 하지만 배덕만이 부정적인 근본주의의 배경에 구(舊)프린스턴신학이나 성경무오설이 있다고 보고, 여성 목사 안수, 낙태, 동성애 반대를 근본주의적 윤리 행태로 비판한 것은 지나치다.

8. 선교적 교회에 대한 논의가 길을 잃지 않고 강화되려면, 먼저 성령론(엡1:13-14)에 의해 동력을 얻는 기독론적 교회론(엡1:22-23)을 강조해야 한다는 주장은 남아공 노스웨스트대학교 B. J. van Wyk, "Efesiërs 1:14 en 1:22, 23 as 'n Skriftuurlike Maksimum-Minimum vir die Ekklesiologie," *HTS Teologiese Studies* 73/1 (2016), 6-7을 보라.

9. J. K. A. Smith, "Reforming Public Theology: Two Kingdoms, or Two Cities?" *Calvin Theological Journal* 47/1 (2012), 123.

10. Arana, "Towards a Biblical Public Theology," 59.

11. R. Land and B. Duke, "Being Salt and Light in an Unsavory and Dark Age: The Christian and Politics," *Southern Baptist Journal of Theology* 11/4 (2007), 94.

소금과 빛으로서 다른 경계선 안에 있는 이들과 공존하며 소통하는 데 주의를 기울여야 한다. 왜냐하면 이런 소통은 그리스도인의 공적 행위의 세속화를 초래할 수 있기 때문이다. 이것은 마태복음, 요한복음, 베드로전서, 요한일서, 요한계시록이 공통적으로 강조하는 구원론과 교회의 에토스이다.[12] 신학은 교회로 하여금 세상에서 복음을 증언하도록 이론을 제공한다. 그런데 교회가 무슨 권위로 포스트모던 사회에서 그 역할을 감당할 수 있는가? 스미트는 교회가 이 역할을 감당하기 위해서 비기독교 단체나 타종교인과 협력해야 한다고 주장한다. 물론 그는 교회가 세상의 세속적이고 개인주의적이며 다원주의적인 가치를 잘 분별해야 한다는 사실도 간과하지 않는다.[13]

크로아티아 출신 신학자 볼프M. Volf는 동구권에 파송된 개신교 선교사들이 침략자 이미지를 벗으려면, 정교회 교인들을 무리하게 개종시키는 대신에 먼저 정교인의 특성가견적 교회의 일치를 중시함, 종교를 문화와 분리시키지 않음, 다원주의와 경쟁에 익숙하지 않음을 존중해야 한다고 본다. 그런 다음 선교사들이 상황화를 통하여 복음 진리를 신사적인 방식으로 증언해야 한다고 말한다.[14] 하지만 여기서도 우리는 복음의 상황화가 언제든지 쉽게 혼합주의나 종교다원주의에 빠질 수 있음을

12. 송영목, 『신약신학. 증보판』 (서울: 생명의 양식, 2016), 58, 172, 516, 607.

13. 남아공 스텔렌보쉬대학교 교의학 교수 D. J. Smit, "Openbare Getuienis en Publieke Teologiew Vandag?: Vrae oor Verskeie Vanselfsprekende Voorverrondersrellings," *Scriptura* 82 (2003), 43-46.

14. M. Volf, "Fishing in the Neighbor's Pond: Mission and Proselytism in Eastern Europe," *International Bulletin of Missionary Research* 20/1 (1996), 28-29.

주의해야 한다. 이런 위험성의 예로, 성령과 믿음의 공동체인 교회의 독특한 정체성을 강조하는 것이 사회 이슈에 적절하게 대응하지 못하게 만들 수 있다는 주장이 있는데,[15] 이런 주장은 혼합주의에 쉽게 빠지게 만든다.[16]

물론 그리스도인 개인이 복음의 가치를 실천하여 문화를 변혁시킨다고 하더라도, 구조적 악과 부정을 경감시키는 데 한계가 있음을 인정해야 한다.[17] 그리스도인의 천국 에토스가 세계 공용어lingua franca가 되려면, 그는 복음을 세상 언어와 세상 속의 삶으로써 소통할 수 있어야 하고, 기독교나 그리스도인 개인의 이익이 공공 담론에 주입되지 않도록 주의해야 한다. 교회는 실제로 세상의 가치를 추구하면서도 교회신앙 용어를 사용하는 모순을 버려야 한다. 그리스도인이 천국 가치를 신학적으로 선포-설교하는 식의 방식이 아니라 세상 언어로도 표현할 수 있는 이중 언어를 구사할 수 있다면, 기독교는 게토로 남지 않을 것이다.[18]

---

15. 남아공 크와줄루-나탈대학교 신학과 교수 N. Richardson, "Community in Christian Ethics and African Culture," *Scriptura* 62 (1997), 373-85.
16. 타종교를 무분별하게 수용하거나 배척하지 말아야 한다는 다소 외교적 결론은 최종원, "후기 유대 공동체의 '다문화'(Multiculture)에 관한 연구: 에스라와 느헤미야에 나타난 이방인에 대한 수용성과 배타성을 중심으로," 『구약논단』 21/2 (2015), 146을 보라.
17. Magnuson, "Christian Engagement in Secular Society," 26.
18. J, P. T. Zabatiero, "From the Sacristy to the Public Square: The Public Character of Theology," *International Journal of Public Theology* 6 (2012), 62-63; 강영안, "진리를 말하고 삶으로 진리를 살아내어야 한다(강영안 교수 인터뷰)" (http://reformedjr.com/board05_03/8163; 2018년 7월 23일 접속). 참고로 개혁신학의 게

하나님께서 세상 권력을 세우셨으므로 그리스도인이 세상 권력을 정당하게 얻어 조직적이고 정치적인 수단을 활용하여 사회를 변화시키는 것은 의미가 있다. 그러나 사람의 마음이나 문화가 바뀌지 않는다면, 어떠한 사회 변혁을 위한 노력도 결국 한계에 맞닥뜨리게 될 것이다.[19] 교회와 국가의 관계에 대한 성경의 언급은 다양하므로, 그 관계를 단순화시켜 획일화하지 않도록 주의해야 한다.[20] 예를 들어, 아우구스티누스와 칼뱅은 국가 권력을 절대화하지 않은 점에서 공통적이다. 하지만 아우구스티누스는 서로마제국이 쇠락한 시점에 활동하면서, 국가 권력에 대한 복종에 있어 종교적 의미를 덜 부여했다. 반면 칼뱅은 제네바에서 성공적인 개혁을 이룬 상황에서, 그리스도인이 국가제네바에 충성하는 것은 종교적인 봉사의 영역이라고 간주했다.[21]

김덕기에 의하면, 바울은 자신의 공공 정치신학에 따라 동사 '폴리튜마이πολιτεύομαι' 빌1:27를 그리스도인의 사회운동의 관점에서 정

토화도 주의해야 한다. 남아공 프리토리아대학교 신학학 명예교수 A. B. du Toit(1931-2018)은 28세 때 바젤대학교에서 오스카 쿨만의 지도로 "초대 교회의 성찬에서의 기쁨"(Der Aspekt der Freude im Urchristlichen Abendmahl; 1959)을 주제로 박사논문을 작성했다. Du Toit은 세계신약학회(SNTS) 회장을 역임했는데(1999), 개혁주의 신약신학의 게토화를 지양하고 세계 최고 무대에 적극적으로 알린 탁월한 학자였다.

19. Magnuson, "Christian Engagement in Secular Society," 25.
20. The SBJT Forum, "Christian Responsibility in the Public Square," *Southern Baptist Journal of Theology* 11/4 (2007), 101.
21. 안인섭, "로마서 13:1-7 해석에 나타난 어거스틴과 칼뱅의 교회와 국가 사상," 『신학지남』 71/4 (2004), 174, 186. 교회와 국가의 관계 설정은 시대의 상황에 영향을 받기 마련이다.

의했다. 김덕기는 빌립보교회가 로마 시민들이 향유하던 정치-사회적 특권과 그것을 옹호하던 정치-문화를 전복하여 평등하고 새로운 정치적 비전을 만들어야 했다고 주장한다.[22] 그러나 바울은 로마 시민권자가 도시 전체 인구의 40퍼센트에 육박했던 빌립보의 그리스도인들에게 정치적 함의가 있는 '폴리튜마이'를 사용함으로써, 사회의 전복을 꾀했다기보다 하나님 나라로 부름을 받은 교회가 서로 결속하여 '대안 사회천국 시민'가 되어야 할 것을 권면했다고 보아야 한다.[23] 바울은 빌립보교회에게 사회 전복을 명령하지 않았다.

그리고 여기서 분명히 해야 할 사실은 교회가 추구해야 할 복음의 공공성은 개인의 죄보다는 사회 구조적 악을, 영적 사망과 죄에서의 구원보다는 정의로운 사회 건설을, 그리고 교회의 내적 사역보다는 종교 간의 대화를 통한 외부 사역을 강조하는 세계교회협의회WCC가 추구하는 인본적인 사회복음과 달라야 한다는 점이다.[24] 복음을 따라 사는 그리스도인이 자신 있게 "월요일에도 교회는 여기 있다!"라고 말할 수 있는 것이, 그들이 세상 변혁의 주체로서 공공성을 확보하고

22. D. K. Kim, "Korean Culture and Future of Biblical Interpretation: How can Paul's Political Theology transform Korean Culture and suggest New Direction of Biblical Interpretation in Korean Context?" 『한국기독교신학논총』 89/1 (2013), 59-61.
23. 남아공 노스웨스트대학교 신약학 교수 L. Floor, *Filippenzen: Een Gevangene over de Stijl van Christus* (CNT; Kampen: Kok, 1998), 80; J. H. Hellerman, *Philippians* (EGGNT; Nashville: B&H Academic, 2015), 78.
24. 유태화, "W.C.C.의 사회참여, 구원의 통전성인가? 사회복음인가?," 『개혁논총』 16 (2010), 40.

있다는 증거가 된다.[25]

교회와 정부가 적절한 긴장과 거리를 유지할 필요도 있다. 남아 공의 인종차별 정책에 대한 반대를 천명한 '카이로스 문서'는 신학을 기존 질서를 옹호하는 아프리칸스 교회의 '정부신학', 정부의 오류를 비판하고 비폭력적 화해를 시도하는 '교회신학', 그리고 폭력을 동원하여 해방신학적으로 정부를 전복하려는 '예언신학'으로 구분한다. 지금도 어용적 정부신학과 전복적인 예언신학은 결코 용인될 수 없다.[26] 교회는 국가의 지도자와 국가의 안녕을 위해서 기도하는 '제사장적 기능'이 있다. 그리고 교회는 교훈, 권면, 방향성 제시와 같은 '목회적 기능'도 한다. 마지막으로, 국가가 하나님의 뜻을 거역하고 반♱ 신적 존재가 될 경우에 책망과 반대하는 '예언적 기능'도 수행해야 한다.[27]

잘 흩어지는 교회를 위해서는 적용하기 쉽지 않은 이론으로 만족할 수 없다. 줄루족 흑인 여성으로서 탈식민주의 페미니즘을 연구하

25. 남아공 스텔렌보쉬대학교의 D. A. Forster & J. W. Oostenbrink, "Where is the Church on Monday?: Awakening the Church to the Theology and Practice of Ministry and Mission in the Marketplace," *In die Skriflig* 49/3 (2015), 1-8, 프란시스 쉐퍼의 주장에 동의하면서 그를 인용한 Land and B. Duke, "Being Salt and Light in an Unsavory and Dark Age," 89.

26. *The Kairos Document: Challenge to the Church* (Braamfontein: Skotaville, 1986). De Villiers, "Public Theology in the South African Context," 8-9에서 재인용.

27. T. Adeyemo (ed.), *Africa Bible Commentary* (Grand Rapids: Zondervan, 2006), 1397; B. Wintle (ed.), *South Asia Bible Commentary* (Grand Rapids: Zondervan, 2015), 1545.

는 나달S. Nadar은 사회에 적용할 수 없는 지식은 아무것도 모르는 것에 지나지 않는다고 전제하면서, 새로운 자료를 통해 대안 이론을 제시하는 것으로는 사회 변혁이 불가능하다고 주장한다. 오히려 그는 어떤 공동체를 변화시키려면 그 공동체가 성경을 대하는 방식을 먼저 파악한 다음, 그 공동체와 함께 성경을 읽고 나서 그 공동체와 거리를 둠으로써 그들에게 통찰력과 비평을 제공해야 한다고 말한다.[28]

또한 잘 흩어지는 교회는 개교회의 숫자적 성장이나 개인의 영적 경건에 함몰되지 않는다. 오히려 그리스도인이 하나님과 이웃과 사회와 더불어 사는 삶 전체가 변혁적이고 송영적이어야 한다.[29] 이 사실을 잘 설명해 주는 것이 나지안주스Nazianzus의 그레고리우스326년 무렵-389년가 행한 39번째 설교 「거룩한 빛들에 관하여」인데, 그 설교에 의하면, 세례로 참 빛이 그리스도인 안에 비취기 시작하여 천국 시민권을 얻게 되고, 그 후로 그는 그 빛을 세상에 비추게 된다. 따라서 천국 시민권자에게 요청되는 삶은 선행, 곧 하나님을 닮아 가는 삶이다. 이런 성화는 그리스도인의 윤리의 기초이므로, 윤리는 일반

---

28. 남아공 크와줄루-나탈대학교의 S. Nadar, "Hermeneutics of Transformation?: A Critical Exploration of the Model of Social Engagement between Biblical Scholars and Faith Communities," *Scriptura* 93 (2006), 341-49. 그런데 이런 방식의 성경공부는 특정 이념을 강요하거나 의식화시킬 수 있다. 성경공부를 통해 공동체를 변화시키려 한다면, 성경으로 자신의 주관, 이념, 의식화를 점검하고 통제해야 한다.

29. I. T. Dietterich, "Sing to the Lord a New Song: Theology as Doxology," *Currents in Theology and Mission* 41/1 (2014), 23-28.

은총적인 선한 삶 그 이상이다.[30]

특별은총의 수혜자들은 일반은총의 영역을 비옥하게 만들 책임이 있다.[31] 이를 위해 그리스도인으로 하여금 복음을 실천하도록 만드는 설교자의 임무가 중요하다.[32] '하나님의 드라마Theo-drama'를 상연하기 위해 '하나님의 영광을 보여 주는 극장'기독교강요 1.5.8과 같은 세상에서, '하나님의 대본'을 따라 예수 그리스도를 위하여 고난을 무릅쓰고 선한 싸움을 수행하는 그리스도인은 삶에서 변화가 가득한 극장을 운영할 책임이 있다. 이를 위해 그리스도인에게 필요한 것은 세상을 바로 인식하고 올바로 살도록 촉구하는 이른바 '세상과 접촉시키는 설교contactual sermon'이다.[33]

장동수는 요한서신이 외부의 가현설假現說에 맞서는 논쟁적 목적은 물론이고 요한공동체 내부의 성육신적 기독론과 윤리를 강화하려는 목적을 가지고 있다고 보면서, 현대 목회자는 교회 안팎의 문제에

---

30. 그레고리에 대한 설명은 J. H. Bae, "Let Us become the Perfect Light!: Baptism and Ethics in Gregory of Nazianzus' *Oration* 39," 『고신신학』 20 (2018), 169-99 에서 요약.

31. 남아공대학교(UNISA)의 D. J. Bosch, "The Kingdom of God and the Kingdoms of This World," *Journal of Theology for Southern Africa* 29 (1979), 9-10.

32. 회심과 변화를 위한 그리스도 중심적인 교리 설교의 유익에 대해서는 H. J. Lee, "The Importance of Preaching for the Transformation of Christians in Korea" (D.Min. Thesis, Lynchburg: Liberty University, 2016), 160을 보라.

33. 김영일, "실천과 계시의 공적 설교 방법: 찰스 캠벨과 로널드 씨먼을 중심으로," 『장신논단』 46/4 (2014), 164, 김운용, "선교 2세기 한국교회의 말씀 선포 사역을 위한 설교신학 재고(再考)," 『장신논단』 43 (2011), 248.

대처해야 하는 '공공신학자'가 되어야 한다고 본다.[34] 설교자는 그리스도인이 예수님을 드러내는 생활을 하도록, 세상이 알아들을 수 있는 공적이고 합리적인 언어를 구사하고 공적인 논증을 할 수 있도록 구체적으로 도와야 한다.[35] 한 예로, 아파르트헤이트에 맞선 정치가요 신학자인 부삭A. A. Boesak은 '주이신 예수님, 실재하는 악'이라는 두 가지 신학 주제를 가지고, 참된 화해와 회개를 일으키는 부드러운 양심과 복음의 사회-정치적 메시지를 전하는 데 주력했다. 그는 설교를 통해 사회-정치적 악의 실체를 드러내어 공공 영역에서의 변화를 촉구했다.[36] 이러한 노력 가운데 교회는 자기를 점검하면서,[37] 나그네성 광야교회, 길 위의 신학을 견지하고, 세상 변혁에 대한 지나친 낙관론이나 승리주의에 주의해야 한다.[38]

---

34. 장동수, "요한 서신의 전략적/변증적 기독론," 『복음과 실천』 61 (2018), 57-58.

35. 남아공 스텔렌보쉬대학교 교의학 교수 D. J. Smit, "'Jesus en Politiek?: Christologiese Literatuur en Publieke Teologie vanuit 'n Suid-Afrikaanse Perspektief," *Scriptura* 112/1 (2013), 19. 참고로 부삭(1946-현재)의 해방신학적 흑인신학(흑인 메시아, 흑인을 위한 성령의 역사)에 대한 캄펀신학교(Oudestraat) 박사학위 논문(1976)이 우리말로 번역되었다. 『우리는 더 이상 순진하지 않다: 흑인신학과 흑인의 힘에 대한 사회윤리적 연구』(*Farewell to Innocence: A Socio-Ethical Study on Black Theology and Black Power*, 김민수 역, 서울: 한국신학연구소, 1987), 52, 66, 84, 165. 그는 논문을 "Motho ke motho ka batho babang(나는 타인이 있으므로 존재한다)"을 인용하며 마무리한다.

36. 남아공 프리토리아대학교의 W. Wessels, "Contemplating Allan Boesak's Fascination with Preaching 'Truth to Power'," *Acta Theologica* 37/2 (2017), 193, 202-203. 그러나 현재 남아공에서는 역설적으로 개인의 경건과 번영신학을 설교하는 은사주의 교회들만 숫자적으로 부흥하고 있다.

37. Martin, "Faithful Treason: The Theology and Politics of Allan A. Boesak," 99.

38. 참고. C. P. van Reken, "Christians in this World: Pilgrims or Settlers?" *Calvin*

여기서 놓치지 말아야 할 사실은 개인의 도덕적 변화이건 사회 윤리의 정립이건, 복음과 더불어 일하시는 성령님의 역사를 제쳐 두고 논할 수 없다는 점이다. 이 사실을 간파한 월리스J. Wallis는 교회의 갱신은 주 예수님께 순종하는 교회의 본질을 회복시키는 성령님의 사역을 드러낼 때에만 가능하다고 주장한다.[39] 이 사실은 바울의 설명으로도 확인할 수 있다. 에베소서 4장 8절부터 10절은 '그리스도 완결적Christotelic'으로 시편 68편 18절을 인용한다. 바울은 에베소의 이방인 그리스도인이 사회에서 높은 신분을 유지하더라도, 승천하신 예수님께서 선물로 주신 성령님 없이는 영적으로 낮고 빈궁한 상태에 있을 수밖에 없다고 권면한다.[40]

그런데 최근 통계에 의하면, 기독 청년을 정치 참여로 이끄는 요소는 천국의 원칙이나 신앙이 아니라 자신의 가치나 이념이었고, 기

Theological Journal 43 (2008), 243-46. 참고로 로버트 슐러 목사의 수정교회당을 모방한 서울 임마누엘교회, 제자교회, 분당우리교회를 서로 비교하면서, (대형교회를 포함한) 한국교회의 위기를 '선교적 교회론(missional ecclesiology)'으로 해결할 수 있다는 주장은 남아공 프리토리아대학교의 Y. Lee and W. A. Dreyer, "From Proto-Missional to Mega-Church: A Critique of Ecclesial 'Growth' in Korea," *HTS Teologiese Studies* 74/4 (2018), 1-7을 보라.

39. J. Wallis, 『부러진 십자가: 무엇을 따르고 무엇에 저항할 것인가』 (*Agenda for Biblical People*, 강봉제 역, 서울: 아바서원, 2012), 174; 남아공 스텔렌보쉬대학교의 N. Koopman, "The Role of Pneumatology in the Ethics of Stanley Houwerwas," *Scriptura* 79 (2002), 38; 임성빈, "21세기 초반 한국교회의 과제에 대한 소고," 201.

40. 남아공 스텔렌보쉬대학교 신약학 교수 E. Mouton, "'Ascended far above All the Heavens': Rhetorical Functioning of Psalm 68:18 in Ephesians 4:8-10?" *HTS Teologiese Studies* 70/1 (2014), 7; 정상호·조광덕, "종교 및 종교성이 대학생의 신뢰 및 참여에 미치는 영향에 대한 연구," 『아시아연구』 19/3 (2016), 125, 136-38.

독 청년이 국가를 신뢰하는 비율은 불신자와 비슷하게 낮았다. 따라서 복음의 공공성이 이론에 그치지 않기 위해서는 개교회에서 통전적 복음의 훈련이 있어야 하며, 개별 성도가 자기의 유익이나 이념이 아니라 천국과 예수님의 관점을 가져야 한다. 1986년에 남아공화란개혁선교교회DRMC가 작성하고 채택한 '벨하신앙고백서Belhar Confession'의 제4조 후반부와 5조를 들어 보자.

우리는 온갖 형태의 불의들을 정당화시키려는 어떤 이데올로기도, 또한 복음의 이름으로 그러한 이데올로기에 저항하려 들지 않는 어떤 가르침도 배격합니다. 비록 세상 권세들과 인간의 법들이 혹시라도 이 모든 것들을 금지하거나 그에 복종하지 않는다고 형벌과 고난을 준다고 해도, 우리는 교회의 유일한 머리이신 예수 그리스도께 순종함으로 이 모든 것들을 고백하고 행하도록 부르심을 받았음을 믿습니다엡4:15-16, 행5:29-33, 벧전2:18-25, 3:15-18.

통전적인 복음 훈련과 예수님께 절대 순종하기를 원하는 그리스도인은 말씀과 성령 충만한 제자로서 살 수 있도록 부단히 애써야 한다. 특히 말씀의 중요성은 구약의 종교개혁 사건으로 확인할 수 있다. 요시야 왕의 개혁왕하22-23장 그리고 포로 귀환 후 이방인과의 결혼 문제에 대한 개혁스9-10장, 느13장의 원동력은 하나님의 말씀이었다참고: 레18:3, 신7:1-3, 23:3, 23:7. 에스라서와 느헤미야서는 '모세의 율법'을 10

회, '다윗'을 11회나 언급함으로써, 개혁이 율법은 물론 다윗 언약에
도 근거함을 보여 준다.[41] 하경택은 요시야의 개혁에서 오늘날을 위한
통찰력을 찾으려고 시도한다. 그는 국제 정세를 활용할 수 있어야 하
고, 다양한 계층의 사람을 개혁에 동참시켜야 한다고 제안하는데, 가
장 중요한 것은 남북한의 통일을 위해서는 복음이 중심이 되어야 한
다고 말한다.[42]

복음과 교회의 공공성을 확보하기 위해서는 기도의 내용도 점검
할 필요가 있다. 1950년에 발발한 한국전쟁 이전의 새벽기도 제목은
신유, 성령 충만, 전도, 은혜 체험, 그리고 교회당 건축과 같은 주로 내
면적인 것이었다. 하지만 전쟁 이후부터는 사회와 국가의 재건과 통
일과 같은 공적 기도제목으로 크게 전환되었다.[43] 이렇게 광장에 서
기 위해서는 균형감 있는 골방 기도의 깊은 경건영성이 선행되어야
한다마6:3, 6:6, 6:17.[44] 1960년에 남아공 나탈의 루터신학교 신약학 교
수를 역임한 바이얼하우스P. Beyerhaus는 온 세상에 임하는 하나님 나
라는 모든 언약의 총화總和인데, 이런 세계 복음화를 위한 최우선은

41. 김래용, "에스라 9-10장과 느헤미야 13장의 특징과 역할," 『구약논단』 16/4 (2010),
    49-50; "에스라-느헤미야서에 나타난 모세와 다윗," 『신학논단』 68 (2012), 55, 이동
    규, "구약성서와 종교개혁: 요시야의 종교개혁과 그 현대적 교훈," 『구약논단』 23/4
    (2017), 292, 298. 요시야의 개혁에 대한 진술을 포로 후기의 신명기적 편집자의 작업
    으로 보는 경우는 이은우, "북이스라엘에서의 요시야의 개혁(왕하 23:15-20)," 『선교
    와 신학』 42 (2017), 336을 보라.
42. 하경택, "요시야 개혁과 한반도 통일: 신명기 역사서에 나타난 요시야 개혁운동을 중
    심으로," 『Canon & Culture』 9/1 (2015), 93-95.
43. 윤은석, "새벽기도회의 정례화와 공공성," 『선교와 신학』 45 (2018), 224-25.
44. 최현범, 『교회 울타리를 넘어서라』, 29-37.

그리스도인 개인지역교회이 예수 그리스도와 기도를 통하여 인격적 관계를 강화하는 것이라고 주장했다.[45] 그러나 역설적이게도 예수님 께서 제자들의 개인 기도에 활용하도록 모범으로 가르쳐 주신 '주기 도'마6:9-13가 정작 골방 기도에서는 가장 활용되지 않고 있다.[46]

공공성 운동은 교회가 세상 속에 임한 하나님의 통치를 구현하 기 위하여 자신의 정체성에 맞는 사명을 수행할 때 가능하다. 이를 위 해 구체적으로 개교회의 조직을 지역을 감안하되 영역별로 재편하 고, 실행할 수 있는 선교적공공적 교회의 의미를 담은 예전을 강조할 필요가 있다. 그리고 교회는 공공성 운동에 적합한 세부 조직과 장-단기적이고 구체적인 시행 매뉴얼을 구축하고 보완해야 한다.[47] 이를 위해 먼저 교회의 공동체성을 회복해야 하며,[48] 신앙고백이 일치하는 교회 간의 연합도 매우 중요하다. 교회 간의 연합에 대한 예로, 프랑

---

45. P. Beyerhaus, "World Evangelization and the Kingdom of God," in *Let the Earth hear His Voice*, ed. by. J. D. Douglas (Minneapolis: Worldwide, 1975), 302.

46. Van Bruggen, *The Sermon on the Mount*, 56, 60.

47. 참고로 SFC(학생신앙운동)가 영역운동을 위한 (항시적?) '공동체 혹은 조직'이 필요 하다면, 그것은 기존 SFC의 조직과 어떤 관계를 맺는지 불분명하다. 그리고 영역운동 의 '펼침'을 위해, 'SFC의 틀을 벗어나는 것'은 주의를 기울여야 하며 재고되어야 한 다. 참고, SFC총동문회 영역본부운동, 『SFC영역운동의 방향과 실천: 영역운동메뉴 얼』(NP, 2017), 245, 262-66. 더불어 이때 주의해야 할 것도 있다. "우리의 우군 역 시 우리 교단이나 관련 단체가 아니다. 외적인 조직이나 단체 또는 운동이 그대로 우 리 편이라 생각하는 순간 인간적인 힘을 의지하고 싶은 충동을 느끼게 된다." 권수경, "시대 상황과 그리스도인의 사명" (http://reformedjr.com/board05_03/8034; 2018 년 7월 23일 접속).

48. 공공선을 실천하려면 교회의 공동체성의 회복이 우선 되어야 한다는 주장은 한규승, 『구약 예언서의 공공신학』, 419를 보라.

스의 개혁교도인 위그노가 로마 가톨릭교인인 루이 13세1601-1643년의 반대에도 불구하고 도르트회의1618-1619년에 참석하기 위한 예비 조치로서 국제 개신-개혁교회 연맹, 즉 프랑스 투나스Tonneins 회의를 시도한 것을 들 수 있다1614년.[49]

교회의 공공성 운동은 지역교회들 및 다른 기구와 연대하면 더 효과적이다. 그런데 지역교회나 교회 밖의 조직과 연대할 경우에는 조직 간의 차이를 감안하여 세부 지침을 마련하는 것이 중요하다. 예를 들어, 루터의 전통을 따르는 루터교 신학자들은 두 왕국론에 근거하여 국가와 교회의 관계를 논하며 거리 두기막10:42-45, 고전6:1-11와 용인容認의 태도를 동시에 강조한다참고: 바르멘선언 제5항. 따라서 칼뱅주의자들이 루터교회와 연대할 경우에는 이런 특성을 숙지하는 것이 필요하다.[50] 한편 대표적인 교회 밖 조직인 대학생 선교단체는 지난 2000년부터 영향력과 숫자에서 급격하게 쇄락하고 있다. 이들이 생존하고 활성화되려면, 타 선교단체와의 경쟁에서 단체 간의 연합으로, 신앙생활에서 생활신앙으로, 내국인 학생 중심에서 외국인 학생까지 포용하는 운동 방식으로, 정복식 전도에서 대화식 접근으로, 반지성 혹은 초 감성적 방식에서 전인적 신앙을 강조하는 패러다임으로의 전환이 필요하다.[51]

---

49. K. Maag, "Impact amid Absence: The Synod of Dordt and the French Huguenots," *In die Skriflig* 52/2 (2018), 1-7.

50. P. Stuhlmacher, 『로마서 주석』 (*Der Brief an die Römer*, 장흥길 역, 서울: 장로회신학대학교출판부, 2002), 346-50.

51. 정종훈, "학원선교의 위기와 새로운 패러다임의 모색," 『선교와 신학』 35 (2015), 209-

교회와 기독교 단체가 공공성 운동을 구현하려면, 먼저 성경-신학적 및 다차원적으로 특정 이슈를 검토한 후, 내부의 합일을 이루고 그런 다음 사회-정치적 이슈에 대한 원론적인 입장 표명 및 행동 지침을 제시할 수 있어야 한다. 강영롱에 의하면, 교회가 세상과 대화할 때 염두에 두어야 할 사항은 아래와 같다.

타당성1. 진술의 객관성에서 파생된 지표

첫째, 객관적으로 납득될 수 있도록 사실 관계 확인에 우선적 관심을 기울이는가? 진리성

타당성2. 규범적 적절성에서 파생된 지표

둘째, 상대에게 자기 입장을 강요하고 특정 행동을 강제하지 않았는가? 태도

셋째, 사회 윤리와 규범을 형성할 만한 기독교의 자원을 발굴하고 확산했는가? 책임

넷째, 사회적 관계나 규범 안에 내재한 억압에 대해서 말하고 있는가? 발언

타당성3. 주관적 진실성에서 파생된 지표

다섯째, 인간과 진리에 대한 진실하고 진정한 관심을 보이는

---

226. 참고로 1950년대에 시작된 대학생 선교단체들의 간사들은 특히 경제적 어려움, 불안정한 미래, 그리고 관계와 역할에서 겪는 갈등으로 어려움을 겪고 있다. 간사들이 이런 스트레스에 대처하는 유형으로는 고립형, 문제해결형, 관계추구형, 영적추구형, 그리고 성장형이 있다. 이유경, "대학생 선교단체 남성 사역자(간사)의 스트레스 경험과 적응 과정에 관한 연구," 『한국기독교상담학회지』 28/1 (2017), 140-41.

가?태도

여섯째, 공적인 자리에서의 발언과 삶의 방식이 분리되지 않
는가?책임

일곱째, 핵심가치에 입각해서 그리스도인의 위선과 기만에
대해서 질타하는가?발언

확장. 교회의 진리성을 위한 지표

여덟째, 진리 입증이 유예될 수 있음을 알고 인내하며, 겸손
을 견지하는가?태도

아홉째, 진리를 소통 가능한 언어와 납득 가능한 언어로 구
사하는가?책임

열째, 진리 추구를 저해하는 지적 풍토를 인식하고 그것에
관해 말하는가?발언[52]

세상 속에서 하나님 나라 에토스를 실천하려면, 벤치마킹이나 정
기적인 캠페인과 교육이 필요하다. 예를 들어, 「Sojourners」는 미국
진보적 복음주의 진영의 대표적인 사회 참여 저널인데https://sojo.net,
이 저널은 베트남 전쟁을 반대하다가 시작되었고1971년, 현재 다양한
사회-정치 이슈에: 정의, 평화, 분쟁, 환경, 공정무역, 가난, 이민, 건강보험, 인종차
별, 시민권리, 종교간 대화를 주로 평화주의 관점에서 연구하고 있다. 구약

---

52. 강영롱, "교회의 공적실천의 방법으로서 '대화'와 '참여'에 관한 연구: 위르겐 하버마
스, 찰스 테일러, 미로슬라브 볼프를 중심으로" (Ph.D. 논문, 서울: 장로회신학대학교,
2015), 300-303.

선지서와 복음서를 많이 의존하면서 사회 평화와 정의를 일관되게 주장하는 월리스J. Wallis 박사가 이 단체의 대표로 있다. 성경공부와 성경의 명령을 실천하는 것을 강조하는 월리스는 정의와 평화를 가르치신 예수님의 교훈을 확실하게 따르는 것을 참 회심이라고 간주한다. 이 저널은 사회, 정치, 문화 역역에서 그리스도인의 행동을 강조한다는 점에서 선교적 교회 논의에 중요한 자료가 되고 있다.

월리스가 제안하는 그리스도인이 세상을 변혁하기 위한 일곱 가지 규칙은 다음과 같다.

① 하나님께서는 불의를 싫어하신다. ② 천국은 새로운 질서이며, 중생은 천국의 공적 운동에 가담하는 전제 조건이다. ③ 교회는 천국의 새로운 질서를 따르는 대안공동체다. ④ 천국은 특정한 부정세상에 '아니오'라고 말해야 할 경우가 있음을 다룸으로써 세상을 변혁시킨다. ⑤ 교회가 국가의 양심인 이유는 국가가 정의를 지지하고 폭력을 억제하도록 만들기 때문이다. ⑥ 세계적 안목을 가져라. ⑦ 사회의 공동선을 추구하라.[53]

이런 규칙들 때문에, 월리스는 십자가 중심주의crucicentrism를 부

---

53. J. Wallis, 『그리스도인이 세상을 바꾸는 7가지 방법』(*The Great Awakening: Reviving Faith and Politics in a Post-Religious Right America*, 배덕만 역, 파주: 살림, 2009), 98-123, H. Kim, "Sojourners Magazine, 1971-2005: Peace and Justice, a Voice of American Progressive Evangelicals" (Ph.D. Thesis, Drew University, 2011), 329-35.

각시키지 않는다는 지적을 받기도 한다. 우리의 눈을 한국의 한 교회로 돌려 보자. 대구 하늘샘교회박윤만 목사 담임의 '녹색교회 10계명'은 복음의 공공성 운동이 지역교회 안에서 먼저 실천될 수 있는 본보기이다.

① 물욕을 버리고 하나님의 자녀와 만물의 상속자로서 청빈하게 삶, ② '아나바다'와 같은 실천을 통한 절제함, ③ 일회용품 사용을 지양하고 주일에 대중 교통 이용과 같은 자발적 불편 감수, ④ 지나친 청결을 지양하고 더러움과 친해짐, ⑤ 교회학교 간식은 친환경적 먹거리를 사용, ⑥ 식사 시 음식물을 남기지 않기, ⑦ 교회학교에서 중고품 시장을 개최, ⑧ 계절마다 야유회를 통한 친자연적 생활, ⑨ 지역주민을 섬기는 환경부서 운영, ⑩ 교회당 내 에너지 절약을 위해 약간의 불편을 감수함.

위의 ⑨를 더 적극적으로 확장하여 적용한 개념은 최근 활기를 띠는 천국, 정의, 평화, 문화, 생태, 치유, 행복을 마을공동체 속에 구현하는 '마을 목회'이다.[54] 덧붙여 대구 새누리교회예장 합동의 활동도 '사적행복'을 넘어 지역 안에서 사랑의 나눔을 통해 '공적행복public happiness'을 다각도로 추구하는 선교적 교회의 좋은 모델로서 참고할

---

54. 정원범, "하나님나라 운동으로서의 마을목회," 『선교와 신학』 43 (2017), 369.

수 있다.[55]

북미 기독개혁교회CRC의 '사회정의분과Office of Social Justice'는 여러 이슈이민, 환경 보호, 종교 박해, 낙태, 가난과 기아, 회복적 정의, 난민, 중동 평화, 원주민의 정의, 분쟁지역의 다이아몬드, 에이즈, 인신매매, 평화와 전쟁, 안락사, 인종차별를 다룬다. 이런 활동은 복음의 공공성이 개교회나 기관을 넘어 교단총회 차원으로 전개되어야 하는 필요성을 잘 보여 준다.[56] 우리나라에서는 예장 통합이 2008년 11월에 '공적신학과 교회연구소'를 설립하여 '평화, 문화갈등, 통일, 다문화, 세계화, 직업윤리' 등에 관한 공공신학 논의를 펼치고 있다.[57]

종교의 자유라는 정당한 권리를 공적 영역에서 실현하기 위해서는 무엇보다 교회가 공적 도덕의 가치에 영향을 미칠 수 있도록 스스로 준비되어야 한다. 예를 들어, 미국의 로마 가톨릭은 특정 공적 이슈들줄기세포 연구, 낙태, 동성애에 반대 목소리를 냄으로써 종교의 자유

---

55. 이우윤, "공적행복을 위한 지역교회의 실험적 모색," 『행복한 부자연구』 3/2 (2014), 34-43.

56. 참고, 심재승, "우리의 세상은 하나님의 것이다(4)," 『월드뷰』 7월호 (2018), 58-63; https://www.crcna.org/welcome/beliefs/contemporary-testimony; http://justice.crcna.org(2018년 7월 6일 접속). CRC소속 칼뱅신학교의 강영안도 세상은 하나님의 것이므로 그리스도인이 그 안으로 뛰어들어야 한다는 데 동의한다. 참고로 토론토의 '공공정의를 위한 시민들(Citizens for Public Justice)'의 가이드라인은 인간 존엄, 상호 책임, 경제 평등, 사회 정의, 친환경, 재정의 공정성이다. G. Vandezande, "Towards Reconciliation in a Divided World," *Signposts of God's Liberating Kingdom: Perspective for the 21st Century. Volume 2*, ed. by B. van der Walt & R. Swanepoel (Potchefstroom: IRS, 1998), 56.

57. 임성빈, 『21세기 한국사회와 공공신학』을 참고하라.

를 공적으로 실현하려고 시도하고 있다. 한국의 기독교계보수 기독교계 역시 공적 도덕의 확립을 위해 나름 노력하고 있다.[58] 그리스도인의 사회참여 방식은 ① 운동으로서 사회참여: 기독교윤리실천운동, 뉴라이트운동 등, ② 비정치적 사회참여: 신앙적 요소에 우선성을 두고 사회참여에 거리를 둠, ③ 정치적 사회참여: 한국기독당 등으로 나눌 수 있다. 이런 사회참여 시, 기독교의 이익만 대변하거나 교회 이기주의 및 배타주의에 빠지지 않도록 주의해야 하며, 기독교의 탈사사화 de-privatization로 인한 기독교의 세속화 역시 주의해야 한다.[59]

복음주의와 차별된 개혁주의 공공성 운동을 위해 개혁주의를 표방하는 기독교대학들과 연구소들예: 고신대학교의 경우 기독교사상연구소, 개혁주의학술원, 교육-선교연구소, 영도발전연구소, 그리고 약 10개의 정부 위탁 기관은 서로 연대해야 한다. 고신 총회와 고신대학교가 세상의 빛들인 기독 인재를 육성하는 데 필수적인 유치원, 초등학교-고등학교를 소유 및 운영하지 못하고 있는 현실은 매우 안타깝다. 그리고 탈종교화, 인구 절벽, 학령인구의 급감에 직면한 고신대학교와 신대원은 생존을 위

---

58. 시민법, 도덕 규범, 그리고 종교 신념의 관계에 대해서는 D. Hollenbach, "Religious Freedom, Morality and Law: John Courtney Murray Today," *Journal of Moral Theology* 1/1 (2012), 75-77, 91을 보라. 참고로 미국에서 (특별히 교육을 받지 못한 빈곤 계층에게 있어) 성공을 위해 필요한 기회를 충분히 갖지 못한 것보다는 도덕적-영적인 가난이 근본적인 문제라는 주장은 R. R. Reno, "The Public Square," *First Things* 253 (2015), 4를 보라.
59. 미래목회포럼, 『이슈 & 미래』 (서울: 예영커뮤니케이션, 2015), 74, 그리고 임성빈, 『21세기 한국사회와 공공신학』 (서울: 장로회신학대학교출판부, 2017), 23-26, Cochran et als, 『교회, 국가, 공적 정의 논쟁』, 49.

해서라도 상호 협력하여 기독교대학의 학문과 신학을 증진시켜야 한다. 참고로 남아공 크와줄루-나탈대학교의 경우 신학초교파적과 학부 과정에서 '신학과 사회'를 가르치는데, 간문화적, 간학문적, 간신앙적, 간교단적 신학을 추구한다.[60] 하지만 이런 교과목은 신학의 기초를 정립하는 신학과 학부과정 학생에게 혼동을 초래할 여지가 크므로 주의가 요구된다. 그리고 간학문적으로 성경을 '한국적 상황 안에서 읽기lectio contexta Coreana'는 연구할 가치가 있는 주제이다.

겸손하고 참되면서도 건설적인 방식으로 세상을 치유하고 돕는 공공신학을 논의할 때 유념할 사항들이 있다. 그것은 변함없이 기독교 유일 신앙과 삼위일체론을 견지하고, 범신론과 보편구원론을 배제하고, 인간의 능력으로 변화가 가능하다는 낙관론을 경계하며, 기독교의 독특한 목소리를 내며, 타학문의 통찰력을 비평적으로 활용하며, 무엇보다 하나님 나라를 증언해야 한다는 것이다.[61] 사도 바울의 유언과도 같은 디모데후서 2장 3, 4절에 비추어 보면, 공공성 운동에 참여한 이들은 '그리스도를 위한 군사Soldier for Christ'와 같다. 그들은 예수 그리스도를 위하여 고난을 무릅쓰고 선한 싸움을 수행하는 이들이다행20:24, 살전5:8, 딤후2:3-4, 4:7, 참고: 계12:11. 그들은 중세의 '십자군'이나 나치 이데올로기에 충성한 젊은 '그리스도의 돌격대 Sturmabteilung'가 사용한 무력 정복과는 다른 방식으로 전투를 치러

---

60. N. Richardson, "The Future of South African Theology: Scanning the Road Ahead," *Scriptura* 89 (2005), 551-57, 562.

61. 이승구, 『광장의 신학』, 40-50.

야 한다.[62] 뱀처럼 지혜롭고 비둘기같이 순결해야 할 그들이 부를 주제 찬송은 「십자가 군병 되어서Soldier for Cross」새찬송가 353장가 적합하다.[63]

우리를 모병하신 대장 예수님께 영광을 돌리기 위해서라면, 지혜로운 토론과 의견 수렴, 전략과 노하우 공유, 훈련 그리고 희생적 실천이 필요하다. 그리스도의 나라 운동을 위해 부름 받은 군사들은 빌보드 '2017 Top Social Artist'를 수상한 7인조 남성 아이돌 그룹 '방탄소년단BTS'으로부터 젊은 세대를 위한 사역에 대한 통찰력을 얻을 수 있다. BTS는 소탈한 청소년기를 보낸 비서울 출신부산, 대구, 광주, 과천, 고양, 즉 소위 '흙 수저'로 결성되었고, 중소기획사인 '빅히트 엔터테인먼트'대표 방시혁 소속이다. BTS는 국경을 초월한 충성도 높은 글로컬 팬덤, 특히 'Army'를 확보하고 있다. BTS는 '세계 최다 트윗 그룹'으로, 온-오프라인상에 자신들의 일거수일투족과 활동을 실시간으로 공개함으로써 팬들과 지속적으로 교제하고, 그것을 또 다른 콘텐츠로 활용한다360도 마케팅. 그리고 그들은 하루 14시간의 고강도 연습을 통해 뛰어난 음악적 역량을 갖추고 있는데, 멤버 전원이 자신의 이야기를 작사와 작곡에 반영하고, 힙합스타일 음악을 역동적 군무로 표현함으로써 다른 그룹과 차별화한다.

또한 BTS는 사회 현상을 비판적으로 담은 공감 가능하고 희망적

62. 추태화, "역사 상황과 교회의 정치권력화에 관한 연구: 1930년대 독일 교회를 배경으로," 『신학과 실천』 32 (2012), 795.
63. Mouw, 『무례한 기독교』, 196-97, 200-201.

인 메시지를 솔직하면서도 감수성과 호소력을 갖추어 전달함으로써, '덕후'와 'Army'에게 인생의 의미를 발견하도록 돕기까지 한다. 그리고 BTS는 복수적 보편성과 지역성을 중시하는 문화혼종적cultural hybridizational 방식으로 북미와 유럽의 가수들과 차별화되고 독특한 이미지를 확보하여 관리하며, 외모와 식단 관리와 무분별한 CF출연을 지양하는 방식 등으로 자신들의 가치를 보호하는 방법도 알고 있는 듯하다. 하지만 국내외 팬들의 음악 내외적 요구와 기대를 충족시키기 위해서 노력하루 14시간의 감정 노동을 극한대로 수행 중인데, 여기서 취업을 위해 스펙을 쌓으려고 혹사당하는 한국 청년들의 모습과 겹치기도 한다. 이상으로 BTS의 강점을 요약하자면, 소통 강화, 훈련을 통한 역량과 차별성을 확보함, 실존적 의미를 전달하고 공감함, 그리고 자신의 독특한 가치를 확립하는 것이라고 할 수 있다.[64]

로마 가톨릭의 사회정의에 대한 김혜경의 연구에 의하면, 전체를 강조하는 상위 개념인 공公, public이 구성원의 개별성이 함께 어우러지는 공共, common과 조화를 이루어야 '공동선'이 형성된다.

공동선은 하나님의 법에 맞고, 가치 있고 질서 있는 행복한 생활을 위해 개인과 공동체가 정상적이고 안정된 공적 조건을 마련하는 것이다. …… 공동선은 인류와 관련하여 선善과 의義를

---

64. 이규탁, "방탄소년단: 새로운 세대의 새로운 소통 방식, 그리고 감정노동," 『문화과학』 93 (2018), 284-91, 류도향, "감성의 제국에서 진정성의 코드화," 『사회와 철학』 35/4 (2018), 18-20에서 요약.

배경으로 한 권리와 의무를 요구하며, 진리, 정의, 생명, 평화 등 보편적 가치를 거스르는 모든 행동을 저지하며, 질서와 협력으로 하나님의 뜻에 맞는 사회를 발전시키고 개인의 인격을 함양하는 데 도움이 되는 제도와 체제를 재정비하는 것까지 포괄한다."[65]

로마 가톨릭의 이런 공동선은 웨슬리의 '사회적 성화'를 떠올리게 한다. 한국 천주교는 각 교구마다 '사회 교리 학교'를 운영 중이다. 그들의 사회 참여는 3단계를 거친다. ① 특정 사회 이슈를 소개, ② 성경과 교황 문헌을 통한 복음적 식별, ③ 실천 요령을 제안. 이때 방언이 아니라 누구나 쉽게 알아들을 수 있도록 표현하려고 노력한다. 천주교 내부에서의 활동에 한계를 느낀 이들은 '사회정의시민행동'이라는 시민단체를 출범시켰다2007년. 하지만 천주교는 신자들, 특히 보수적인 지도층 및 중산층 이상의 고학력자의 사회 참여에 대한 부정적 인식이 높아지고 있는 현실 속에서 그들을 설득하는 과제를 안고 있다.[66]

그러므로 이런 복음과 교회의 공공성을 위한 '운동과 전투'를 위해서는 팀워크를 다지는 시간이 필요하다딤후2:3-5. 그러는 와중에 시

---

65. 김혜경, "세계화 시대의 정의: 공동선-20세기 정의사상과 가톨릭 사회정의를 비교하며," 『신학전망』 184 (2014), 150, 177.
66. 조현범, "한국 천주교의 현재와 미래," 『종교연구』 68 (2012), 64-72.

행착오가 따를 것인데, 그때 '공동체의 품질보증서'와 같은[67] 가장 오래되었지만 새로운 계명인 '사랑'에 근거한 용납이 제대로 작동해야 한다요일2:7. 아브라함 카이퍼1837-1920년는 암스테르담 자유대학교의 개교기념 연설 'Souvereiniteit in Eigen Kring자신의 영역 안에서의 주권'1880년 10월 20일에서 이렇게 말했다. "'순수한' 기독교, '순도 높은' 기독교, '순전한' 기독교, '참된' 기독교의 탁월성을 발휘하려면, 우리 역시 '품질보증서'를 지닌 기독교에 대해 그릇되지 않게 말할 수 있어야 합니다."[68] 바로 그때 일반은총의 영역은 특별은총으로써 비옥하게 경작되어 만유의 주 하나님께서 기뻐하시는 열매를 결실할 것이다. 한국교회는 카이퍼의 또 다른 경고에도 귀를 기울여야 한다. "특별한 계시 영역의 실재를 감지하지 못하고 결국 부정하는 자들은 주권의 문제를 신앙의 문제로부터 절대적으로 분리해야 한다고 주장합니다."[69] 이것은 성경의 진리를 깊이 이해하지 못하면 비신앙적인 공공성 운동에 빠질 수밖에 없다는 경고이다.

다시 한 번 기억해야 할 것은 성경과 천국의 중핵과 같은 교회, 그리고 기독교대학과 기독교 기관을 제쳐 둔 채라면, 광장에서 아무리 전심전력으로 온갖 일을 수행하더라도 그것은 '아무것도 아닌 것

---

67. Hays, 『신약의 윤리적 비전』, 183.
68. 박태현, "아브라함 카이퍼의 영역주권(2)," 『신학지남』 320 (2014), 238에서 재인용.
    참고로 공공신학이 신칼뱅주의가 중요시하는 일반은총과 인간의 도덕 및 사유 능력
    을 활용해야 한다는 주장은 Williams, "Prophetic Public Theology," 169를 보라.
69. 박태현, "아브라함 카이퍼의 영역주권," 195에서 재인용.

으로 충만full of nothing' 할 수 있다는 사실이다.[70] 클라스 스킬더Klass Schilder, 1890-1952년는 그리스도인이 창조주께 받은 세상 속에서 공존할 의무와 그리스도께 받은 교제의 의무 사이에 긴장이 있다고 보았다. 이런 긴장의 해소를 위해서는 '공적 경건'이 일반은총의 내부 양식예: 공적 양심과 시민적 덕성과 맞물려 작동하도록 도와야 한다.

스킬더는 이러한 관점에서 장로가 교인을 심방하는 것을 문화적 행위로 간주했다. 교회에서 치리 장로가 시행하는 권징은 죄를 범한 그리스도인을 회복시키는 은혜로운 섬김이자 하나님의 선물이다마 18:18. 그리고 예수님의 왕직을 따라 장로가 시행하는 권징은 교회의 순결을 보존하고 성도를 양육하기 위한 목적을 가지므로, 마치 교회의 근육과 같다기독교강요 4.12.1고 하겠다. 그리스도인이 교회당 안에서 정결하게 생활하는 법을 배울 때, 그들은 교회당 밖에서도 역할을 제대로 감당할 수 있다.

교회를 통한 공공성 운동의 중요성은 아래의 진술을 통해서도 알 수 있다.

교회는 정치적 혹은 법적 행위로써 사회미국를 우선적으로 변혁할 수 없을 것이다. 교회는 성례전적인 예배의 독특한 과업과 하나님의 말씀의 통전적 가르침, 복음 사역, 권징과 자비의 사역을 신실하게 수행함으로써 세상에 대한 교회의 심오한 영

---

70. 한규승, 『구약 예언서의 공공신학』, 112.

향을 가지게 될 것이다. …… 이것들은 세상의 사회 환경과 상관없이, 항상 교회의 주요한 관심이 되어왔고, 오늘날에도 교회의 주된 관심으로 남아있으며 이 세상을 도래하는 하나님 나라의 형상으로 변혁시킬 주된 방향들이다.[71]

교회는 적대적인 사회에 저항하거나 순응하기보다 구원이 가지고 온 산 소망 때문에 자체의 결속을 강화하되, 세상 속에서 긍정적 구별됨을 통하여 세상을 위한 공동체로 자리매김을 해야 한다벧전 1:3.[72] 교회는 세상을 하나님 나라로 변화시키시는 하나님의 'Plan A'이며, 기독교를 세상에 보여 주는 가장 중요한 수단이다.[73] 앞으로 복음과 교회의 공공성을 촉진하기 위해 성경의 '개혁주의 공적 읽기 reformed public reading'가 촉진되기를 바란다.[74]

2020년 4월 15일의 국회의원 선거를 한 달 앞두고, 기윤실은 목사나 교단 임원들이 선거법을 위반하여 처벌받을 수 있음을 염려하며 한국교회를 향하여 다음과 같이 호소문을 발표했다.

---

71. P. J. Leithart, 『하나님 나라와 능력: 교회의 중심성 재발견』(*The Kingdom and the Power: Rediscovering the Centrality of the Church*, 안정진 역, 서울: CLC, 2007), 277-78. 참고로 기독교 복음과 천국 가치에 뿌리를 두는 '보수적'과 보수적 가치를 현실에 뿌리내려 적용하는 '급진적(라틴어 radix['뿌리']에서 radical)'은 상호 보완적이기에, 그리스도인은 '보수적 급진주의자(conservative radical)'여야 한다는 주장은 Wallis, 『그리스도인이 세상을 바꾸는 7가지 방법』, 160을 보라.

72. 이승호, "베드로전서에 나타난 교회의 정체성," 『선교와 신학』 41 (2017), 457-62.

73. 최현범, 『교회 울타리를 넘어서라』, 58, 61, 그리고 Contra 공공신학에 있어 선교 신학적 목표를 반대하는 손규태, 『하나님 나라와 공공성』, 198.

74. 참고, 한규승, 『구약 예언서의 공공신학』, 25.

교회 목사가 예배시간에 설교를 통하여 특정 후보자나 정당의 당선지지, 낙선반대을 촉구할 경우 공직선거법 제85조 제3항 위반죄로 처벌받을 수 있습니다. 교단 총회나 노회의 임원이 직무를 집행하면서 구성원을 대상으로 특정 후보자나 정당의 당선, 낙선을 촉구할 경우에도 동일하게 처벌받을 수 있습니다. '종북좌파', '마귀세력', '예수님 잘 믿는 장로' 등과 같이 비유, 상징, 간접화법 등을 사용하더라도 듣는 사람이 특정 후보나 정당에 대한 지지나 낙선을 유도한다는 점을 쉽게 알 수 있는 경우에는 마찬가지로 처벌받을 수 있습니다. …… 자유민주주의의 핵심적인 제도인 선거가 공명정대하게 치러지도록 교회가 앞장서서 공직선거법을 준수하여 주십시오. 설교나 문서의 내용이 공직선거법을 위반하지 않도록 각별히 주의하여 주시기 바랍니다.[75]

불행하게도 좌우 정치에 편향되거나 이념을 우상시하는 일부 목회자들과 그리스도인들이 광장이나 SNS에서 거리낌 없이 내뿜는 비방, 욕설, 사실 확인이 되지 않은 주장은 공적 예절과 균형감 있는 신앙을 갖춘 이들로부터 공감을 얻지 못한다. 만약 불신자들의 합리적인 상식에도 미치지 못하는 그런 행태가 지속된다면, 기독교는 사회

---

75. 기독교윤리실천운동, "[호소문] 교회는 공직선거법을 준수해주시기 바랍니다." (https://cemk.org/16202/; 2020년 3월 16일 접속).

에서 혐오의 대상으로 전락하여 게토Ghetto가 되고 말 것이다. 성경과 복음 진리의 길을 따르는 하나님의 백성이라면 마땅히 사랑 안에서 품위와 질서를 갖추어 말해야 하며고전14:40, 아름다우신 하나님의 형상을 따라 지식에까지 새롭게 되어야 한다골3:10.

이 글을 적용하고 실천하는 데 필요한 열여덟 가지 질문은 아래와 같다.

① 그리스도인이 세상의 광장에서 왕직을 수행하려면 어떻게 이중 언어를 학습해야 하며, 누구와 연대하여 전략을 구사할 수 있는가?

② 그리스도인이 광장에서 제사장직을 수행하려면, 어떻게 이중 언어를 학습해야 하며, 누구와 연대하여 전략을 구사할 수 있는가?

③ 그리스도인이 광장에서 선지자로서 역할을 감당하려면 어떻게 이중 언어를 학습해야 하며, 누구와 연대하여 전략을 구사할 수 있는가?

④ 교회가 세상에서 대안공동체로서 자리매김하여 변혁공동체로서 기능할 수 있다면, 대안공동체의 정체성과 사명을 어떻게 확립할 수 있고 변혁공동체로 어떻게 이어질 수 있는가?

⑤ 공공성에 대한 성경신학적 논의는 교의학적 논의와 어떤 차별성과 적용을 가지는가?

⑥ 하나님께서 세상과 교회를 통치하시는 방식인 성령의 현재적 사역, 복음 진리, 은혜와 새 언약, 부활의 영생은 그리스도인의 왕-제사장-선지자라는 세 직분의 수행과 각각 어떤 관련성이 있는가?[76]

⑦ 기독교대학 혹은 신학회 차원의 공공성 논의를 개교회에 어떻게 접목할 수 있는가?예: 담임목회자의 공공성에 대한 이해, 공공적 주제에 대한 청년들의 관심 파악 등

⑧ 복음의 공공성 실현을 위한 로드맵, 즉 단기-중기-장기 실천 전략을 개교회 혹은 개교회의 청년부가 수립하여 활동을 전개할 때, 그 과정을 다른 형편에 처한 교회나 청년 단체와 어떻게 공유할 수 있는가?

⑨ 복음의 공공성을 위한 기초가 되는 개인 골방의 영성과 성령 충만을 어떻게 잘 유지할 수 있는가? 개교회에서의 신실한 충성과 사회 속에서의 역할이 어떻게 균형을 이룰 수 있

---

76. 2020년 5월 25일 미국 미니아폴리스에서 경찰의 과도한 진압으로 조지 플로이드(George Floyd)가 사망했다. 즉시 "정의 없이 평화 없다" 그리고 "흑인의 생명이 귀중하다"라는 구호를 외치는 인종차별 반대 시위가 미국 전역은 물론, 독일과 호주 등으로 확산했다. 오래전에 미국 백인은 흑인을 지배할 때 성경으로써 정당화했는데, 이것은 트럼프 대통령이 인종차별 반대 시위가 벌어질 동안 주일 예배 후 교회당 앞에서 성경을 들고 사진 촬영을 한 것으로 재현되었다. 이에 반해, 20세기 중반부터 J. H. Cone과 K. Mana는 예수님의 성육신에 담긴 기독론적 교훈으로부터, 하나님께서 흑인의 영혼과 정신은 물론 육체와 숨결에도 함께 계신다고 주장했다. 그런데 크리스천이 생명 존중과 정의로운 인권 확립이라는 공동선을 추구할 때, '흑인신학'과 같은 이념을 출발점으로 삼는 것은 주의해야 한다. 참고, J. U. Young III, "Do Black Lives Matter to 'God'?." *Black Theology* 13/3 (2015), 213-15.

는가?

⑩ 복음의 공공성 실천을 위해서 선교적 교회의 통찰력을 어떻게 접목시킬 수 있는가?

⑪ '공공신학'이 등장하기 이전에 한국교회와 기독 단체의 공공적 측면은 무엇이었으며, 그것을 어떻게 접목하여 발전시킬 수 있는가?

⑫ 중대형교회와 달리 한국의 대부분을 차지하는 소형교회는 내려놓을 기득권이 거의 없는 형편인데, 교회의 형편에 따라 공공성 실현을 위해서 맞춤식 전략이 필요하지 않는가?

⑬ 그리스도인의 정체성과 가치의 경계선을 확고히 하면서도 세상과 공존하며 소통하는 방식을 어떻게 계발할 수 있는가?

⑭ 특별히 젊은 그리스도인들의 불의에 대한 정의감이 자신의 사회-정치적 이념이 아니라 성경적 근거로 표출되도록 도울 방법은 무엇인가?

⑮ 교회의 세대 간 이념 갈등을 어떻게 복음과 하나님 나라 에토스로 조정할 수 있는가?

⑯ 복음의 공공성을 상실한 다양한 원인들에 맞춤식 처방을 어떻게 줄 수 있는가?

⑰ 도덕적 행위의 주체moral agency이자 도덕공동체인 교회가 추구해야 하는 윤리ecclesial ethic가 공적 윤리public ethic로 발

전하려면 어떤 과정을 거쳐야 하는가?[77]

⑱ 주일 예배의 순서마다 교회와 복음의 공공성을 어떻게 담아 낼 수 있으며, 공공-선교적public-missional 설교를 할 수 있는 가?[78]

---

77. 교회가 교회답지 못하다는 평가를 받는 주요 원인은 윤리의 부재이다. 그것은 세상에 서 성도의 윤리 부재와 공적 섬김의 부재로 이어진다. 교회는 윤리의 회복과 더불어, 공적 이슈에 대한 통찰력을 길러야 한다. 문시영, 『교회의 윤리 개혁을 향하여: 공공신 학과 교회윤리』(서울: 대한기독교서회, 2016), 5, 260, 291, 299, 315, 323.

78. 주일 공예배에 참석한 그리스도인은 자신이 생활하는 일상 상황을 고려하지 않고 예 배 순서를 그냥 따라가는 경향이 적지 않다. 하지만 주일 예전은 공공-선교적 특성 을 담아내야 한다. (1) 하나님께서 언약 백성을 세상에서 교제로 부르심으로써(Call to Worship), 세상에서도 하나님의 형상을 회복하여 주님과 교제하는 참 사람이 되 라고 가르치신다. (2) 회중은 십계명에 비추어 세상에서 선교적 교회로 역할을 감당 하지 못한 죄 그리고 남을 용서하지 못한 죄를 고백해야 한다. (3) 회중은 삶의 현장 에서 새 노래를 부르며 하나님의 구원과 은혜를 증언해야 한다. (4) 성례는 예수님 과 교회의 연합을 가시적으로 증명하는데, 그리스도인은 사랑의 봉사로써 그런 연합 을 증언한다. (5) 설교자는 회중이 직면한 현실을 분별하고, 하나님의 선교에 동참하 도록 지침을 주어야 한다. 즉 설교자는 그리스도 중심적 석의에 뿌리를 내린 공공-선교적 설교를 통해 강력하고 적절한 실천의 로드맵을 제공해야 한다. (6) 기도는 회 중이 설교를 기억하며 공적 실천을 하도록 격려한다. (7) 헌상(獻上)은 자신의 소유 와 은사를 세상을 위해 선물처럼 내어주는 법을 가르친다. (8) 마지막으로 회중은 복 을 받아 파송됨으로써, 문화명령과 지상명령을 수행한다. 참고. D. Cronshaw and P. Downes, "Worship as Missional Practice: Australian Vineyard Case Studies," *Ecclesial Practices* 1/2 (2014), 188-91; K. Whiteman, "Blessed is the Kingdom: The Divine Liturgy as Missional Act," *Asbury Journal* 74/2 (2019), 327; B. J. de Klerk, "Pastorale Bediening van Skuldbelydenis en Versoening deur Liturgiese Handelinge," *In die Skriflig* 49/3 (2015), 3-4, 6.

참고 문헌

강영롱, "교회의 공적실천의 방법으로서 '대화'와 '참여'에 관한 연구: 위르겐 하버마스, 찰스테일러, 미로슬라브 볼프를 중심으로", 박사학위논문, 서울: 장로회신학대학교, 2015.

강영안, "진리를 말하고 삶으로 진리를 살아내어야 한다(강영안 교수 인터뷰)", http://reformedjr.com/board05_03/8163, 2018년 7월 23일 접속.

경향교회 대학부 S.F.C, "학생신앙운동의 강령과 해설", http://blog.naver.com/ghsfc/1/10186384151, 2018년 7월 9일 접속.

구자용, "메멘토 모리(Memento Mori), 카르페 디엠(Carpe Diem)!: 전도서 이해의 열쇠로서의 죽음에 대한 고찰", 『구약논단』 18/1 (2012): 82-104.

권기현, 『예배 중에 찾아오시는 우리 하나님』, 경산: R&F, 2019.

권수경, "시대 상황과 그리스도인의 사명", http://reformedjr.com/board05_03/8034, 2018년 7월 23일 접속.

권오훈, "하나님 나라 전도와 성령", 『한국기독교신학논총』 65/1 (2009): 327-51.

기독교윤리실천운동, 『2020년 한국교회의 사회적 신뢰도 여론조사 결과발표세미나 자료집』, 서울: 기독교윤리실천운동, 2020.

_____, "[호소문] 교회는 공직선거법을 준수해주시기 바랍니다", https://cemk.org/16202/, 2020년 3월 16일 접속.

김경표, "요한복음의 구조로 본 하나님 나라", 『피어선 신학 논단』 3/2 (2014): 167-92.

김광모, "복음사역을 위한 상호관계 혁신의 수사학: 빌레몬서를 그레코-로마 수사학으로 읽기", 『성침논단』 11/1 (2016): 73-119.

김광수, "하나님의 의의 실현자 성령: 로마서 8장의 성령론", 『복음과 실천』 21/1 (1998): 77-107.

김광열, "제2장 총체적복음사역의 성경적 접근: 1. 총체적 복음사역의 성경적 원리에 관한 연구", 『총체적복음사역연구소 연구지』 4 (2007): 79-100.

_____, "총체적 복음과 구원, 그리고 총체적 회심", 『총체적복음사역연구소 연구지』 2 (2005): 77-99.

김근주, 『복음의 공공성: 구약으로 읽는 복음의 본질』, 파주: 비아토르, 2017.

김도훈, "다음세대 신학: 사회변화와 다음세대를 위한 교회와 신학의 과제", 『장신논단』 39 (2010): 161-66.

김동수, 『로마서 주석』, 대전: 엘도른, 2013.

김동춘, "세계형성적 칼뱅주의(World-Formative Calvinism): 사회 속에서 개혁신학의 공공성을 위한", 『국제신학』 17 (2015): 79-129.

김래용, "에스라 9-10장과 느헤미야 13장의 특징과 역할", 『구약논단』 16/4 (2010): 33-53.

_____, "에스라-느헤미야서에 나타난 모세와 다윗", 『신학논단』 68 (2012): 37-61.

김명배, "복음주의 진영의 사회 참여에 나타난 교회와 국가의 관계", 『선교와 신학』 20 (2007): 127-54.

김병권, "주기도문의 윤리적 함의", 『복음과 실천』 44/1 (2009): 215-45.

김상훈, "에베소서의 교회론에 근거한 선교전략 제안", 『신학지남』 69/3 (2002): 381-400.

김성건, "한국 기독교의 현실정치 참여의 문제", 『기독교사상』 782 (2019): 12-21.

김성규, "마가복음의 재물관", 영남신약학회 논문발표회, 2018년 10월 27일, 부산 대청교회당: 28-38.

김승호, "한국교회의 성장정체 원인분석과 대책에 관한 연구", 『개혁논총』 19 (2011): 219-44.

김영일, "실천과 계시의 공적 설교 방법: 찰스 캠벨과 로널드 씨먼을 중심으로", 『장신논단』 46/4 (2014): 145-70.

김영진, "느헤미야 시대의 회개 운동에 나타난 성령과 말씀의 역할", 『성서학 학술세미나』 (2007): 239-54.

김영호, "마태복음에 나타난 예수님의 이중 선교명령에 대한 연구(마 10:5-6과 28:19-20의 비교를 중심으로)", 『미션인사이트』 5 (2013): 85-106.

김요섭, "교회 개혁 원리로서의 '오직 성경으로'(Sola Scriptura): 교회의 교리제정 권세에 대한 칼뱅의 이해 연구", 『신학지남』 82/4 (2015): 181-215.

김운용, "선교 2세기 한국교회의 말씀 선포 사역을 위한 설교신학 재고(再考)", 『장신논단』 43 (2011): 229-53.

김은홍, "새 언약에 기초한 선교적 교회의 본질에 관한 연구," 『선교신학』 51 (2018): 49-87.

김정용, "한국 소공동체와 공공성", 『우리신학』 10 (2014): 94-113.

김정우, "오직 성경, 오직 믿음", 『신학지남』 68/1 (2001): 4-7.

김진규, "아브라함 복의 세 가지 구속사적 의미와 이의 현대 설교에의 적용", 『개혁논총』 24 (2012): 9-39.

김태섭, "성경을 통해 살펴본 오늘날 이스라엘 회복운동", 『피어선 신학 논단』 3/2 (2014): 143-66.

김태훈, "바울은 다메섹에서 예수를 어떻게 인식했는가?: 고린도후서 4:4-6을 중심으로", 『신약논단』 21/1 (2014): 199-232.

김형동, "데살로니가전서에 나타난 환난과 로마 제국의 상관성에 대한 재조명", 『신약논단』 17/2 (2010): 325-56.

김혜경, "세계화 시대의 정의: 공동선- 20세기 정의사상과 가톨릭 사회정의를 비교하며", 『신학전망』 184 (2014): 146-82.

김호경, "신약성서의 공공성", http://blog.naver.com/PostView.nhn?blogId=e_library&logNo=120055229178&parentCategoryNo=&categoryNo=&viewDate=&isShowPopular Posts=false&from=postView, 2018년 7월 22일 접속.

김희성, "마태복음 5장 16절의 '착한 행실': 비기독교 세계와 소통 가능한 한 성서적 주요 가치에 대한 탐구", 『구약논단』 20/3 (2014): 13-43.

류관석, 『마태복음 8-9장의 기적의 장: 잊혀진 장인가, 감추인 보화인가?』, 서울: CLC,

2018.

류도향, "감성의 제국에서 진정성의 코드화", 『사회와 철학』 35/4 (2018): 1-24.

문시영, 『교회의 윤리 개혁을 향하여: 공공신학과 교회윤리』, 서울: 대한기독교서회, 2016.

미래목회포럼, 『이슈 & 미래』, 서울: 예영커뮤니케이션, 2015.

박경수 외 (ed.), 『재난과 교회: 코로나19 그리고 그 이후를 위한 신학적 성찰』, 서울: 장로회신학대학교출판부, 2020.

박경철, "구약성서가 말하는 종교개혁과 사회개혁: 이사야가 말하는 이스라엘 종교제의의 부정과 긍정", 『신학연구』 71 (2017): 7-33.

박상봉, "하인리히 불링거의 『50편 설교집』에 수록된 '주기도문 해설' 이해", 『신학정론』 33/2 (2015): 239-72.

박영준, "전도서에서의 종말론적 개념에 대한 연구: 추가본문의 (미쉬파트/심판)를 중심으로", 『구약논단』 18/1 (2012): 109-120.

박영호, "만인제사장론과 선교적 교회: 베드로전서 2장 9절의 해석을 중심으로", 『선교와 신학』 43 (2017): 175-210.

박윤만, 『마가복음: 길 위의 예수, 그가 전한 복음』. 용인: 킹덤북스, 2017.

박정신·박규환, "뒤틀린 기독교 굳히기: 박정희 시대 한국 개신교의 자취", 『현상과 인식』 36/1 (2012): 41-60.

박진기, "루터의 교회론 연구와 한국교회의 개혁 방안", 석사학위논문. 고신대학교 신학대학원, 2018.

박태현, "아브라함 카이퍼의 영역주권", 『신학지남』 318 (2014): 180-207.

_____, "아브라함 카이퍼의 영역주권(2)", 『신학지남』 320 (2014): 231-55.

박혜근, "권징(Church Discipline)의 교회론적 의의", 『개혁논총』 26 (2013): 243-96.

박형대, "신약성경의 추방과 해방", 『Canon & Culture』 9/2 (2015): 67-94.

배덕만, "한국교회의 허와 실, 근본주의", 『기독교사상』 635 (2011): 50-60.

배정훈, "세상 속에서의 수도적 삶: 마태복음 7장 13-14절에 대한 요한 크리소스톰의 해석", 『갱신과 부흥』 23 (2019): 32-70.

배재욱, "정류(靜流) 이상근 박사의 신약성경 주석의 원리: 마태복음 16장 15-20절을 중심으로", 『선교와 신학』 45 (2018): 111-39.

배현주, "성서의 숨결/신약-바울의 목회전략과 기도: 데살로니가전서 3장 9-13절." 『기독교사상』 47/8 (2003): 98-107.

새세대교회윤리연구소 편, 『공공신학이란 무엇인가?』, 성남: 북코리아, 2007.

서동수, "골로새서 1:13-20에 나타난 우주적 교회론", 『신학논단』 87 (2017): 151-80.

성석환, 『공공신학과 한국 사회』, 서울: 새물결플러스, 2019.

손규태, 『하나님 나라와 공공성』, 서울: 대한기독교서회, 2010.

_____, "한국사회의 청년문제와 한국교회의 과제: '후기세속사회'의 공공신학적 관점에서", 『장신논단』 48/2 (2016): 95-121.

송영목, "감람산강화의 전환적 부분적 과거론적 해석", 『신약연구』 6/3 (2007): 493-525.

_____, "경제정의와 한국교회(계 18:12-13)", 『본문과 설교』 3 (2010): 133-59.

_____, "교회와 국가의 관계: 아파르트헤이트의 신약성경 해석을 중심으로", 『개혁논총』 51 (2020): 25-63.

_____, 『다차원적 신약읽기』, 서울: CLC, 2018.

_____, "데살로니가전서의 출애굽주제와 반로마적 메시지의 결합", 『신약논단』 23 (2016): 477-516.

_____, "세월호 재앙을 구속하기: 신약의 관점에서", 『고신신학』 16 (2014): 27-50.

_____, "소통, 화해, 공존: 베드로전서와 요한계시록을 중심으로", 『교회와 문화』 35 (2015): 139-67.

_____, 『시대공부: 신약으로 시대에 답하다』, 서울: 생명의 양식, 2017.

_____, 『신약신학. 증보판』, 서울: 생명의 양식, 2016.

_____, 『신약주석』, 서울: 쿰란출판사, 2011.

_____, "예수님의 제자들과 마태공동체의 관련성: 마태복음 23:34를 중심으로", 『교회

와 문화』 34 (2015): 81-102.

_____, "요한복음 14장의 거주지의 성격", 『신학논단』 79 (2015): 225-55.

_____, 『요한계시록: 반드시 속히 될 일들을 통한 위로와 소망의 메시지』, 서울: SFC, 2013.

_____, "요한계시록의 혼합주의와 한국교회", 『신약연구』 8/3 (2009): 467-95.

_____, 『칼뱅과 신약교회: 칼뱅의 신약주석을 중심으로』, 부산: 고신대 기독교사상연구소, 2012.

_____, "Eschatoloical Exodus Theme in the Magnificat", *Good Hope Theological Journal* 1 (2005): 8-25.

송용원, "칼뱅의 선물 사상에 대한 고찰", 『한국기독교신학논총』 115 (2020), 209-37.

신운환, "'양심적 병역거부'라는 용어의 적절성 여부 검토와 대체 용어의 모색에 관한 소고: 행정법학의 차원에서, 국방인력의 확보에 미칠 영향을 고려하여", 『행정법 연구』 46 (2016): 389-415.

신인철, "마태복음 10:34-39의 본문 구성과 '검'($\mu\acute{\alpha}\chi\alpha\iota\rho\alpha$): 가족 불화와 신앙 불화를 중심으로", 『신약논단』 18/4 (2011): 997-1037.

_____, "마태복음의 재물관", 영남신약학회 논문발표회, 2018년 10월 27일, 부산 대청교회당: 12-27.

신호섭, "코로나19 사태에 관한 신학적 목회적 고찰", http://reformedjr.com/board02/10157, 2020년 3월 15일 접속.

심재승, "우리의 세상은 하나님의 것이다(4)", 『월드뷰』 7월호 (2018): 58-63.

심창섭, "인종분리정책과 교회와의 관계: 남아공 중심으로." 『신학지남』 64/4 (1996): 158-205.

안건상, 『선교적 성경 읽기』, 서울: 생명의 말씀사, 2020.

안인섭, "로마서 13:1-7 해석에 나타난 어거스틴과 칼뱅의 교회와 국가 사상", 『신학지남』 71/4 (2004): 162-87.

양용의, 『마태복음 어떻게 읽을 것인가?』, 서울: 성서유니온선교회, 2015.

양현표, "개혁주의와 복음전도", 『개혁논총』 35 (2015): 297-325.

오광만, "마태복음 6:19-34의 구조와 메시지", 『진리와 학문의 세계』 9 (2003): 13-48.

_____, "골로새서에 나타난 지혜와 하나님의 비밀이신 그리스도", 박사학위논문, 수원: 합동신학대학원대학교, 2008.

오우성, 『바울의 영성신학』, 대구: 계명대학교출판부, 2018.

유영준·이재윤, "개혁신학과 복음주의에 관한 계량서지학적 비교 연구", 『한국비블리아학회지』 29/3 (2018): 41-63.

윤은걸, "요한복음의 성령 이해", 『신약논단』 21/4 (2014): 993-1028.

유지미, "바울의 리더십: 데살로니가전서", 『기독교사상』 48/11 (2004): 90-97.

유태화, "W.C.C.의 사회참여, 구원의 통전성인가? 사회복음인가?" 『개혁논총』 16 (2010): 9-43.

윤경로, "분단 70년, 한국 기독교의 권력 유착 사례와 그 성격", 『한국기독교와 역사』 44/3 (2016): 27-65.

윤은석, "새벽기도회의 정례화와 공공성", 『선교와 신학』 45 (2018): 205-233.

윤형철, "남아공 '진실과 화해 위원회(TRC)'를 통해 본 기독교적 정의와 화해 담론", 『성경과 신학』 83 (2017): 83-117.

_____, "오늘날 성령론은 어디로 가고 있는가?: 성령의 인격성을 둘러싼 현대 성령론 논쟁에 대한 개혁주의적 고찰", 『개신논집』 15 (2015): 171-201.

이규탁, "방탄소년단: 새로운 세대의 새로운 소통 방식, 그리고 감정노동", 『문화과학』 93 (2018): 278-91.

이근삼 전집 편찬위원회, 『개혁주의 신학과 현대신학』, 서울: 생명의 양식, 2007.

이나영, "급진주의 페미니즘과 섹슈얼리티: 역사와 정치학의 이론화", 『경제와 사회』 82 (2009): 10-37.

이덕주, "송창근목사의 설교 두 편", 『세계의 신학』 59 (2003): 149-78.

이동규, "구약성서와 종교개혁: 요시야의 종교개혁과 그 현대적 교훈", 『구약논단』 23/4 (2017): 286-323.

이동수, "시편에 나타난 선교신학", 『장신논단』 20 (2003): 63-83.

이미숙, "요시야 왕의 죽음과 역대하 36장", 『구약논단』 21/4 (2015): 134-66.

이상원, "공공신학이 아닌 공공윤리로: 맥스 L. 스택하우스의 『글로벌 시대의 공공신학: 세계화의 은총』에 대한 비판적 서평", 『월드뷰』 8월호 (2018): 73-75.

이상웅, "벨직신앙고백서의 역사적 배경과 37조에 담긴 종말론", 『개혁논총』 36 (2015): 105-143.

이승구, 『광장의 신학』, 수원: 합신대학원출판부, 2010.

이승진, "윤리설교를 위한 하나님나라 관점의 성경해석과 적용", 『설교한국』 2/1 (2010): 41-79.

이승호, "마태복음의 선교적 관점: 마태복음 10장 5-6절과 마태복음 28장 18-20절의 관계", 『신학과 목회』 42 (2014): 149-70.

_____, "베드로전서에 나타난 교회의 정체성", 『선교와 신학』 41 (2017): 437-68.

이우윤, "공적행복을 위한 지역교회의 실험적 모색", 『행복한 부자연구』 3/2 (2014): 31-46.

이유경, "대학생 선교단체 남성 사역자(간사)의 스트레스 경험과 적응 과정에 관한 연구", 『한국기독교상담학회지』 28/1 (2017): 129-58.

이윤경, "구약성서에 나타난 공공신학," http://blog.naver.com/PostView. nhn?blogId=e_library&logNo=120055229223, 2018년 7월 22일 접속.

이은우, "북이스라엘에서의 요시야의 개혁(왕하 23:15-20)", 『선교와 신학』 42 (2017): 317-42.

이재근, "아파르트헤이트에 대항해 싸운 화해와 평화의 사도: 데즈먼드 투투," http:// www.newsnjoy.or.kr/news/articleView.html?idxno=219314, 2018년 8월 29일 접속.

이종근, "'생육하고 번성하라'는 문화명령(창 1:28; 2:15)의 신학적 고찰." 『구약논단』 1/8 (2000): 9-31.

이한규, "만델라의 정치적 리더십에 대한 고찰: 위기상황의 대처 능력을 중심으로", 『한국아프리카학회지』 35 (2012): 103-141.

이혜정, "[논평] 혐오담론에 대응하는 여성주의 전략의 재검토: 워마드의 혐오전략을 중심으로", 『한국여성철학회 학술대회 발표자료집』 (2018): 125-27.

이환봉, 『성경에 이르는 길』, 부산: 고신대학교출판부, 2012.

임성빈, "21세기 초반 한국교회의 과제에 대한 소고: 공공신학적 관점에서", 『장신논단』47/2 (2015): 179-207.

_____, 『21세기 한국사회와 공공신학』, 서울: 장로회신학대학교출판부, 2017.

임희국, "1945년 8.15광복, 건국의 이정표를 제시한 장로교회 신학자들", 『장신논단』 49/4 (2017): 65-90.

장규식, "군사 정권기 한국교회와 국가 권력: 정교유착과 과거사 청산 의제를 중심으로." 『한국기독교와 역사』 24 (2006): 103-137.

장동수, "요한 서신의 전략적/변증적 기독론", 『복음과 실천』 61 (2018): 39-60.

장신근, "화해와 치유의 생명 공동체인 하나님 나라의 온전성을 지향하는 지역 교회 교육 연구: '공적 교육 공동체 모델'을 중심으로", 『기독교교육논총』 42 (2015): 133-68.

장영일, "구약을 중심으로 한 교회갱신과 선교: 요시야의 종교개혁(왕하 23:1-14)", 『선교와 신학』 3 (1999): 37-54.

정기묵, "로잔운동의 관점에서 보는 젊은이 세대 전도: LOP No.52 '12/25 젊은이 세대 전도'가 제시하는 대안의 관점에서", 『복음과 선교』 35 (2016): 279-305.

정대훈, "일베에 대처하는 우리의 자세에 대하여", 『역사문제연구』 30 (2013): 321-41.

정상호·조광덕, "종교 및 종교성이 대학생의 신뢰 및 참여에 미치는 영향에 대한 연구", 『아시아연구』 19/3 (2016): 115-46.

정연락, "산상설교의 반제들 연구: 특히 제 5, 6 반제를 중심으로", 『한국기독교신학논총』30/1 (2003): 211-35.

정연해, "산상수훈에 나타난 예수님의 윤리: 실제적인 예들을 중심으로." http://kosebi.org/bible/data/b.htm?ptype=view&idx=83&page=7&code=data02,

2018년 10월 20일 접속: 1-19.

정용한, "다문화 사회를 위한 골로새서의 통전적 읽기와 신학적 주제", 『신학논단』 77 (2014): 269-96.

정원범, "하나님나라 운동으로서의 마을목회", 『선교와 신학』 43 (2017): 367-403.

정종훈, "학원선교의 위기와 새로운 패러다임의 모색", 『선교와 신학』 35 (2015): 201-231.

정지련, "산상설교에 대한 신학적 반성", 『신학연구』 61 (2012): 136-73.

조경철, "바울은 국가 권력에 순종하라고 가르치는가: 2016-2017년 한국의 정치적 소용돌이 속에서 다시 읽는 로마서 13:1-7", 『신학과 세계』 90 (2017): 45-90.

조병수, "골로새서 윤리 목록 단락(골 3:1-17)의 역할", 『Canon & Culture』 1/2 (2007): 272-310.

조용훈, "산상설교의 윤리적 특징에 대한 연구", 『장신논단』 48/4 (2016): 229-52.

조현범, "한국 천주교의 현재와 미래", 『종교연구』 68 (2012): 55-86.

차정식, 『기독교공동체의 성서적 기원과 실천적 대안』, 서울: 짓다, 2015.

채병관, "한국의 '가나안 성도'와 영국의 '소속 없는 신앙인'에 대한 비교 연구", 『현상과 인식』 39/3 (2016): 161-82

채영삼, 『긍휼의 목자 예수: 마태복음의 이해』, 서울: 이레서원, 2011.

최갑종, 『예수님이 주신 기도』, 서울: 이레서원, 2000.

최순진, "예레미야의 '새 언약'(렘 31:31-34): 수사학적 긴장관계의 해결", 『횃불트리니티저널』 20/1 (2017): 9-27.

최종원, "후기 유대 공동체의 '다문화'(Multiculture)에 관한 연구: 에스라와 느헤미야에 나타난 이방인에 대한 수용성과 배타성을 중심으로", 『구약논단』 21/2 (2015): 122-54.

최현범, 『교회 울타리를 넘어서라』, 서울: 나침반, 2019.

최흥식, "갈라디아서에 나타난 십자가의 복음: 선동자들의 메시지에 반대하는 바울의 신학적 근거", 『횃불트리니티저널』 19/1 (2016): 7-35.

추태화, "역사 상황과 교회의 정치권력화에 관한 연구: 1930년대 독일 교회를 배경으로", 『신학과 실천』 32 (2012): 781-803.

하경택, "요시야 개혁과 한반도 통일: 신명기 역사서에 나타난 요시야 개혁운동을 중심으로", 『Canon & Culture』 9/1 (2015): 71-104.

한국기독교목회자협의회, 『한국 기독교 분석 리포트: 2018 한국인의 종교생활과 의식 조사 (1998-2018)』, 서울: 도서출판 URD, 2018.

한규승, 『구약 예언서의 공공신학』, 서울: 새물결플러스, 2018.

현경식, "요한의 고별담론과 사랑의 수사학", 『신약논단』 20/2 (2013): 371-408.

황대우, "하이델베르크 신앙교육서에 나타난 주기도문의 신학적 특성", 『선교와 신학』 39 (2016): 363-93.

황정미, "젠더 관점에서 본 민주화 이후의 민주주의: 공공 페미니즘과 정체성 정치", 『경제와 사회』 114 (2017): 17-51.

황창기, 『예수님, 만유, 그리고 나』, 서울: 생명의 양식, 2010.

Achtemeier, P. A. *1 Peter. Hermeneia*. Minneapolis: Fortress, 1996.

Adeyemo, T. (ed.). *Africa Bible Commentary*. Grand Rapids: Zondervan, 2006.

Ajai, A. and Neely, B. "Redeeming the Time." http://www.nazcol.org/blog/301/ redeeming-the-time/, 2018년 9월 11일 접속.

Allen, J. K. "The Christ-Centered Homiletics of Edmund Clowney and Sidney Greidanus in Contrast with the Human Author-Centered Hermeneutics of Walter Kaiser." Ph.D. Thesis. Louisville; Southern Baptist Theological Seminary, 2011.

Allen, T. G. "Exaltation and Solidarity with Christ: Ephesians 1:20 and 2:6." *JSNT* 28 (1986): 103-120.

Anderson, P. N. "'You have the Words of Eternal Life!': Is Peter presented as Returning the Keys of the Kingdom to Jesus in John 6:68?"

Neotestamentica 41/1 (2007): 1-36.

Arana, P. "Towards a Biblical Public Theology." *Journal of Latin American Theology* 11/2 (2016): 35-59.

Arnold, C. E. *Ephesians*. ZECNT. Grand Rapids: Zondervan, 2010.

Bae, J. H. "Almsgiving and the Therapy of the Soul in John Chrysostom's Homilies on Matthew." *Augustinianum* 58 (2018): 103-124.

_____, "Let Us become the Perfect Light!: Baptism and Ethics in Gregory of Nazianzus' Oration 39." 『고신신학』 20 (2018): 169-99.

Bailey, K. E. 『중동의 눈으로 본 예수』. *Jesus through Middles Eastern Eyes*. 박규태 역. 서울: 새물결플러스, 2016.

Barber, M. P. "Jesus as the Davidic Temple Builder and Peter's Priestly Role in Matthew 16:16-19." *JBL* 132/4 (2013): 935-53.

Bauman-Martin, B. J. "Women on the Edge: New Perspectives on Women in the Petrine Haustafel." *JBL* 123/2 (2004): 253-79

Beach, J. M. "The Kingdom of God: A Brief Exposition of Its Meaning and Implications." *Mid-America Journal of Theology* 23 (2012): 53-76.

Beed, C. S. and Beed, C. "Governance Egalitarianism in Jesus' Teaching." *Anglican Theological Review* 97/4 (2015): 587-607.

Beeke, J. R. (ed). *The Reformation Heritage KJV Study Bible*. Grand Rapids: Reformation Heritage Books, 2014.

Beitzel, B. J. "Herod the Great: Another Snapshot of His Treachery?" *JETS* 57/2 (2014): 309-222.

Beyerhaus, P. "World Evangelization and the Kingdom of God." In *Let the Earth hear His Voice*. Edited by. J. D. Douglas. Minneapolis: Worldwide, 1975: 296-302.

Blackburn, B. "Liberation, New Covenant, and Kingdom of God: A Soteriological

Reading of the Gospel according to Mark." *Stone-Campbell Journal* 12/2 (2009): 219-33.

Boesak, A. A. 『우리는 더 이상 순진하지 않다: 흑인신학과 흑인의 힘에 대한 사회윤리 적 연구』. *Farewell to Innocence: A Socio-Ethical Study on Black Theology and Black Power.* 김민수 역. 서울: 한국신학연구소, 1987.

Bosch, D. J. "The Kingdom of God and the Kingdoms of This World." *Journal of Theology for Southern Africa* 29 (1979): 3-13.

Botha, J. "Taalkundige Eksegese van Romeine 13:1-7." *Koers* 53/1 (1988): 1-38.

Bruner, F. D. *The Christbook: Matthew 1-12.* Grand Rapids: Eerdmans, 2004.

_____, *The Churchbook: Matthew 13-28.* Grand Rapids: Eerdmans, 2004.

Burger, C. "Die Reformatoriese Verstaan van die Geloofsgemeenskap (Gemeente) as 'n Publieke Gemeenskap." *Scriptura* 99 (2008): 247-58.

Butler, J. "The Politics of Worship: Revelation 4 as Theopolitical Encounter." *Cultural Encounters* 5/2 (2009): 7-23.

Chan, A. W. "Opposition to the Davidic Kingdom in the Book of Acts through the Lens of the Davidic Psalms." Ph.D. Thesis. Deerfield: Trinity Evangelical Divinity School, 2016.

Charles, J. D. "Public Theology and the Public Square." *Cultural Encounters* 7/2 (2011): 81-86.

Cochran, C. E. et als. 『교회, 국가, 공적 정의 논쟁』. *Church, State and Public Justice: Five Views.* 김희준 역. 서울: 새물결플러스, 2017.

Cronshaw, D. and Downes, P. "Worship as Missional Practice: Australian Vineyard Case Studies." *Ecclesial Practices* 1/2 (2014): 167-91.

Davies, W. D and Allison, D. C. *The Gospel according to Saint Matthew 8-18.* London: T & T Clark, 2006.

De Bruijne, A. L. T. "Niet van Deze Wereld: De Hedendaagse Gereformeerde

Publieke Theologie en de 'Doperse Optie'." *Theologica Reformata* 54/4 (2011): 366-90.

Decock, P. B. "Towards Maturity in 1 Peter: Freedom, Holiness, Immortality." *In die Skriflig* 50/2 (2016): 1-8.

De Gruchy, J. W. 『자유케 하는 개혁신학: 교회일치적 논의를 위한 남아공교회의 기여』. *Liberating Reformed Theology: A South African Contribution to an Ecumenical Debate.* 이철호 역. 서울: 예영커뮤니케이션, 2008.

_____, "From Political to Public Theologies: The Role of Theology in Public Life in South Africa." In *Public Theology for the 21st Century: Essays in Honour of Duncan B. Forrester.* Edited by W. F. Storrarand A. R. Morton. London: T&T Clark, 2004: 45-62.

De Klerk, B. J. "Enhancing Ecological Consciousness through Liturgical Acts of Doxology and Lament." *Verbum et Ecclesia* 35/2 (2014): 1-8.

_____, "Nelson Mandela and Desmond Tutu: Living Icons of Reconciliation." *The Ecumenical Review* 55/4 (2003): 322-34.

_____, "Pastorale Bediening van Skuldbelydenis en Versoening deur Liturgiese Handelinge," *In die Skriflig* 49/3 (2015): 1-9.

De Klerk, B. J. and Van Rensburg, F. J. 『설교 한 편 만들기』. *Making a Sermon.* 송영목 역. 서울: 생명의 양식, 2018.

De Koning, J. "Die Riglyn vir Christen Etiek: Galasiërs 6:2 onder die Loep." *In die Skriflig* 51/1 (2017): 1-9.

De Villiers, E. "Public Theology in the South African Context." *International Journal of Public Theology* 5 (2011): 5-22.

Dietterich, I. T. "Sing to the Lord a New Song: Theology as Doxology." *Currents in Theology and Mission* 41/1 (2014): 23-28.

Domeris, W. R. "The Paraclete as an Ideological Construct: A Study in the

Farewell Discourses." *Journal of Theology for Southern Africa* 67 (1989): 17-23.

Dreyer, W. A. "John Calvin as 'Public Theologian' in View of His 'Commentary on Seneca's de Clementia'." *HTS Teologiese Studies* 74/4 (2018): 1-8.

Dube, Z. "Jesus' Death and Resurrection as Cultural Trauma." *Neotestamentica* 47/1 (2013): 107-122.

Du Rand, J. A. 『남아공의 신약신학』. *A New Testament Theology of South Africa.* 송영목 편역. 서울: 생명의 양식, 2018.

Du Toit, A. B. "The Kingdom of God in the Gospel of Matthew." *Skrif en Kerk* 21/3 (2000): 545-63.

Du Toit, F. "Three Prayers for Liberation in Democratic South Africa." *Journal of Theology for Southern Africa* 123 (2005): 93-104.

Emerson, M. Y. "Christ and the New Creation: A Canonical Approach to the Theology of the New Testament." Ph.D. Thesis. Wake Forest: Southeastern Baptist Theological Seminary, 2011.

Farnell, F. D. "The Kingdom of God in the New Testament." *The Master's Seminary Journal* 23/2 (2012): 193-208.

Fee, G. D. 『바울, 성령, 그리고 하나님의 백성』. *Paul, the Spirit, and the People of God.* 길성남 역. 서울: 좋은 씨앗, 2001.

Field, D. N. "God's Makwerekwere: Re-imagining the Church in the Context of Migration and Xenophobia." *Verbum et Ecclesia* 38/1 (2017): 1-8.

_____, "John Wesley as a Public Theologian: The Case of Thoughts upon Slavery." *Scriptura* 114/1 (2015): 1-13.

Flemming, D. "Contextualizing the Gospel in Athens: Paul's Areopagus Address as a Paradigm for Missionary Communication." *Missiology* 30/2 (2002): 199-214.

Floor, L. *Filippenzen: Een Gevangene over de Stijl van Christus*. CNT. Kampen: Kok, 1998.

Foster, D. A. "A Public Theological Approach to the (Im)possibility of Forgiveness in Matthew 18:15-35: Reading the Text through the Lens of Integral Theory." *In die Skriflig* 51/3 (2017): 1-10.

Forster, D. A. & Oostenbrink, J. W. "Where is the Church on Monday?: Awakening the Church to the Theology and Practice of Ministry and Mission in the Marketplace." *In die Skriflig* 49/3 (2015): 1-8.

France, R. T. *The Gospel of Matthew*. NICNT. Grand Rapids: Eerdmans, 2007.

Fung, B. W. W., Spencer, A. B. and Viljoen, F. P. "What does καθεξῆς in Luke 1:3 mean?: Discovering the Writing Order of the Gospel of Luke." *In die Skriflig* 51/1 (2017): 1-10.

Garlington, D. "The Salt of the Earth in Covenantal Perspective." *JETS* 54/4 (2011): 715-48.

Gehrz, C. "What the 1918 Influenza Pandemic meant for American Churches." https://www.patheos.com/blogs/anxiousbench/2020/03/influenza-pandemic-1918-churches/. 2020년 3월 16일 접속.

Gellman, J. "My Jewish Theology of Jesus." *Theology Today* 72/4 (2016): 398-403.

Gench, F. T. "John 15:12-17." *Interpretation* 58/2 (2004): 181-84.

Gentry Jr., K. L. *The Divorce of Israel: A Redemptive-Historical Interpretation of Revelation. Volume 2*. Dallas: Tolle Lege Press, 2017.

Gentry, P. J. "Kingdom through Covenant: Humanity as the Divine Image." *Southern Baptist Journal of Theology* 12/1 (2008): 16-42.

Goldsworthy, G. "The Kingdom of God as Hermeneutical Grid." *Southern Baptist Journal of Theology* 12/1 (2008): 4-15.

Greever, J. M. "We are the Temple of the Living God (2 Corinthians 6:14-7:1):

The New Covenant as the Fulfillment of God's Promise of Presence." *Southern Baptist Journal of Theology* 19/3 (2015): 97-118.

Groenewald, E. P. *Die Briewe van Petrus, Die Brief van Judas*. Kaapstad: N.G. Kerk-Uitgewers, 1977.

Gupta, N. K. and Sandford, J. M. *Intermediate Biblical Greek: Galatians and Related Texts*. Society of Biblical Literature and Logos Bible Software, 2010.

Hanc, O. "Paul and Empire: A Reframing of Romans 13:1-7 in the Context of the New Exodus." *Tyndale Bulletin* 65/2 (2014): 313-16.

Hays, R. B. 『신약의 윤리적 비전』. *The Moral Vision of the New Testament*. 유승원 역. 서울: IVP, 2002.

Hellerman, J. H. *Philippians*. EGGNT. Nashville: B&H Academic, 2015.

Hofheinz, M. "Good News to the Poor: The Message of the Kingdom and Jesus' Announcement of His Ministry according to Luke." *Lexington Theological Quarterly* 47/1-2 (2017): 41-55.

Hollenbach, D. "Religious Freedom, Morality and Law: John Courtney Murray Today." *Journal of Moral Theology* 1/1 (2012): 69-91.

Hollenberg, N. "Matthew 18: A Call for Communication not Excommunication." *Brethren Life and Thought* 61/2 (2016): 16-24.

Horrell, D. G. and Wan, W H. "Christology, Eschatology and the Politics of Time in1 Peter." *JSNT* 38/3 (2016): 267-76.

Hsu, A. "Olympic Snapshot: Imagine Swords turned to Plowshares, and Soldiers into Soccer Players." *Christianity Today* 52/8 (2008): 54.

Hurtado, L. W. 『주 예수 그리스도: 초기 기독교의 예수 신앙에 대한 역사적 탐구』. *Lord Jesus Christ: Devotion to Jesus in Earliest Christianity*. 박규태 역. 서울: 새물결플러스, 2010.

Jacobsen, E. "Models of Public Theology." *International Journal of Public Theology* 6 (2012): 7-22.

Jere, Q. and Magezi, V. "Pastoral Letters and the Church in the Public Square: An Assessment of the Role of Pastoral Letters in Influencing Democratic Processes in Malawi." *Verbum et Ecclesia* 39/1 (2018): 1-9.

Johnson, C. A. "Paul's 'Anti-Christology' in 2 Thessalonians 2:3-12 in Canonical Context." *Journal of Theological Interpretation* 8/1 (2014): 125-43.

Johnson, T. K. "Biblical Principles in the Public Square: Theological Foundations for Christian Civic Participation." *Pro Mundis* 5 (2008): 3-24.

Jordaan, G. J. C. "Some Reflections on the 'New Covenant' in Hebrews 12:24." *In die Skriflig* 50/4 (2016): 1-8.

_____, "The Joy of Seeing Christ: A Thematic Study of Joy in the Gospel of John." *In die Skriflig* 49/2 (2015): 1-9.

Keener, C. S. *Acts: An Exegetical Commentary. Volume 1: Introduction and 1:1-2:47.* Grand Rapids: Baker, 2012.

_____, *Acts: An Exegetical Commentary. Volume 4.* Grand Rapids: Baker, 2015.

Kenge, E. L. "The Theology of HIV and AIDS in the Democratic Republic of Congo: The Praxis of the Doctrine of Social Holiness." *Pharos Journal of Theology* 99 (2018): 1-13.

Kgatle, M. S. "Globalisation of Missions: An Exegesis on the Great Commission (Mt 28:18-20)." *In die Skriflig* 52/1 (2018): 1-7.

Kidder, S. J. "Christ, the Son of the Living God: The Theme of the Chiastic Structure of the Gospel of Matthew." *Journal of the Adventist Theological Society* 26/2 (2015): 149-70.

Kim, D. K. "Korean Culture and Future of Biblical Interpretation: How can Paul's Political Theology transform Korean Culture and suggest New Direction of Biblical Interpretation in Korean Context?" 『한국기독교신학논총』 89/1 (2013): 55-88.

Kim, K. "A Christotelic Interpretation of Exodus 4:24-26." *Asia Journal of Theology* 29/1 (2015): 3-21.

Kim, M. S. "John Calvin as Public Theologian?: Reading Calvin's Theology in the Light of Contemporary Discourses in Public Theology with Reference to the Korean Context." Ph.D. Thesis. Stellenbosch: Stellenbosch University, 2020.

Kim, S. "Mission's Public Engagement: The Conversation of Missiology and Public Theology." *Missiology* 45/1 (2017): 7-24.

Knoke, D. "Generating Movement in the Social Sphere: Implications from Ritual Studies for the Relation of Theology and the Social Sciences." *Worship* 87/2 (2013): 98-113.

Koopman, N. "The Role of Pneumatology in the Ethics of Stanley Houwerwas." *Scriptura* 79 (2002): 33-40.

Köstenberger, A. J. 『요한복음』. *The Gospel of John*. 전광규 역. 서울: 부흥과 개혁사, 2017.

_____, "John's Trinitarian Mission Theology." *Southern Baptist Journal of Theology* 9/4 (2005): 14-33.

Kovacs, F., Gosling, J. and Viljoen, F. P. "The Lukan Covenant Concept: The Basis of Israel's Mandate in Luke-Acts." *Verbum et Ecclesia* 34/1 (2013): 1-9.

Kruger, M. J. (ed.). 『성경신학적 신약개론』. *A Biblical-Theological Introduction to the New Testament*. 강대훈 외 역. 서울: 부흥과개혁사, 2017.

Land, R. and Duke, B. "Being Salt and Light in an Unsavory and Dark Age: The Christian and Politics." *Southern Baptist Journal of Theology* 11/4 (2007): 82-99.

Lee, G. T. "Matthew's Vision of the Old and New in Jesus: Social World of the Matthean Community vis-à-vis Matthew's Understanding of Torah." Ph.D. Thesis. Philadelphia: Westminster Theological Seminary, 2010.

Lee, H. J. "The Importance of Preaching for the Transformation of Christians in Korea." D.Min. Thesis. Lynchburg: Liberty University, 2016.

Lee, J. "Why Christians should not Panic over the Coronavirus." https://www. patheos.com/blogs/chorusinthechaos/newsletter. 2020년 3월 16일 접속.

Lee, K. Z. and Viljoen, F. P. "The Target Group of the Ultimate Commission (Matthew 28:19)." *HTS Teologiese Studies* 66/1 (2010): 1-5.

Lee, S. M., Hughes, G. T. and Viljoen, F. P. "Forgiveness in the Intertestamental Period." *Verbum et Ecclesia* 33/1 (2012): 1-7.

Lee, Y. and Dreyer, W. A. "From Proto-Missional to Mega-Church: A Critique of Ecclesial 'Growth' in Korea." *HTS Teologiese Studies* 74/4 (2018): 1-7.

Leithart, P. J. 『손에 잡히는 사복음서』. *The Four: A Survey of the Gospels.* 안정진 역. 서울: IVP, 2018.

_____, 『하나님 나라와 능력: 교회의 중심성 재발견』. *The Kingdom and the Power: Rediscovering the Centrality of the Church.* 안정진 역. 서울: CLC, 2007.

Lewis, J. P. "'The Kingdom of God ... is Righteousness, Peace, and Joy in the Holy Spirit' (Rom 14:17): A Survey of Interpretation." *Restoration Quarterly* 40/1 (1998): 53-68.

Maag, K. "Impact amid Absence: The Synod of Dordt and the French Huguenots." *In die Skriflig* 52/2 (2018): 1-7.

Magnuson, K. T. "Christian Engagement in Secular Society: Politics, the Gospel, and Moral Influence." *Southern Baptist Journal of Theology* 11/4 (2007): 22-36.

Malan, G. J. "The Kingdom of God: Utopian or Existential?" *HTS Teologiese*

Studies 70/3 (2014): 1-9.

Manus, C. and Obioma, D. "Preaching the 'Green Gospel' in Our Environment: A Re-reading of Genesis 1:27-28 in the Nigerian Context." *HTS Teologiese Studies* 72/4 (2016): 1-6.

Martin, S. W. "Faithful Treason: The Theology and Politics of Allan A. Boesak." *Journal of Theology for Southern Africa* 118 (2004): 80-99.

Marty, M. E. *The Public Church: Mainline-Evangelical-Catholic.* Eugene: Wipf and Stock, 2012.

McCartney, D. G. 『야고보서』. *James*. 강대이 역. 서울: 부흥과 개혁사, 2016.

Meeks, W. A. "Why study the New Testament?" *New Testament Studies* 51/2 (2005): 155-70.

Meiring, C. F. and Viljoen, F. P. "Die Bergrede as 'n Moontlike Reaksie teen Paulus." *In die Skriflig* 48/1 (2014): 1-7.

Middleton, J. R. "A New Heaven and a New Earth: The Case for a Holistic Reading of the Biblical Story of Redemption." *Journal for Christian Theological Research* 11 (2006): 73-97.

Mokhoathi, J. "Jesus Christ as an Ancestor: A Critique of Ancestor Christology in Bantu Communities." *Pharos Journal of Theology* 99 (2018): 1-16.

Moloney, F. J. *The Gospel of John.* Collegeville: Liturgical Press, 1998.

Moore, R. D. and Sagers, R. E. "The Kingdom of God and the Church: A Baptist Reassessment." *Southern Baptist Journal of Theology* 12/1 (2008): 68-86.

Mouton, E. "'Ascended far above All the Heavens': Rhetorical Functioning of Psalm 68:18 in Ephesians 4:8-10?" *HTS Teologiese Studies* 70/1 (2014): 1-9.

_____, "The (Trans)Formative Potential of the Bible as Resource for Christian Ethos and Ethics." *Scriptura* 62 (1997): 245-57.

Mouw, R. J. 『무례한 기독교: 다원주의 사회를 사는 그리스도인의 시민교양』. *Uncommon Decency*. 홍병룡 역, 서울: IVP. 2014.

_____, "Klaas Schilder as Public Theologian." *Calvin Theological Journal* 38/2 (2003): 281-98.

Nadar, S. "Hermeneutics of Transformation?: A Critical Exploration of the Model of Social Engagement between Biblical Scholars and Faith Communities." *Scriptura* 93 (2006): 339-51.

Naudé, P. J. "The Challenge of Cultural Justice under Conditions of Globalisation: Is the New Testament of Any Use?" In *The New Testament Interpreted: Essays in Honour of Bernard C. Lategan*. Edited by J. C. Thom, J. Punt, C. Breytenbach and B. C. Lategan. Leiden: Brill, 2007: 267-87.

Neff, D. "Signs of the End Times: Our Pursuit of Justice in the Present foreshadows the Perfect Justice of an Age to come." *Christianity Today* 55/8 (2011): 46-49.

Nel, M. "Discipleship: The Priority of the 'Kingdom and His Righteousness'." *HTS Teologiese Studies* 73/4 (2017): 1-9.

Nelson, R. D. "The Old Testament and Public Theology." *Currents in Theology and Mission* 36/2 (2009): 85-94.

Newport, G. C. K. "Premillennialism in the Early Writings of Charles Wesley." *Wesleyan Theological Journal* 32/1 (1997): 85-106.

Nicklas, T. "Ancient Christian Care for Prisoners: First and Second Centuries." *Acta Theologica Suppl* 23 (2016): 49-65.

Nolland, J. The Gospel of Matthew. NIGTC. Grand Rapids: Eerdmans, 2005.

Nunes, C. and Van Deventer, H. J. M. "Feminist Interpretation in the Context of Reformational Theology: A Consideration." *In die Skriflig* 43/4 (2009): 737-60.

Osei-Asante, N., Lioy, D., and Jordaan, G. J. C. "The Pneumatic Soteriology of Paul." *Pharos Journal of Theology* 97 (2016): 1-16.

Parker, C. "The Holy Spirit in the Arts: A Pneumatological Now-and-not-Yet Approach to Beauty." *Colloquium* 46/2 (2014): 207-223.

Peerbolte, B. J. L. and Groenendijk, L. "Family Discourse, Identity Formation, and the Education of Children in Earliest Christianity." *Annali di Storia Dell'esegesi* 33/1 (2016): 129-49.

Peters, T. "Ladder-Ascending Character meets Ladder Descending Grace." *Word & World* 36/2 (2016): 135-46.

Pfeiffer, C. "Healing and the Holy Spirit: A Manifestation of the 'Already, but notYet' Kingdom of God." *Vision* 13/1 (2012): 48-55.

Phillips, G. Y., Van Rensburg, F. J. and Van Rooy, H. F. "Developing an Integrated Approach to interpret New Testament Use of the Old Testament." *In die Skriflig* 46/2 (2012): 1-10.

Phipps, W. E. "Amazing Grace in the Hymnwriter's Life," *Anglican Theological Review* 72/3 (1990): 306-312.

Plummer, R. L. "The Great Commission in the New Testament." *Southern Baptist Journal of Theology* 9/4 (2005): 4-11.

Polk, T. "Kierkegaard and the Book of Job: Theodicy or Doxology." *Word & World* 31/4 (2011): 409-416.

Prideaux, A. "Job 42:7-17, and the God of the Happy Ending." *The Reformed Theological Review* 71/3 (2012): 170-84.

Prothro, J. B. "Distance, Tolerance, and Honor: Six Theses on Romans 13:1-7." *Concordia Journal* 42/4 (2016): 291-304.

Punt, J. "The Bible in the Gay-Debate in South Africa: Towards an Ethics of Interpretation." *Scriptura* 93 (2006): 419-31.

Reblin, I. A. "Football in Brazil: The Ambiguities of a National Sport." *Concilium* 4 (2014): 114-17.

Reddy, M. M. "The Use of Written Communication by the Early Christian Leaders: For Maintenance and the Propagation of Christianity." *Pharos Journal of Theology* 99 (2018): 1-13.

Reimer, J. and Banda, Z. "Doing Mission Inclusively." *HTS Teologiese Studies* 72/1 (2016): 1-7.

Reno, R. R. "The Public Square." *First Things* 253 (2015): 3-7.

Richardson, N. "Community in Christian Ethics and African Culture." *Scriptura* 62 (1997): 373-85.

_____, "The Future of South African Theology: Scanning the Road Ahead." *Scriptura* 89 (2005): 550-625.

Ridderbos, H. N. *The Coming of the Kingdom*. Philadelphia: P&R, 1962.

Rouvoet, A. "Chances for Christian Politics in a God-less Society." In *Signposts of God's Liberating Kingdom: Perspective for the 21st Century. Volume 2.* Edited by B. van der Walt & R. Swanepoel. Potchefstroom: IRS, 1998: 29-42.

Roxburgh, A. J. and Boren, M. S. *Introducing the Missional Church*. Grand Rapids: Baker, 2009.

Russell, N. "Spiritual Ascension and Forms of Monastic Life in John Climacus." *St Vladimir's Theological Quarterly* 59/3 (2015): 409-426.

Scholtz, J. J. "Mark 4:1-34: A Simple Structure for the Mystery of the Kingdom." *In die Skriflig* 52/1 (2018): 1-8.

Schreiner, T. R. *Romans*. BECNT. Grand Rapids: Baker, 1998.

Schwöbel, C. "삼위일체론적 관점에서 바라본 하나님의 나라 이해." 『영산신학저널』 13 (2008): 44-70.

SFC총동문회 영역본부운동. 『SFC영역운동의 방향과 실천: 영역운동메뉴얼』. NP, 2017.

Shepherd, D. "Prophetaphobia: Fear and False Prophecy in Nehemiah VI." *Vetus Testamentum* 55/2 (2005): 232-50.

Slater, T. B. "Context, Christology and Civil Disobedience in John's Apocalypse." *Review and Expositor* 106 (2009): 51-65.

Smit, D. J. *Essays in Public Theology*. Stellenbosch: Sun Press, 2007.

_____, "'Jesus en Politiek?: Christologiese Literatuur en Publieke Teologie vanuit 'n Suid-Afrikaanse Perspektief." *Scriptura* 112/1 (2013): 1-19.

_____, "Openbare Getuienis en Publieke Teologiew Vandag?: Vrae oor Verskeie Vanselfsprekende Voorverrondersrellings." *Scriptura* 82 (2003): 39-48.

Smith, J. K. A. "Reforming Public Theology: Two Kingdoms, or Two Cities?" *Calvin Theological Journal* 47/1 (2012): 122-37.

_____, 『하나님 나라를 욕망하라』. *Desiring the Kingdom*. 박세혁 역. 서울: IVP, 2016.

Son, S. W. *Corporate Elements in Pauline Anthropology*. Roma: EPIB, 2001.

Stackhouse, M. L. 『세계화와 은총: 글로벌 시대의 공공신학』. *Globalization and Grace*. 이상훈 역. 성남: 북코리아, 2013.

Stander, H. F. "Theft and Robbery in Chrysostom's Time." *Acta Theologica* 29/2 (2009): 74-85.

Stott, J. R. W. 『데살로니가전후서 강해』. *The Message of 1 & 2 Thessalonians*. 정옥배 역. 서울: IVP, 1993.

Strauss, P. J. "Die Kerkorde van die Ned. Geref. Kerk: Uitgangspunte ten Opsigte van Skrif, Belydenis en Kerkorde." *Acta Theologica* 28/2 (2008): 104-117.

_____, "God's Servant Working for Your Own Good: Notes from Modern South Africa on Calvin's on Calvin's Commentary on Romans 13:1-7 and the

State." *HTS Teologiese Studies* 54/1-2 (1988): 24-35.

Stuhlmacher, P. 『로마서 주석』. *Der Brief an die Römer*. 장흥길 역. 서울: 장로회신학대학교출판부, 2002.

The SBJT Forum. "Christian Responsibility in the Public Square." *Southern Baptist Journal of Theology* 11/4 (2007): 100-111.

_____, "The Kingdom of God." *Southern Baptist Journal of Theology* 12/1 (2008): 104-113.

Tolmie, F. D. "Hermie C. van Zyl: Nuwe-Testamentikus aan die Universiteit van die Vrystaat." *Acta Theologica* 33/2 (2013): 1-19.

Ungerer, A. G. "Die Fresh Expression Beweging en die Hervormde Kerk: 'N Nuwe Manier van Kerkwees?" *HTS Teologiese Studies* 73/1 (2017): 1-11.

Van Bruggen, J. *Christ on Earth: The Gospel Narratives as History*. Grand Rapids: Baker, 1998.

_____, *The Sermon on the Mount: A Travel Guide for Christians*. Winnipeg: Premier, 1986.

Van de Beek, A. "The Spirit of the Body of Christ: The Holy Spirit's Indwelling in the Church." *Acts Theologica* 33/1 (2013): 252-65.

Van der Watt, J. G. "The Spatial Dynamics of Jesus as King of Israel in the Gospel according to John." *HTS Teologiese Studies* 72/4 (2016): 1-7.

Van Dyk, P. J. "When Misinterpreting the Bible becomes a Habit." *HTS Teologiese Studies* 74/4 (2018): 1-8.

Van Emmenes, G. C., Rousseau, P. A. and Viljoen, F. P. "Christen-Dissipelskap in die Markusevangelie as Critique op die Welvaartsteologie." *In die Skriflig* 51/1 (2017): 1-9.

Van Reken, C. P. "Christians in this World: Pilgrims or Settlers?" *Calvin Theological Journal* 43 (2008): 234-56.

Van Roekel, B. A. "Evidences of Isaianic Social Justice Restoration in the Early Community of Luke-Acts." Th.M. Thesis. Louisville: Southern Baptist Theological Seminary, 2016.

Van Wyk, B. J. "Efesiërs 1:14 en 1:22, 23 as 'n Skriftuurlike Maksimum-Minimum vir die Ekklesiologie." *HTS Teologiese Studies* 73/1 (2016): 1-9.

Van Wyk, J. H. "Teologie van die Koninkryk (Basileiologie)?: Teologies Nagedink oor die Plek en Betekenis van die Koninkryk van God in die Teologie en die Kerk." *In die Skriflig* 49/2 (2015): 1-12.

Van Wyk, T. "A Public Theology Discourse in Practice: Perspectives from the Oeuvre of Yolanda Dreyer." *HTS Teologiese Studies* 73/4 (2017): 1-12.

Vandezande, G. "Towards Reconciliation in a Divided World." In *Signposts of God's Liberating Kingdom: Perspective for the 21st Century. Volume 2.* Edited by B. Van der Walt & R. Swanepoel. Potchefstroom: IRS, 1998: 43-70.

Venter, R. "Transformation, Theology and the Public University in South Africa." *Acta Theologica* 34/2 (2015): 173-203.

Viljoen, F. P. "Die Gesag waarmee Jesus geleer het volgens Matteus 7:29." *HTS Teologiese Studies* 68/1 (2012): 1-7.

_____, "Hosea 6:6 and Identity Formation in Matthew." *Acta Theologica* 34/1 (2014): 214-37.

_____, "Interpreting the Visio Dei in Matthew 5:8." HTS Teologiese Studies 68/1 (2012): 1-7.

_____, "Jesus sonder Christus of Christus sonder Jesus?" *In die Skriflig* 36/4 (2002): 555-72.

_____, "Matthew, the Church and Anti-Semitism." *Verbum et Ecclesia* 28/2 (2007): 698-718.

_____, "Power and Authority in Matthew's Gospel." *Acta Theologica* 31/2 (2011): 329-45.

_____, "Righteousness and Identity Formation in the Sermon on the Mount." *HTS Teologiese Studies* 69/1 (2013): 1-10.

_____, "Sabbath Controversy in Matthew." *Verbum et Ecclesia* 32/1 (2011): 1-8.

_____, "The Double Call for Joy, 'Rejoice and be Glad' (Matt. 5:12), as Conclusion of the Matthean Macarisms." *Acta Theologica* 28/1 (2008): 205-221.

_____, "The Matthean Community within a Jewish Religious Society." *HTS Teologiese Studies* 72/4 (2016): 1-8.

_____, "The Matthean Jesus' Surprising Instruction to obey the Teachers of the Law and Pharisees." *HTS Teologiese Studies* 74/1 (2018): 1-10.

_____, "The Torah in Matthew: Still Valid, yet to be interpreted Alternatively." *In die Skriflig* 50/3 (2016): 1-10.

Villa-Vicencio, C. "The Kingdom of God and People's Democracy: Towards a Nation-Building Theology for Africa." *Journal of Theology for Southern Africa* 74 (1991): 3-13.

Villiers, P. G. R. "The Eschatology of 1 Thessalonians in the Light of Its Spirituality." *Acta Theologica* 28/1 (2008): 1-32.

Vistar Jr., D. V. "The Supreme Σημεῖον of Jesus' Death-and-Resurrection in the Fourth Gospel." Ph.D. Thesis. Dunedin: University of Otago, 2017.

Volf, M. "Fishing in the Neighbor's Pond: Mission and Proselytism in Eastern Europe." *International Bulletin of Missionary Research* 20/1 (1996): 26-31.

Volf, M. and McAnnally-Linz, R. 『행동하는 기독교: 어떻게 공적신앙을 실천할 것인가』. *Public Faith in Action*. 김명희 역. 서울: IVP, 2017.

Vorster, J. M. "Kingdom, Church and Civil Society: A Theological Paradigm for Civil Action." *HTS Teologiese Studies* 71/3 (2015): 1-7.

Vorster, N. "Reformed Theology and 'Decolonised' Identity: Finding a Grammar for Peaceful Coexistence." *HTS Teologiese Studies* 74/4 (2018): 1-9.

Wallis, J. 『그리스도인이 세상을 바꾸는 7가지 방법』. *The Great Awakening: Reviving Faith and Politics in a Post-Religious Right America*. 배덕만 역. 파주: 살림, 2009.

_____, 『부러진 십자가: 무엇을 따르고 무엇에 저항할 것인가』. *Agenda for Biblical People*. 강봉제 역. 서울: 아바서원, 2012.

Walters, J. and Vorster, J. M. "Theoconomy: Rebooting the South African Economy." *In die Skriflig* 53/1 (2019): 1-9.

Walvood, J. F. "Christ's Olivet Discourse on the End of the Age." *Bibliotheca Sacra* 128 (1971): 109-116.

Wegener, M. I. "The Arrival of Jesus as a Politically Subversive Event according to Luke 1-2." *Currents in Theology and Mission* 44/1 (2017): 15-23.

Welker, M. "성령-그리스도론: 그리스도의 삼중직에서 하나님 나라의 삼중 형태로." 『영산신학저널』 27 (2013): 7-34.

Wermuth, J. A. "The Spirit and Power: Addressing Paul's Vision of the Kingdom of God through a Pneumatological Approach." M.A. Thesis. Virginia Beach: Regent University, 2010.

Wessels, W. "Contemplating Allan Boesak's Fascination with Preaching 'Truth to Power'." *Acta Theologica* 37/2 (2017): 188-206.

Whiteman, K. "Blessed is the Kingdom: The Divine Liturgy as Missional Act." *Asbury Journal* 74/2 (2019): 323-46.

Williams, B. "Prophetic Public Theology." *Review & Expositor* 111/2 (2014): 159-70.

Winn, A. "Tyrant or Servant?: Roman Political Ideology and Mark 10.42-45." *JSNT* 36/4 (2014): 325-52.

Wintle, B. (ed.). *South Asia Bible Commentary*. Grand Rapids: Zondervan, 2015.

Witherington III, B. *The Gospel of Mark: A Social-Rhetorical Commentary.* Grand Rapids: Eerdmans, 2001.

Wright, C. J. H. "Truth with a Mission: Reading All Scripture Missiologically." *Southern Baptist Journal of Theology* 15/2 (2011): 4-15.

Wright, N. T. 『광장에 선 하나님』. *God in Public*. 안시열 역. 서울: IVP, 2018.

_____, 『바울과 하나님의 신실하심. 상』. *Paul and the Faithfulness of God*. 박문재 역. 고양: 크리스챤 다이제스트, 2015.

_____, 『신약성서와 하나님의 백성』. *The New Testament and the People of God*. 박문재 역. 고양: 크리스챤 다이제스트, 2003.

Yoon, H. C. "Hearing the Living Word of God Today?: A Systematic-Theological Investigation into the Authority and Interpretation of Scripture for Contemporary Korean Presbyterianism." D.Th. Thesis. Stellenbosch: Stellenbosch University, 2011.

_____, "Missio Dei Trinitatis and Missio Ecclesiae: A Public Theological Perspective." *International Review of Mission* 107/1 (2018): 225-39.

Young III, J. U. "Do Black Lives Matter to 'God'?." *Black Theology* 13/3 (2015): 210-18.

Zabatiero, J. P. T. "From the Sacristy to the Public Square: The Public Character of Theology." *International Journal of Public Theology* 6 (2012): 56-69.